青岛大学学术专著出版基金

人力资本存量微观评价研究

Study on Human Capital Stock Evaluation from Micro Perspective

汪运波 著

中国社会科学出版社

图书在版编目（CIP）数据

人力资本存量微观评价研究/汪运波著. —北京：中国社会科学出版社，2023.7
ISBN 978-7-5227-2478-2

Ⅰ.①人… Ⅱ.①汪… Ⅲ.①人力资本—研究 Ⅳ.①F241

中国国家版本馆 CIP 数据核字（2023）第 155149 号

出 版 人	赵剑英
责任编辑	任睿明 刘晓红
责任校对	周晓东
责任印制	戴 宽

出 版	中国社会科学出版社
社 址	北京鼓楼西大街甲 158 号
邮 编	100720
网 址	http://www.csspw.cn
发 行 部	010-84083685
门 市 部	010-84029450
经 销	新华书店及其他书店

印 刷	北京君升印刷有限公司
装 订	廊坊市广阳区广增装订厂
版 次	2023 年 7 月第 1 版
印 次	2023 年 7 月第 1 次印刷

开 本	710×1000 1/16
印 张	19.5
字 数	311 千字
定 价	109.00 元

凡购买中国社会科学出版社图书，如有质量问题请与本社营销中心联系调换
电话：010-84083683
版权所有　侵权必究

前　言

20世纪60年代以后，随着主要市场经济国家和新兴经济体国家的快速发展，有关经济增长动力的研究开始受到广泛关注，其中人力资本逐渐成为关注的重点之一。源于理论与实践经验的驱动，各国政府越来越重视人力资本对经济社会发展的推动作用，并在发展战略中不断强化人力资本投资。人力资本投资主体主要包括家庭、学校、企业和政府机构。一般而言，投资主体在投资前需要清楚了解所投资人力资本的积累现状，这就需要其对投资的人力资本有一个基本的客观评价，以便找准投资目标和努力方向。

目前，国内外学者对人力资本评价的研究大部分着眼于受教育程度、医疗水平和工资收入等宏观指标。宏观评价易于数据采集与计算，易于掌握总体水平，但它会忽略个体间差异。事实上，无论是具有同等受教育程度的人力资本群体，还是具有相同工资收入的人力资本群体，其个体间仍然存在巨大差异。因此，无论对招聘使用单位还是对各类投资主体，这些差异对其决策都具有特别重要的现实意义，原因在于清楚了解个体间差异就可以选聘更高质量人力资本或能及时调整投资方向，提高投资效率。

然而，普遍观点认为，人力资本是抽象、模糊的，难以具体计量，而且其评价往往也包含人为因素，会导致评价因人而异。因此，一般认为对人力资本个体间差异很难或者根本不可能进行量化评价。然而，基于这种差异的客观存在和研究的重要性，部分学者还是做了探索性研究。作者在攻读博士学位期间决定在该领域进行探索性研究，尝试通过建立人力资本微观评价体系实现对人力资本的微观评价，在2015年撰写完成博士论文。

博士论文完成后，作者陆续对部分理论内容做了完善补充，对部分数据进行了补充更新，完成阶段性研究成果，现在决定出版，以期能为学者们开展类似研究提供参考，推动该领域的研究和发展。

全书内容分为三篇十一章。第一篇是基础理论研究，包括第一章至第五章，主要探讨了人力资本存量、国际型人力资本存量、人力资本聚溢效应和人力资本存量微观评价等理论。人力资本存量是人力资本研究的重要内容，与人力资本投资和人力资本价值是三个紧密相连但各不相同的概念。人力资本存量是人力资本投资的结果，同时又是人力资本供给与产生价值的基础。人力资本存量具有隐秘性、易变性和时效性特征。在不同年龄段，人力资本各种存量的发展趋势各不相同。人力资本的聚集效应与溢出效应间存在特定的内在联系，人力资本聚溢效应能够推动科技创新和区域经济增长；国际型人力资本具有鲜明的国际化特征，自改革开放以来已成为高校人才培养的重要目标。人力资本存量微观评价与宏观评价研究适应范围和优势不同，人力资本微观评价适用于以人力资本个体为单位的量化研究。第二篇是人力资本存量微观评价路径与方法研究。基于人力资本构成要素，本书探索通过遴选指标建立全面评价体系，首先构建起由四级57项评价指标组成的多元人力资本存量微观评价体系，进而采用层次分析法、结构熵权法与德尔菲法结合的综合赋权法确定各项评价指标权重。第三篇是对前两部分理论和评价路径的验证与分析。本书研究选取了54位案例样本对已建立的人力资本存量微观评价体系、路径和方法进行了验证。研究表明，通过本书研究提出的路径与方法对54位案例样本所获取的评价结果基本符合常识，部分差异也能找到原因与依据，证明了通过建立多元评价指标体系、指标赋权和指标量化打分对人力资本实行微观评价的方法是可行和可靠的。研究还发现了其他有益的数据和结论。

本书基于微观视角对人力资本存量进行量化评价，在一定程度上拓展了该领域的研究视角。对人力资本存量、微观评价和聚溢效应的探索性研究也可以为学者今后研究提供参考。

需要强调的是本书研究只是该领域的起步探索性研究，许多地方仍需要不断完善和深入研究。由于作者水平有限，书中不足之处，请各位专家学者批评指正。

目 录

第一篇 基础理论

第一章 绪论 ... 3
- 第一节 研究背景 ... 3
- 第二节 研究内容与框架 ... 6
- 第三节 研究目的、意义与方法 ... 9

第二章 人力资本存量 ... 12
- 第一节 人力资本理论 ... 12
- 第二节 人力资本存量概念与特征 ... 28
- 第三节 人力资本存量、投资与价值 ... 30
- 第四节 知识存量、能力存量与健康存量 ... 36
- 第五节 人力资本类型与效应 ... 52

第三章 国际型人力资本存量 ... 59
- 第一节 全球公民与国际型人才 ... 59
- 第二节 国际型人力资本存量概念与内涵 ... 61
- 第三节 我国国际型人力资本存量分布 ... 64
- 第四节 国际型人力资本存量特征 ... 66

第四章　人力资本聚溢效应 …… 72

第一节　聚集效应与溢出效应 …… 72
第二节　人力资本存量聚集与溢出效应 …… 74
第三节　聚溢效应多维理论解析 …… 76
第四节　聚溢效应与经济增长 …… 82

第五章　人力资本存量微观评价 …… 85

第一节　人力资本评价理论 …… 85
第二节　人力资本主要评价方法 …… 88
第三节　现代综合评价方法 …… 97
第四节　人力资本存量微观评价研究 …… 103

第二篇　路径与方法

第六章　人力资本存量微观评价指标体系建构 …… 111

第一节　评价体系与指标研究 …… 111
第二节　构建原则与思路 …… 116
第三节　评价体系与指标描述 …… 117

第七章　问卷调查与数据整理 …… 127

第一节　问卷调查的设计与实施 …… 127
第二节　指标重要性判断矩阵 …… 135

第八章　综合赋权确定指标权重 …… 144

第一节　层次分析法求解指标权重 …… 144
第二节　结构熵权法求解指标权重 …… 157
第三节　综合确定指标权重 …… 191

第三篇 实践验证

第九章 评价指标量化与验证 …… 201
第一节 指标量化测评方法 …… 201
第二节 自我评价与专家评价 …… 207
第三节 模糊综合评价 …… 213
第四节 评价结果与验证 …… 233

第十章 培养高质量人力资本 …… 240
第一节 研究发现与结果 …… 240
第二节 人力资本质量提升建议 …… 242

第十一章 研究展望 …… 253
第一节 研究结论 …… 253
第二节 研究展望 …… 255

附录 …… 257

参考文献 …… 287

后记 …… 302

第一篇

基础理论

第一章
绪 论

第一节 研究背景

20世纪60年代美国经济学家西奥多·舒尔茨等建立现代人力资本理论以来，人力资本理论越来越受到各国政府重视。新经济学研究表明，人力资本已成为推进经济和社会发展的重要因素。在制度和技术给定的情况下，对人力资本投资会产生乘数效应使其边际收益持续地递增。因此，世界各国政府和企业也越来越重视加强对人力资本的投资，重视从世界范围内引进具有国际竞争力的人力资本，加强对人力资本相关理论的研究。

一 适应经济全球化与国际竞争需要

当今世界各国间的竞争最重要的是人力资本的竞争。当前，虽然经济全球化进程遭遇单边主义和贸易保护主义等逆全球化思潮的挑战，但是经济全球化和区域一体化是大势所趋。经济全球化的发展促进了科技和文明进步、各国人民交往和民生福祉提高，推动了人力资本在国际间的流动，同时也加剧了世界各国对具有国际竞争力的高质量人力资本的争夺与培养。人力资本在国际间的流动，促使人力资本向部分国家聚集，促进了专业人力资本在某些区域聚集，引起聚集效应，推动了区域经济的发展。人力资本在国际间聚集会带来人力资本外溢效应的发生。人力资本的聚集效应和溢出效应之间存在必然联系。随着我国经济实力的增强和国际影响力的不断扩大，我国会越来越多、越广泛地参与国际事务，急需培养和储备大批能够参与国际事务和国际竞争的人力资本。

当前国际竞争与形势需要人们加强对人力资本、国际型人力资本、人力资本聚集效应与溢出效应开展系统研究。

二 全面建成社会主义现代化强国需要

改革开放 40 多年来，我国国民经济保持着快速增长，经济社会发展取得了巨大成就。2010 年我国已经跃居成为世界上第二大经济体和第一大发展中国家经济体，2022 年我国 GDP 已达 121.02 万亿元。这些成绩取得的重要原因之一是我国采取了重视教育和医疗的国家政策，重视人才培养，加强人力资本投资。与此同时，我国改革开放以来在基础教育、高等教育和职业教育等方面都实现了教育规模与质量双提升，人口素质得到了全面的提高和优化。我国经济社会发展的实践证明：人力资本对推动经济持续健康发展、提高国家经济发展效率和缩小地区经济差异等都发挥着重要作用[1]，我国经济发展的实践验证和丰富了人力资本促进经济发展的相关理论[2][3]。

党的十八大以来，以习近平同志为核心的党中央对经济形势进行科学判断，对发展理念和思路作出及时调整，提出了一系列新理念新思想新战略，指引中国经济取得了历史性成就，发生了历史性变革。当前，我国正处于全面建成小康社会，开启向着全面建成社会主义现代化强国第二个百年奋斗目标进军新征程。党的十九届五中全会提出，到 2035 年要把我国建成文化强国、教育强国、人才强国、体育强国、健康强国。要深化人才发展体制机制改革，培养具有国际竞争力的青年科技人才后备军，实现从人口数量大国向人力资源强国的过渡。党的二十大报告提出，要深入实施人才强国战略，坚持人才是第一资源，坚持尊重劳动、尊重知识、尊重人才、尊重创造，完善人才战略布局，加快建设世界重要人才中心和创新高地，着力形成人才国际竞争的比较优势，强化

---

[1] Fleisher, Belton, et al., "Human Capital, Economic Growth, and Regional Inequality in China", *Journal of Development Economics*, Vol. 92, No. 2, 2010, pp. 215-231.

[2] Fleisher, Belton, Jian Chen, "The Coast-noncoast Income Gap, Productivity and Regional Economic Policy in China", *Journal of Comparative Economics*, Vol. 25, No. 2, 1997, pp. 220-236.

[3] Dmurger, Sylvie, "Infrastructure Development and Economic Growth: An Explanation for Regional Disparities in China", *Journal of Comparative Economics*, Vol. 29, No. 1, 2001, pp. 95-171.

现代化建设人才支撑。我国经济发展新形势要求我们更加重视人力资本投资，加强国际型人力资本和世界人才中心等理论的研究。

三　政府、企业和个人发展需要

各级政府在提高人力资本质量和人力资本投资时需要首先清楚地了解当前人力资本现状，需要了解当前人力资本存量发展的影响和制约因素，需要依赖于较为科学成熟的人力资本评价理论和方法，从而为宏观决策提供依据。在此基础上，各级政府才能及时调整投资方向，提高投资效率，促进本地（区域）经济更快、更健康地向前发展；同时，作为具体从事经济和社会活动的企（事）业单位，为了能够尽快"找对人""留住人""用好人"，也必须首先对所面对的人力资本存量现状有清楚的了解，以便能够尽快找到更多、更高质量人力资本，有效培养激励和更充分使用现有人力资本，提供适宜条件和发展环境留住本单位高质量人力资本；而作为人力资本个体，也需要对自身所具备的存量有清楚的认识，寻找自身与他人以及社会需求的差距，从而明确今后的努力目标与方向。总之，无论是从政府宏观决策和企业管理视角，还是个人发展实际需求都亟须加强对人力资本评价理论的研究。

四　既有研究奠定基础

现代人力资本理论建立以来，舒尔茨、明瑟和贝克尔等经济学家对人力资本理论做出了杰出贡献，也为人力资本评价研究奠定了理论基础。舒尔茨对美国1900—1956年教育投资总量的估算，为人力资本计量评价提供了理想的范式。明瑟的研究重要的内容就是人力资本水平与收入之间的关系。贝克尔对人力资本理论研究则更加侧重于微观分析，他在明瑟等学者研究的基础上更加突出了对人力资本的定性分析。

20世纪90年代以来，人力资本理论受到了更广泛的关注与重视，各领域研究都得到了深入发展。如在人力资本评价领域，国外学者如麦克勒姆、肯德里克、乔根森和佛美尼、拉罗什和梅雷德等在现有学者研究基础上对人力资本估量提出了不同方法，在实证研究方面做出了探索性贡献。国内学者如李燕萍、张文贤和张帆等对人力资本统计、会计制度和估算进行了研究和实证。以上学者的探索和研究都为人力资本微观评价研究奠定了基础。但是，有关人力资本个体存量的核算始终没有得到很好解决。学界和政府部门虽然非常关注这个问题，但一直受限于指标选取、数据获取性等原因，尚未形成公认、全面科学的人力资本评价体系。

进入21世纪，与人力资本理论相关的教育学、人口学、环境学、社会学、心理学、医学和管理学等学科快速发展，为人力资本深入研究进一步提升提供了可能。同时，人力资本理论与相关学科理论交叉形成了教育经济学、医疗卫生经济学、环境经济学等交叉学科、边缘学科和新兴学科，人力资本理论在与其他理论交叉融合中又进一步得到发展。人力资本及其相关学科不断纵向深入和横向扩展发展，既对人力资本评价研究提出了更高要求，也为其进一步发展、建立人力资本评价体系提供了依据，奠定了理论基础。

五 个人实践推动研究

作者长期在高校从事高等教育与国际教育实践，多年来对高校如何适应国家发展需要、培养在国际上具有竞争力的国际型人力资本进行了长期的探索和思考，迫切希望能够发现区分人力资本个体差异与特质的路径与方法，进而可以为高校培养高质量人才和具有国际竞争力的国际型人力资本奠定基础。基于以上理想与目标，本人持续探索对人力资本存量、人力资本聚溢效应、国际型人力资本存量和人力资本存量评价开展研究。

第二节 研究内容与框架

一 研究内容

本书紧密围绕着"如何对人力资本（个体存量）开展微观评价"命题开展研究。全书分为三篇共十一章。

第一篇是基础理论研究。包括第一章至第五章，主要研究人力资本存量、国际型人力资本存量、人力资本聚溢效应、人力资本存量评价等基础理论。人力资本存量是人力资本研究的重要组成部分，通常情况下人们泛称的人力资本实质是指人力资本存量。人力资本存量与人力资本投资和人力资本价值是三个紧密联系但不相同的概念。人力资本存量既是人力资本投资的结果，又是人力资本供给与产生价值的基础。人力资本存量具有易变性和时效性特征。在不同的年龄阶段，人力资本各种存量的发展趋势是不同的。人力资本的聚集效应与溢出效应之间存在特定内在联系，人力资本聚溢效应能够推动科技创新和区域经济增长。国际型人力资本具有鲜明的国际化特征，是高校人才培养的重要目标。基于评价群体和目标不同，人力资本有多种评价类型和方法。目前国内外通常是从宏观视角开展人力资本评价研究，也有少数学者已经从微观视角探索开展人力资本评价。

第二篇是研究确定人力资本存量微观评价的具体路径与方法。主要包括第六章、第七章和第八章。首先，本书基于既有多学科研究成果和人力资本存量的构成，构建起对人力资本个体的微观评价体系。评价体系由四级 57 项评价指标（一级 3 项，二级 7 项，三级 13 项，四级 34 项）组成，对各评价指标的具体含义本书也进行了阐释界定。其次，本书决定采用问卷调查和综合赋权法来研究确定人力资本微观评价体系的各项评价指标权重。基于九标度和层次分析法，本书设计了人力资本微观评价指标权重问卷，并通过预调查对问卷进行了完善修订。在此基础上，本书对四类 336 位人士开展了问卷调查，采用德尔菲法对获取的一手数据进行整理，进而采用层次分析法—结构熵权法综合赋权的现代评价方法确定了各项评价指标权重。

第三篇是实践验证研究。包括第九章、第十章和第十一章。本书选取了 54 位案例样本对构建起的人力资本存量微观评价体系和具体路径进行了验证分析。验证研究首先是由案例样本开展自我评价，通过遴选的 13 位权威专家，根据案例样本基本信息、自我评价和现场表现对微观评价体系各项指标逐项打分，为了尽可能避免专家打分的主观性和不确定性，本书最后采用模糊评价法对打分数据进行了模糊处理，获取了对各位案例样本的人力资本存量微观评价得分。评价结果基本符合常识，部分差异也能找到原因与依据，验证表明了通过建立多元评价指标体系、指标赋权和指标量化打分对人力资本实行微观评价的方法是可行可靠的。研究还发现了其他有益的数据和结论。本书最后对如何加强人力资本投资、培养高质量的人力资本给出了建议，对全书研究进行了总结，提出了下一步研究的努力方向。

二 研究框架

本书沿着发现问题、分析问题与解决问题的逻辑思路，由浅到深、逐层递进，由理论分析到路径探索再到实践验证逐步开展研究。

（一）发现问题

基于实践需求对国内外既有文献梳理发现，当前对人力资本个体微观评价研究仍存在不足。人力资本是抽象、模糊的，个体间差异难以具体计量，但是对于人力资本投资主体来说具有重要意义，少数学者已经做了探索研究，需要继续在该领域探索研究。

（二）分析问题

（1）对人力资本存量、国际型人力资本存量、人力资本聚溢效应和人力资本存量评价等理论开展研究，为本书后面研究奠定理论基础。

（2）通过文献研究法，在经济学、社会学、医学和心理学等学科已有研究的基础上，构建起人力资本存量微观评价指标体系；接着基于九标度层次分析法设计问卷调查，通过预调查对问卷进行了完善修订，进而对四类336位研究对象开展问卷，获得了各类人群对各项评价指标相对重要性数据；在采用德尔菲法对获取的原始数据整理的基础上，运用层次分析—结构熵权法（分别侧重主客观）综合赋权的方法确定各项指标权重，力求指标权重更加客观和科学。

（3）通过遴选13位专家对54名案例样本的评价指标量化，采用自我评价与专家评价相结合方法对选定对象各项评价指标逐项打分，进而采用模糊综合评价获得各位评价对象各项指标得分。专家打分与模糊评价相结合的指标量化方法相对简单，节省时间，具有一定的可操作性。本书在获得评价体系各项指标权重和评价对象各项指标得分基础上最后获取54位案例样本的人力资本个体微观评价结果，从而验证了研究方法与路径的可行性和可操作性。

（三）解决问题

根据前面研究成果，提出应该高度重视人力资本投资与培养，充分调动各方投资人力资本积极性，通过开展人力资本评价清楚了解投资人力资本现状与目标，培养引进具有竞争力的国际型人力资本，注意发挥人力资本聚溢效应培养高质量人力资本，推动国家和区域经济高质量快速发展。

第三节 研究目的、意义与方法

一 研究目的

（一）探索建立面向个体的人力资本微观评价路径与方法

目前国内外学者大部分是从宏观角度对人力资本存量进行估算，较少有学者从微观角度对个体人力资本存量进行微观评价。宏观评价一般采用总量分析的方法，它虽然易于采集数据与计算，但往往会忽略个体间差异。本书探索通过构建人力资本存量微观评价体系和综合运用现代评价方法从微观视角实现对人力资本个体存量开展量化评价。

在具体研究过程中，研究目标具体分为三层阶段性目标来实现：①构建人力资本存量评价指标体系。通过对经济学、社会学、医学和心理学等学科既有概念、分类标准和理论的整理辨析，构建全面系统的人力资本存量评价指标体系。②确定评价指标体系中各项指标权重。主要通过大量包含四类调查对象的问卷调查与综合运用现代评价方法确定各项指标权重。③探索采用相对简单可行方法对各项指标量化评价。本书采用专家主观打分与模糊评价处理相结合的方法实现指标量化评价。

（二）丰富人力资本存量与相关理论研究

本书理论研究主要有三个目标：一是人力资本存量理论研究。人力资本存量是人力资本理论的重要组成部分和内容。在大多数研究中人们提到的人力资本实质上是指人力资本存量。本书将对其概念、特征、分类和发展等开展分析研究。二是人力资本聚溢效应研究。人力资本存量的聚集效应与溢出效应间存在内在的机理联系，两者相互影响、相互作用，共同促进人力资本存量质量提升与推动区域经济发展。本书通过对人力资本存量构成要素的多维度解析来揭示其聚集效应与溢出效应两者间的机理联系。三是国际型人力资本研究。经济全球化的浪潮不可阻挡，当今中国也正以前所未有的开放程度向前发展，国家既需要培养大量具有全球视野的国际型人力资本，也需要开展对国际型人力资本特征的研究。

（三）开展现代综合评价方法研究

现代综合评价方法的基本思想是通过采用一定数学运算把定性评价

与定量评价有机结合，整合各自优点，尽量避免缺陷，以求形成对研究对象的准确判断。本书有两处使用综合评价的研究方法：一是对人力资本微观评价体系指标赋权研究。研究采用层次分析法（侧重于主观）和结构熵权法（侧重于客观）相结合的综合赋权开展研究；二是在对各项指标量化过程中，本书在专家打分主观评价的基础上，采用模糊综合评价的方法开展指标量化研究。

二 研究意义

（一）理论意义

近年来，依附于经济发展与增长理论而发展起来的人力资本理论与许多领域研究都具有紧密的相关性，开展人力资本相关研究具有极其重要的学术价值。本书通过构建人力资本存量微观评价体系、采用综合赋权和指标量化的方法实现对人力资本个体存量的微观评价，拓宽了人力资本评价研究思路，丰富了该领域的研究方法。同时，对人力资本存量、聚溢效应和国际型人力资本等理论的探索也可以在一定程度上丰富人力资本相关理论的研究。

（二）实践意义

本书研究可以为学者今后开展相似研究提供参考。高校或企业也可以参考研究所建立的人力资本微观评价体系、评价路径与方法开展对本单位个体的综合评价，推动企业和个人对人力资本的个体差异与现状有着更加清楚的了解，从而可以为政府决策和企业管理提供参考，为个人努力提供方向。因此，研究具有一定的应用实践价值。

三 研究方法

本书综合采用理论研究与经验研究、宏观分析与微观分析、定量分析与定性分析等多种方法相结合开展综合研究。概括来说，主要包括以下方法。

（一）文献分析法

构建指标体系时，本书通过对国内外学者在经济学、社会学、医学和心理学等方面已有文献中的整理和比较分析，在对人力资本存量相关概念、内在逻辑和分类标准分析整合的基础上建立起四级人力资本存量评价指标体系。

（二）问卷调查法

在确定人力资本存量评价体系各项指标权重时，本书分别从教授专家、在校大学生、机关企业人员和外国专家留学生中选取了 336 位代表进行了问卷调查，获取了对指标权重的原始判断矩阵。

（三）自我评价法

在开展对人力资本个体评价专家打分前，先要求各评价对象对自己的各项指标做出五分度的自我评价，为之后的专家打分评价提供依据和参考。

（四）专家打分法

为了对人力资本个体存量各项指标量化评价，遴选了由 13 名经济学、心理学、社会学、教育学、国际教育、国际关系、健康和体育教育领域的专家组成专家评价组，对 54 名不同类型的人力资本个体的四级 34 项评价指标逐项打分，进而采用模糊评价法对 54 名人力资本个体存量开展综合评价，实现并验证了对人力资本存量微观评价。

（五）现代综合评价法

在开展问卷调查、专家打分和相应数据处理过程中，先后采用了德尔斐法、层次分析法与结构熵权法相结合的综合赋权法、模糊综合分析法等现代综合评价方法，努力实现研究数据结果的客观性与科学性。

第二章

人力资本存量

第一节 人力资本理论

人力资本存量的概念建立在人力资本概念之下。很多文章所称的人力资本实质上是指人力资本存量。人力资本存量研究是人力资本理论的重要分支和组成部分,它依托人力资本理论基础而发展。

一 人力资本概念的研究

不同于物质资本,人力资本指的是蕴藏在劳动者身上的资本。在人力资本概念正式提出前,经济学界对人力资本已经有了一些模糊的概念。亚当·斯密(Adam Smith)首先完整地使用了人力资本这一概念,他指出"通过劳动和机械提高生产率是对人力资本的物化",同时这一项论述观点充分体现了人力资本对经济社会的重要作用,是人力资本理论的萌芽。随后,1766年亚当·斯密在《国富论》中再次提出在社会的固定资本中,可提供收入或利润的项目,除了物质资本外,还包括社会上一切人学得的有用才能。19世纪40年代,李斯特进一步发展了亚当·斯密的观点,提出"物质资本""精神资本"概念,认为由物质财富的积累形成的资本是"物质资本",由人类智力成果积累形成的资本是"精神资本"。李斯特还特别强调,教师、作曲家、音乐家、医师和行政官等都应当被列入生产者之列,而且他们的生产性要比单纯的体力劳动者的生产性要大得多。这个时期的经济学家凭借自己敏锐的直觉,发现了人力资本对于个体职业发展和国家经济增长的重要作用,但是并没有将劳动者本身和抽象的人力资本做出具体区分,导致这段时期对人力资本概念的研究都是零散且模糊的。

20世纪60年代，在第二次世界大战后，随着西方战后经济的发展，人们意识到了人力资本对经济发展的重要作用，人力资本概念与理论的研究进入高速发展阶段。舒尔茨（1961）从宏观角度阐述了人力资本教育投资对经济增长的影响，第一次系统阐述了人力资本理论并将人力资本理论正式发展成为经济学的一个新学科，他将人力资本定义为凝聚在人身上的知识、技能和健康等能力。舒尔茨提出的人力资本解决了当时经济发展的三大未解之谜。受到舒尔茨的影响，越来越多的经济学家开始了对人力资本的研究。贝克尔（1994）对人力资本的定义与舒尔茨相似，但更强调通过人力资本投资来增加劳动力收入，改善人们的生活水平。世界银行（2006）与此类似，将人力资本定义为劳动者的生产能力，更强调的是对经济的贡献。后来随着知识经济的到来和计量经济学的不断发展，人们意识到知识创新所带来的巨大生产力，丹尼森修订了传统的人力资本对经济增长贡献的测算，将人力资本作为内生变量建立经济学模型，使计算结果更加科学合理，强调了人力资本中专业知识对经济增长的重要作用，人力资本的研究更加专业化，使人力资本理论得到了进一步的丰富与发展。

我国对人力资本的研究晚于西方国家，该理论随着改革开放发展逐步被引入中国，20世纪80年代，我国学者对人力资本概念的研究逐渐丰富起来。王建民和周滨认为，人力资本是凝聚在个体身上的知识和技能[1]。在此基础上，姚树荣和张耀奇指出，人力资本具有异质性和边际收益递增等特性[2]。胡德龙认为，人力资本是指劳动者自身所蕴含的、可以获得经济效益的知识和才能[3]。而付宇认为，人力资本是由后天投资形成的、存在于人身上的、具有经济价值的能力[4]。

国内外学者对人力资本概念的上述研究大多仅关注知识和技能所代表的认知能力，强调对人力资本投资的回报，而忽视了人自身所蕴含的

---

[1] 王建民、周滨：《资本中的人力资本》，《财经问题研究》1999年第3期。
[2] 姚树荣、张耀奇：《人力资本涵义与特征论析》，《上海经济研究》2001年第2期。
[3] 胡德龙：《人力资本与经济发展：理论与实证》，江西人民出版社2008年版。
[4] 付宇：《人力资本及其结构对我国经济增长贡献的研究》，博士学位论文，吉林大学，2014年。

人文因素和非认知能力。近年来，国内外有诸多学者开始加强这方面对人力资本概念的探究。章海山指出道德伦理在人力资本中扮演了重要角色，认为人力资本是个人体质、智质、知识素质、技能和品质的综合体，其中品质正是道德伦理的表现①。在此基础上，逯进和周惠民更加强调激励的重要性，将人力资本定义为凝聚在人身上能够带来经济收益，并且需要一定激励才能发挥出来的知识、技能、健康以及道德伦理等所构成的无形资产②。赫尔曼指出在人力资本研究中非认知能力是比认知能力更为重要的部分，为人力资本研究开辟了新方向③。2010 年美国经济学年会中，汉纳谢克提出了一个基于"新人力资本"的理论框架和研究议程，标志着对人力资本概念的研究从以教育为中心转为以能力为中心。自 20 世纪 60 年以来心理学家开发了诸如自尊量表、大五人格量表等人格特质研究工具，近年来，经济学家开始利用这些工具展开了一系列非认知能力和个人成就相关的研究。由此可见，新人力资本概念所涵盖的内容更加丰富，既包括个人多维度的能力——认知能力、非认知能力和培训所得的技能，还包括个人心理健康和身体健康在内的全面健康。

综合比较上述国内外学者对人力资本概念的研究，本书认为舒尔茨对人力资本概念界定最为经典和权威，即人力资本主要是指通过投资形成的，凝聚在劳动者身上的资本，这些资本包括知识、技能、健康及劳动者所表现出来的劳动能力所构成的资本。舒尔茨对人力资本概念界定内容也比较全面，后来专家学者的研究可以被视为从某个视角对其概念界定的解读或延伸研究，本书将在此概念界定的基础上开展研究。

二 人力资本理论的形成发展

（一）人力资本理论的早期萌芽

伴随着古典经济学的产生，人力资本理论的最初萌芽开始逐步显现出来。英国经济学家威廉·配第（William Petty）第一次有意识地把商品的价值源泉归为劳动，开始重视人力的作用，他认为是由于每个人的"素质"不同导致了劳动能力的不同，而人口差异可能是导致国家间经

---

① 章海山：《人力资本的伦理意义》，《道德与文明》2004 年第 6 期。
② 逯进、周惠民：《人力资本理论：回顾、争议与评述》，《西北人口》2012 年第 5 期。
③ Heckman. J, "Human Capital Policy", 2003, http://www.Nber.org/papers/w9495.

济的差异的原因。亚当·斯密在1776年出版的《国富论》中指出，劳动力所具备的才能主要是通过教育、培训等方式获得并且需要因此付出一定的成本，亚当·斯密将这种成本视为一种固定成本，成为第一个提出人力资本思想的经济学家。法国经济学家让·巴蒂斯特·萨伊（Jean-Baptiste Say）发表的《政治经济学概论》强调了人才、特别是具有特殊才能的企业家在生产过程中的作用。马歇尔（Marshall）在《经济学原理》中表明，对于人自身的投资是最重要的、最应当被重视的投资。

这一时期的经济学家虽然已经对人力的作用表示出了重视，认为应当将对劳动力的能力和技能纳入资本范围，但他们的学说都是建立在资本一元导向的基础上，并没有真正地把这些才能当作资本，并且拒绝对其进行计算。但我们也不得不承认，这些经济学家已经奠定了人力资本研究的基础，推动了人力资本理论的发展进程。

到了20世纪，美国经济学家欧文·费雪（Irving Fisher）首次提出人力资本的概念，并将其纳入经济分析的理论框架中。1924年，苏联经济学家斯特鲁米林在《国民教育的经济意义》中首次计量了教育的经济意义，他提出了教育投资收益率的计算方法，通过实证分析得出，在初级教育阶段，教育程度的提高进而导致劳动生产率提高所带来的收益超过国家对学校教育相应费用的27.6倍。

尽管如此，当时的经济学家并没有形成一个系统的理论体系，并且当时的主流经济学并不重视对人力资本的研究，所以在20世纪60年代前，西方人力资本理论的研究仅处于滥觞阶段[①]。

（二）人力资本理论的初步形成

第二次世界大战后，各国经济开始快速复苏，传统的经济理论对一些经济现象很难做出合理的阐释，因此，从20世纪60年代起，经济学家开始重视对人力资本思想的研究，逐步形成了现代人力资本理论。

1959年，美国经济学家西奥多·舒尔茨发表了关于人力资本理论的第一篇论文《人力投资：一位经济学家的观点》，首次正式提出"人力资本"的概念。第二年，他又在美国经济学会上作了题为《人力资

---

① 杨明洪：《论西方人力资本理论的研究主线与思路》，《经济评论》2001年第1期。

本投资》的演讲,对人力资本理论做出系统阐述,这成为人力资本理论诞生的标志,舒尔茨也被誉为"人力资本之父"。舒尔茨研究了教育、职业培训、健康等方面投资对宏观经济增长的影响,从宏观层面提出人力资本理论并强调其对经济发展的重要作用,他首次将人力资本加入经济分析的体系,解释了长期困扰经济学家的三个增长之谜,对整个世界的经济与教育的发展产生了深远影响。

加里·贝克尔(Gary S. Becker)是另一位对人力资本理论做出突出贡献的经济学家。1962年,他发表了《人力资本投资:一个理论的分析》,从微观层面构建了人力资本决策理论的分析框架。1964年,他出版代表作《人力资本:特别是关于教育的理论与经济分析》,首次使用成本—收益分析方法对人力资本投资进行分析,被西方学术界视作"人力资本革命"的起点。贝克尔从微观经济学角度分析人力资本投资,在微观角度将人力资本理论纳入经济领域,对人力资本理论后续研究产生了深远影响。

1962年,肯尼斯·约瑟夫·阿罗(Kenneth J. Arrow)在《干中学的经济含义》中提出了"干中学"模型,其研究主要集中在人力资本增长理论方面,是对人力资本理论的重要拓展,并成为人力资本内生经济增长理论的发端[①]。美国经济学家爱德华·丹尼森(Edward Denison)基于舒尔茨的研究,对人力资本的作用进行了定量分析,证明了教育在经济增长中的重要作用。他通过分解计算解释了在传统经济分析中的"残值"部分,将这部分对经济增长产生的影响解释为知识、劳动质量等的提高。丹尼森的研究为舒尔茨的理论提供了有力的支持,人们开始普遍接受舒尔茨和贝克尔的人力资本理论,并且开始加大对全球各国教育经费的投入。在同一时期,美国经济学家雅各布·明塞尔(Jacob Mincer)在《人力资本与个人收入分配》中,首次构建了个人收入分析与其培训量之间关系的数学模型。他把受教育年限和工作经验加入方程中,从微观角度构建了明塞尔方程,并在此基础上计算了投资教育的收益率,他认为工人收入增长和收入差距缩小是因为人们的受教育程度普遍提高,是人力资本投资的结果。

[①] 逯进、周惠民:《人力资本理论:回顾、争议与评述》,《西北人口》2012年第5期。

随着研究的不断深入，人力资本理论更加清楚地证明了人、特别是具有专业知识和技能的人是推动经济增长的重要动力，对人的投资是非常重要的投资，人力资本理论逐渐完善起来，相关文献也更加丰富，人力资本理论对经济增长理论和收入分配等理论的发展产生了深远影响。

（三）人力资本理论的发展

20世纪80年代以来，经济学家试图探究新古典增长理论与现实不相符的原因，他们将人力资本、技术进步等因素纳入考虑范围，形成了以技术内生化为重要内容的新增长理论。反过来说，新增长理论也是对人力资本理论的进一步发展，在索洛（Solow）发表《对经济增长理论的贡献》提出著名的索洛模型后，大批经济学家开始了对经济增长理论的研究，他们将人力资本因素加入数学模型，分析人力资本对经济增长的贡献，从而提出了一些以人力资本为核心的经济增长模型。

乌扎华（Uzawa）在索洛模型的基础上做了修改，将教育因素引入新古典模型中，认为教育是通过提高技术间接提高了产出。由于乌扎华在模型中加入了教育因素，因此该模型被视作最早的人力资本增长模型。

1986年，保尔·罗默（Paul M. Romer）在《收益递增经济增长模型》中提出了罗默模型，开启了内生经济研究的狂潮。罗默将技术内生化，揭示了人力资本与技术进步的关系，认为人力资本的存量决定经济增长率。此外，他将知识作为一个独立的要素加入经济增长模型，从知识的溢出效应出发，认为知识积累是现代经济增长的重要因素，解释了经济高速增长和国家间经济水平差距逐渐扩大的原因[①]。

罗伯特·卢卡斯（Robert E. Lucas, Jr.）从另一个角度解释经济增长的机制，他以罗默模型为基础，着重强调人力资本的重要性。在1988年发表的《论经济发展的机制》中，卢卡斯把舒尔茨的人力资本模型和索洛的增长模型结合，形成了人力资本积累增长模型。他用人力资本解释经济的持续增长，证明了人力资本积累是经济长期增长的根本动力。他提出了两个经济增长模型：一是两资本模型，强调是劳动者从

---

① Romer P. M., "Increasing Returns and Long-Run Growth", *Journal of Political Economy*, Vol. 94, 1986. pp. 37-1002.

教育中积累的人力资本对经济增长起到了决定作用，产生内部效应；二是两商品模型，认为人力资本是通过"干中学"形成的，并产生外部效应①。

这些内生经济增长理论通过将人力资本这个要素纳入经济增长模型，揭示了人力资本与经济增长的关系，将人的知识能力作为经济增长的重要动力并加以系统论述，这不仅使人力资本理论向前发展了一大步，并且作为一个新开辟的经济研究领域在众多经济流派中占据重要地位。

（四）当代人力资本理论的进一步发展

随着经济增长和社会不断发展，经济学家们也逐渐发现了现有人力资本理论存在的致命缺陷——我们普遍将教育作为人力资本的核心，将教育年限作为能力的衡量标准，仅仅关注教育、知识、技能为代表的认知能力，使人力资本理论并不能完全解释收入差距。这些理论与现实的差异使经济学家们对现有的人力资本理论进一步拓展研究。

与贝克尔类似，赫克曼对人力资本理论的研究都是从微观入手，他提出了一个全生命周期的学习和技能形成的动态分析框架，认为人力资本积累是一个动态的过程，在前一个阶段获得的技能会成为下一个阶段的初始条件和基础②。与此同时，他对人力资本的分析不仅包括传统的认知能力，还包括非认知能力。与认知能力相比，非认知能力在生命周期中的延展性更强，并且早期教育对非认知能力的影响更大。自此，非认知能力正式成为学者们研究的新方向。

与国外研究者相比，目前国内学者对于人力资本理论的发展主要体现在从理论到实践的应用方面，陈小荣以舒尔茨的人力资本理论为基础，分析我国新时代扶贫攻坚，认为应以人为本，转变传统以物质投入为主的方式，加大人力资本投入，释放人力资本红利③；宋家乐和李秀敏则在舒尔茨人力资本理论的基础上将受教育年限作为衡量人力资本存

---

① Lucas, "On the Mechanics of Economic Development", *Journal of Monetary Economics*, Vol. 22, No. 1, 1988. pp. 3–42.

② Heckman, Carneiro, "Human Capital Policy", 2003, http://www.nber.org/papers/w9495.

③ 陈小荣：《舒尔茨人力资本理论视域下的精准扶贫路径探析》，《市场周刊（理论研究）》2018年第1期。

量的标准，计算了我国15岁以上人口的人力资本存量情况[①]；在人力资本对经济增长的作用上，岳意定和宋善炎通过面板数据建立经济模型探讨了农村和城市的人力资本与收入差距的关系，发现人力资本与收入呈正相关，城乡间人力资本分布不均导致城乡收入差距不平衡，该研究表明在新农村建设中要加强人力资本投入[②]；钱雪亚和李雪艳提出了人力资本投资会产生一定的社会效益，计算了各省份人力资本的社会收益率，加强了人力资本对社会贡献的研究[③]。

随着心理学的逐渐发展，心理学家研究开发出许多人格特质测试工具，经济学家也利用这些成果进行了一系列研究，对传统的人力资本理论进一步深化，开展拓展研究，使新人力资本理论涵盖的内容更加丰富，既包括多维度的才能（认知能力、非认知能力和培训所学的技能），又包括个人心理健康和身体健康在内的全面健康。

三 相关基础概念辨析

人口、人力、劳动力、人才和人力资源、都是与人力资本相近或者相关的概念。其中，人力资源与人力资本两个概念最为相近，二者具有很高的复合性。前者是从管理学视角下审视劳动力素质的专业化名词，后者则更多的是从经济学视角看待人口素质。同时，人力是人力资本和人力资源的基础性概念，而人口、劳动力和人才又与人力这个基础性概念密切相关。研究人力资本，有必要首先对人力、人口、劳动力、人才和人力资源进行概念界定，进而对它们与人力资本概念的联系与区别进行辨析。

（一）基本概念

1. 人力

国内外对人力的定义和概念阐释众多，目前尚未有统一权威性的定义。根据《现代汉语词典》解释，人力是指"人的劳力，人的力

[①] 宋家乐、李秀敏：《中国经济增长的源泉：人力资本投资》，《中央财经大学学报》2010年第12期。
[②] 岳意定、宋善炎：《人力资本对城乡居民收入差距影响研究》，《湖南大学学报》2013年第2期。
[③] 钱雪亚、李雪艳：《人力资本投资的社会收益估算》，《统计研究》2013年第6期。

量"①。该解释前者是为了与机械力、牲畜力等劳力相区分，后者是对该词的字面释义。古典经济学认为，人力是重要的生产要素之一，是人与生俱来的能力。人力的能力可以分为体力和智力。在经济社会发展初期，劳动者所需提供的主要是体力。随着科技发展和社会进步，特别是在人类进入机器工业时代后，对劳动者需要提供智力和技能的要求越来越高，因而李继樊和罗仕聪认为，人力是指在活的人体中存在的体力、智力和技能的能力总和②。他们认为人力一是应该"活着"，二是指能力，其中应该包括技能。所谓技能，就是人所掌握和运用专门技术的能力③，它与知识一样，可以被人内化掌握，使人力能够得到质的飞跃。技能非常重要，但它总是会体现为智力或体力，而且很难单独切割区分，所以可以合并到体力和智力中。李继樊和罗仕聪强调的"活着"的概念非常重要，"活着"是人力存在的基础。健康程度是衡量人"活着"状态的标尺，决定和影响着体力和智力的发挥程度，是人力构成的基础要素和重要内容。在现代经济社会生活中，知识内化到人体构成人力，发挥着越来越重要的作用。知识是智力的基础，决定着技能的发挥。综上所述，本书认为人力应该是指活着的人体中存在的能力、知识和健康的总和。在人力构成的三要素中，生命健康是人力存在的基础，能力是人们在活动时产生的力量，是知识与体力、智力的有机结合，是人力的外在表现和核心。知识是保障，人们掌握的知识越多，智力与技能就越高，产生的价值就越大，人力质量水平就越高。

2. 人口

人口是指生活在特定地域内、遵循特定社会制度的自然人总和。它包含人口数量、质量、构成、分布、迁徙和发展等多层面特征，是一切社会存在和发展的必要前提④。人口具有性别、年龄和自然构成，具有多种社会构成和社会关系，是一个内容复杂、综合多种社会关系的社会实体。人口的出生、死亡和婚配都处于一定的家庭关系、民族关系、经

---

① 《现代汉语词典》，商务印书馆 1986 年版，第 960 页。
② 李继樊、罗仕聪：《人力经济学——兼论经济全球化与中国人才战略》，中国经济出版社 2005 年版，第 38 页。
③ 《现代汉语词典》，商务印书馆 1986 年版，第 533 页。
④ 夏征农等：《辞海》，上海辞书出版社 2010 年版，第 1559 页。

济关系、政治关系及社会关系中①。在一定的生产力水平上，人口的数量、质量和结构影响着社会发展的快慢。人口的生产和增长应该与资源（包括物质资料生产）和生态环境之间保持着协调发展的关系。当一个国家在劳动年龄的人口占全体总人口比重较大，而对老年人的抚养率较低时，就会为这个国家的经济发展创造有利的人口条件，此时该国就会出现人口红利，整个国家的经济呈高储蓄、高投资和高增长状态。

3. *劳动力*

劳动力是进入生产过程的人力。对于劳动力概念，马克思曾有过明确的定义："我们把劳动力或劳动能力理解为人的身体即活的人体存在的，每当人生产某种使用价值时就运用的体力和智力的总和。"② 在马克思的定义中，特别强调了劳动力进入劳动市场产生"使用价值"的重要性。具有劳动能力并不一定就可以进入社会劳动市场。各国政府一般都会对是否可以进行劳动过程进行明确的法律规定。根据《中华人民共和国劳动法》《中华人民共和国劳动合同法》，我国的法定劳动力是指年满16周岁至退休年龄有劳动能力的中国公民。现阶段，我国退休年龄一般按照男性60周岁，女性干部身份55周岁，女性工人50周岁执行。根据是否进入生产过程，人力可以分为劳动力（进入劳动过程的人力）和非劳动力（未进入劳动过程的人力）。非劳动力包括未成年人、在校读书的成年学生、离退休人员、服刑人员等未进入劳动过程的人员。

4. *人才*

人才是中国自古就有并且具有独自特征的概念。在中国古代汉语中"才"与"材"通用，"人才"即"人材"。中国古代对人才的界定更多地倾向于"学而优则仕"和德才兼备等理念。近现代以来，根据经济社会发展不同时期的变化及需要，我国对"人才"的解读诠释也有差异，并呈现了不同的发展特征。在2010年中共中央和国务院印发的《国家中长期人才发展规划纲要（2010—2020年）》中，人才界定为"具有一定的专业知识或专门技能，进行创造性劳动并对社会做出贡献的人，是人力资源中能力和素质较高的劳动者"，人才队伍可以划分为

---

① 林斌、刘方械：《消费资源论》，中国财富出版社2015年版，第315页。
② 马克思：《资本论》，人民出版社2018年版，第190页。

六类：党政人才、企业经营管理人才、专业技术人才、高技能人才、农村实用人才、社会工作人才等①。

5. 人力资源

人力资源一般是指有能力并愿意为社会工作的经济活动人口，也指一定时期组织中的人所拥有的能够被企业所用，且对价值创造起贡献作用的教育、能力、技能、经验、体力等的总称。从内涵上说，人力资源是指那些体能、技能和智能健全，能够以各种有益于社会的脑力劳动和体力劳动创造财富，从而推动经济社会发展的那一部分人口；从外延上说，人力资源不仅包括一个国家和地区有劳动能力并在法定劳动年龄范围之内的人口总和，而且包括虽已离退休但仍从事工作、具有较高素质的劳动者。人力资源具有数量和质量双重属性。人力资源的质量包括人的思想素质、文化素质、智力素质、技术素质和生理素质、心理素质等方面，人力资源的数量是现实人力资源和潜在人力资源各个个体的总和。人力资源的质量是一定数量的质量，人力资源的数量是一定质量的数量。没有质量的数量或没有数量的质量都是不存在的。一定数量的人力资源是社会生产的必要的先决条件。一般说来，充足的人力资源有利于生产的发展，但其数量要与物质资料的生产相适应，若超过物质资料的生产，不仅消耗了大量新增的产品，且多余的人力也无法就业，对社会经济的发展反而产生不利影响。经济发展主要靠经济活动人口素质的提高，随着生产中广泛应用现代科学技术，人力资源的质量在经济发展中将起着越来越重要的作用。

（二）概念辨析

从以上概念界定可以看出，人力、人口、劳动力、人才、人力资源是与人力资本密切相关而又有明显区别的一组概念。人力是人力资本和人力资源的基础性概念，在人力与人口、人才、劳动力三个概念区分清楚后，人力资本和人力资源与这三个概念区分自然就清晰了。因此，本书首先把人力与人口、人才、劳动力作概念辨析，进而重点研究辨析人力资本与人力资源这两个概念。

---

① 中央人才工作协调小组办公室、中共中央组织部人才工作局：《国家中长期人才发展规划纲要（2010—2020年）》，2010年6月6日，http://www.gov.cn/jrzg/2010-06/06/content_1621777.htm，2014年。

1. 人力与人口、人才和劳动力

从内涵来看，人力是指人的劳力和力量，人口单指自然人的数量，人才是有品德、有才能，具有某种特长的人，劳动力是进入劳动进程的人力。从属性来看，人力和劳动力首先是社会学的概念，后来成为劳动经济学的概念，人口是社会学或者人口学的概念，人才是组织学的概念。

20世纪，全球普遍认为人即人口，有"劳动能力"的人被认定为"人力"，没劳动能力的人只能被认定为"人口"。在数量上，人口资源是最多的，它是人力资源形成的数量基础，人口资源中具备一定脑力和体力的那部分才是人力资源；而人才资源又是人力资源的一部分，是人力资源中质量较高的也是数量最少的那部分。在数量比例上，人才资源是最小的，它是从人力资源中产生的，而人力资源又是从人口资源中产生的；劳动力资源指一个国家或地区，在一定时点或时期内，拥有的具有劳动力（包含劳动者的生产技术、文化科学水平和健康状况）的劳动适龄人口。劳动力资源需要同时具有劳动能力的人口与劳动适龄人口双重属性范围更窄，所以人力资源包括劳动力资源。

（1）人力与人口。人力是指人的劳力和力量，人口单指自然人及其数量。人力与人口具有明显区别。人口数量主要受生理、自然环境、社会经济、政治、科技、文化、教育、民族、心理等因素的影响。人力的影响因素主要包括体质、智力、知识、技能、年龄等。人口是指活着的生命的总和，人力是指在这总和中具备劳动能力的人。人口主要表现的是一个数量观念。一个人从出生到死亡的整个生命存续时期都可以看作人口资源的有机组成部分。人口资源是一个最基本的基数，它是人力资源、劳动资源的基础。

（2）人力与人才。人才是指管理水平高、技术能力强、有智慧、有能力、思想解放、勇于创新、可使效益最大化的人力。完全意义上的人才不仅仅具有智力因素的专业知识、专业技术和技能，还具有非智力因素的责任意识、文化理想和职业精神。所以，人力不一定是人才；反之仅以自己的智力为企业的发展做贡献的人，虽是人才，但也不一定是传统意义上的人力。

（3）人力与劳动力。人力与劳动力比较容易区分，没有进入劳动过程的人力就不能成为劳动力。从宏观来讲，人力是指一个国家和社会所有具有劳动能力人员的总称。由于生理或社会的原因，人们的体力和智力并不会完全都用于劳动，人们的其他活动，如休闲旅游和体育娱乐等也需要耗费体力和智力。所以人身体体现出来的体力、智力并不完全是劳动力。许多人的体力和智力并不用于劳动，从而不构成现实的劳动力。只有在就业工作状态，人力才能转化为劳动力。人力多大程度上成为劳动力，有赖于劳动者的品德素质。一个身材高大体力充沛的人，如果缺乏吃苦耐劳的精神，他所付出的劳动力并不一定多；相反，身材矮小体力并不充沛的体操运动员，由于具有勤学苦练的精神，在提升其体力与技能的同时，反而会所付出超乎寻常的劳动力。人力转化成劳动力程度，也取决于工作态度。

从马克思对"劳动力"的定义可以看出，劳动者的体力与智力，是劳动能力中的两个基本要素，然而在这两个基本要素中又有许多更基本的子要素。人力是母概念，劳动力是子概念。这是劳动力与人力质的区别所在。劳动力除了具有人力的一般特征外，它还具有自身所固有的特征，即它是人们生产某种使用价值时所运用的体力和智力的总和，也就是说，它是已经进入生产过程的人力，成为生产要素，充分认识这项区别非常重要。

2. 人力资本与人力、人才和人力资源

（1）人力资本与人力。人力资本是相对于物质资本而言的一个概念，也称"非物质资本"。人力资本是体现在劳动者身上的更高的劳动能力。人力有两种，一种是人作为自然人身上的机体力，称为简单劳动力。简单劳动力从事的劳动称为简单劳动。另一种是经过教育、训练等形成的人力，这是一种比简单劳动力更高的劳动力，称为复杂劳动力。复杂劳动力从事的劳动称为复杂劳动。在同一时间内复杂劳动创造的价值和劳动生产率比简单劳动高得多。

人力之所以能成为资本，是因为人力所创造的价值大于它本身的价值，人力的质量（劳动能力）越高，则创造的价值就越高。人力的这种本性，是由于对人力进行了教育、训练、健康等投资的结果。也就是说，在较高的劳动能力形成过程中耗费了教育、职业培训、保健等各种费用，这些费用构成了人力资源成本。人力资源成本的投入和劳动能力提高一般呈正相关关系：对人力的投资越多，花费越大，人力的劳动生产提供的价值就越高、越大；但是对人力的投资和人力创造的价值并不是等比例关系，一般来说，经过投资的人力所创造的价值远远大于对他没有投资的人力，产出高于投入。我们正是在这个意义上把经过教育、训练等投资而形成的较高的劳动能力称为人力资本。因此，从该视角出发可以把人力资本定义为：体现在个人身上的而不是体现在物质上的较高的个人才干、知识、技能和经验。

（2）人力资本与人力资源。人力资本和人力资源二者之间既有联系又有区别。人力资本和人力资源都是以人为基础而产生的概念，人所具有的脑力和体力都是它们研究的对象，从这一点看两者是一致的。而且，现代人力资源管理理论大多都是以人力资本理论为根据的；人力资本理论是人力资源管理理论的重点内容和基础部分；人力资源经济活动及其收益的核算是基于人力资本理论进行的；两者都是在研究人力作为生产要素在经济增长和经济发展中的重要作用时产生的。

同时，人力资源又与人力资本具有较大的差异。总体来讲，人力资源也可算是人力资本的基础和源泉，人力资源只有投入生产经营中，并为生产经营带来利润才能转化成人力资本[①]。具体来说，人力资本和人力资源的区别主要体现为五个方面：

第一，概念范围不同。人力资源包括自然性人力资源和资本性人力资源。自然性人力资源是指未经任何开发的遗传素质与个体；资本性人力资源是指经过教育、培训、健康与迁移等投资而形成的人力资源。人力资本是指所投入的物质资本在人身上所凝结的人力资源，是可以投入经济活动并带来新价值的资本性人力资源。

第二，两者与社会财富和社会价值的关系不同。人力资本是由投资而形成的，强调以某种代价获得的能力或技能的价值，投资的代价可在提高生产力过程中以更大的收益收回。因此劳动者将自己拥有的脑力和体力投入生产过程中参与价值创造，就要据此来获取相应的劳动报酬和经济利益，它与社会价值的关系应当说是一种由因溯果的关系。而人力资源则不同，作为一种资源，劳动者拥有的脑力和体力对价值的创造起

---

① 陈方明：《浅议企业人力资本的开发与经营》，《科技情报开发与经济》2004年第10期。

了重要贡献作用，人力资源强调人力作为生产要素在生产过程中的生产、创造能力，它在生产过程中可以创造产品、创造财富，促进经济发展。它与社会价值关系应当说是一种由果溯因的关系。

第三，两者研究问题的角度和关注重点不同。人力资本是通过投资形成的存在于人体中的资本形式，是形成人的脑力和体力的物质资本在人身上的价值凝结，是从成本收益的角度来研究人在经济增长中的作用，它强调投资付出的代价及其收回，考虑投资成本带来多少价值，研究的是价值增值的速度和幅度，关注的重点是收益问题，即投资能否带来收益以及带来多少收益的问题。人力资源则不同，它将人作为财富的来源来看待，是从投入产出的角度来研究人对经济发展的作用，关注的重点是产出问题，即人力资源对经济发展的贡献有多大，对经济发展的推动力有多强。人力资本关注的是收益问题，而人力资源关注的是价值问题。

第四，两者的计量视角和形式不同。众所周知，资源是存量的概念，而资本则兼有存量和流量的概念。人力资源和人力资本也同样如此，人力资源是指一定时间、一定空间内人所具有的对价值创造起贡献作用并且能够被组织所利用的体力和脑力的总和。人力资本，如果从生产活动的角度看，往往是与流量核算相联系的，表现为经验的不断积累、技能的不断增进、产出量的不断变化和体能的不断损耗；如果从投资活动的角度看又与存量核算相联系，表现为投入到教育培训、迁移和健康等方面的资本在人身上的凝结。人力资源反映的更多是存量问题，而人力资本反映的是流量和存量两个方面的问题。

第五，两者研究所属学科属性不同。人力资本是经济学中的重要概念，人力资源是工商管理学中的重要概念。现代人力资本理论是由美国芝加哥大学教授西奥多·舒尔茨（T. W. Schultz）在 1960 年出任美国经济学会会长发表的《人力资本投资》就职演说中提出并予以阐释，认为人力资本是通过对人力资源投资而体现在劳动者身上的体力、智力和技能，它是另一种形态的资本，与物质资本共同构成了国民财富，而这种资本的有形形态就是人力资源。人力资源通常与管理联系在一起。美国著名人力资源管理专家加里·德斯勒（Gary Desslaer）认为，人力资源管理（Human Resource Management，HRM）是一个获取、培训、评价员工以及向员工支付薪酬的过程，同时也是一个关注劳资关系、健康和安全以及公平等方面问题的过程①。

（3）人力资本与人才。人才是人力资本最重要的组成部分，是需要重点研究的内容，而人才发展治理也是以推动人力资本效益提升为目标。如何营造一个更有利的宏观社会生态环境推出更多人才，促使人力资本的持续增值，是政府必须认真考虑的问题并在其中必须扮演关键角色。要实现人力资本增值，培养和利用更多优秀人才，核心路径就是通过政府各项公共政策与服务的调整改善人力资源健康状况、促进教育培训的增加，同时消除各种制度性或社会性的障碍使人力资本使用效益最大化，使人才各得其所，各尽其用。同时，人力资本的增值还有赖于人才发展治理的其他社会主体，比如企业组织贡献其优质资源和才智，主动创新符合组织特点和需要的管理方式，并同政府一道搭建协作联动的平台和机制，共同推进人才发展②。

（4）人力资源与人才。党的二十大报告指出，人才是第一资源，它在国家发展中起着其他资源所无法替代的第一位的作用。人才资源是人力资源中最优秀的部分，是人力资源的精华所在。人力资源虽然是人才资源的源泉和基础，但人力资源并不就是人才资源。人才资源属于人力资源，但又不等同于人力资源，它是人力资源中最高的部分。如果说，人力资源是推动物质资源的决定性力量的话，那么人才资源则是人力资源中最积极、最活跃的因素。与普通意义上的人力资源相比，人才资源含量最高、价值形成中的作用更大。人才资源是独特的资本性资源，具有自我增值的巨大潜力，相对于其他的物质资源而言，人才资源对社会的贡献及其收益具有依次递增的趋势，而其他的物质资源一般则有渐次递减的趋势，即人才资源是具有高增值性的资源。

人力资源管理包含企业对人才资源的科学培养和合理使用。其中包括人才的引入与积蓄、人才的辨别与配置、人才的培训与服务、人才的使用与保护、人才的合理流动等一系列环节，以期最大限度地利用人才，发展人才为企业服务。各行业产业对人才的管理与其他行业在基本原理上有共同之处，但在实际操作上却有许多不同之处，即个性化特

---

① ［美］加里·德斯勒：《人力资源管理》，刘昕译，中国人民大学出版社 2017 年版。
② 董博：《中国人才发展治理及其体系构建研究》，博士学位论文，吉林大学，2019 年。

点，这些个性化特点正是各行业形成个性风格和品牌必不可少的因素。

第二节 人力资本存量概念与特征

一 概念

钱雪亚认为，人力资本存量是指通过人力资本投资形成的、蕴藏于被投资人身上的各种知识和技能的总量。

以舒尔茨对人力资本的定义为基础，结合钱雪亚等学者的研究，本书认为人力资本存量（Human Capital Stock）是指在特定时刻体现和蕴藏于人体内的具有潜在经济价值的知识、能力和健康等各种要素的总量。可用以下公式表示。

$S_{hcs}=S_{ks}+S_{cs}+S_{hs}$，（$S_{hs}>0$）

式中，S_{hcs}为人力资本存量；S_{ks}为知识存量（Knowledge Stock）；S_{cs}为能力存量（Capacity Stock）；S_{hs}为健康存量（Health Stock）。

在公式中，S_{hs}必须大于零。人力资本的存在依赖于人的生命，如果$S_{hs} \leq 0$，即表示人没有生命特征，此时人力资本存量为零或失去意义[①]。

人力资本存量与人力资本流量（Human Capital Flow）是相对应的两个概念。人力资本存量，是指人力资本积累的情况；人力资本流量，是指人力资本流动的情况。

二 特征

综合国内外学者研究和人力资本存量的定义可以看出人力资本存量具有以下特征。

（一）人力资本存量包括知识、能力和健康三种存量

知识、能力和健康是人力资本存量的三个构成要素（见图2-1）。

（二）人力资本存量可分为内生存量和外生存量

王毅敏和封铁英[②]认为，人力资本价值是内生价值和外生价值的统

---

① 钱雪亚、周颖：《人力资本存量水平的计量方法及实证评价》，《商业经济与管理》2005年第2期。

② 王毅敏、封铁英：《人力资本范畴分析及现实思考》，《中国人力资源开发》2003年第3期。

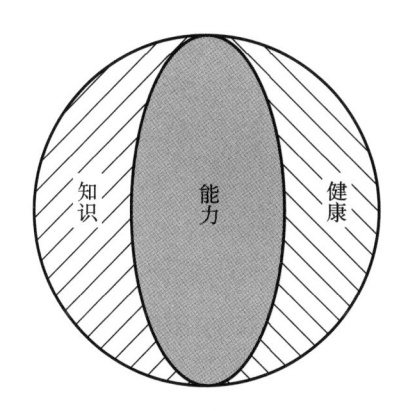

图 2-1　人力资本存量构成

一体。内生价值的存在是外生价值得以形成的基础,通过外生价值表现出来;外生价值是对内生价值的开发,通过内生价值发挥其收益性效用。知识存量和健康存量体现的是内生价值,属于内生存量;人力资本在市场中最终体现出的是促进经济发展能力的强弱,能力存量体现的是外生价值,属于外生存量。外生存量是内生存量的发展、发挥与升华,是内生存量的外在体现(见图 2-1)。

(三)人力资本存量既有数量特征又有质量特征

人力资本(存量)这个概念不仅是数量指标,而且是一个反映结构变化的质量指标[1]。人口数量、工作人口的比例及实际劳动量是其基本的数量特征,技术、知识等影响生产能力的属性是质量特征[2]。微观研究方法强调的是人力资本存量个体间的差异,宏观研究方法侧重的是人力资本存量整体上量的区分。

(四)人力资本存量既是一个动态概念又是一个静态概念

世界万物都是在运动变化的,人体时时刻刻都在进行着生产、存储与消费的过程,因此人力资本具有易变性、难估性[3]和不可测性[4],所

---

[1] 邱冬阳、汤华然:《中国人力资本存量结构的估算》,《基于教育基尼系数法》2010年第1期。

[2] 李忠民:《人力资本:一个理论框架及其对中国一些问题的解释》,经济科学出版社1999年版。

[3] 李忠民:《人力资本:一个理论框架及其对中国一些问题的解释》,经济科学出版社1999年版。

[4] 钱雪亚:《人力资本水平:方法与实证》,商务印书馆2011年版。

以人力资本存量是一个动态概念;同时,人力资本又是一个静态的概念①,它是客观存在的。它不同于物质资本,对人力投资的存储转化需要一个较长过程。相对于个人或较少数人,人力资本存量数值在一段时间内是相对固定或变化不大的。

(五)人力资本存量具有时效性和损耗性②的特征

人力资本是以生物有机体的人身作为载体,人都有生命同期,能够从事工作劳动的自然时间只占其生命中的一段时间。凝集在人身上的人力资本会随时间的变化而产生自然损耗③。人力资本存量损耗主要表现在人力资本能力弱化(知识技能淘汰更新)、资本闲置(失业)、报废(死亡、伤残和服刑)和生理消耗等方面。

第三节　人力资本存量、投资与价值

一　人力资本投资

(一)概念

人力资本投资是指投资者通过对人进行一定的资本投入(货币资本或实物),增加或提高人的知识、智能和体能,这种劳动能力的提高最终反映在劳动产出增加上的一种投资行为。

贝克尔较早地提出人力资本投资的定义,他认为所有用于增加人的资源并影响其未来货币收入和心理收入的活动都是人力资本投资④。人们对自身的投资是为了增加人力资本存量⑤,人力资本存量是人力资本投资的结果。

(二)构成要素

人力资本投资有四个重要的构成要素:一是需要确定投资者,即投资主体。投资者可以是政府(中央、地方政府)、事业单位、企业、社

---

① 孙旭:《人力资本投资、人力资本存量与人力资本投入比较》,《统计与决策》2007年第10期。
② Crawford R., *In the Era of Human Capital*, New York: Harpercollins, 1991.
③ 马新建、时巨涛:《人本管理功能与人力资本属性》,《东南大学学报》2002年第2期。
④ 王彦军、李丽静:《人力资本投资中政府的作用——对我国人力资本投资的反思》,《人口学刊》2007年第1期。
⑤ 朱富强:《人力资本的内涵和特性:政治经济学解读》,《管理学刊》2011年第4期。

会团体，也可以是家庭、个人等；二是人力资本投资的对象是人，一般为投资主体所辖范围之内的人；三是人力资本投资直接改善、提高或增加人的劳动生产能力，即人进行劳动所必需的智力、知识、技能和体能；四是人力资本投资旨在通过对人的资本投入，投资者未来获取价值增值的劳动产出及由此带来的收入的增加，或者其他收益。

（三）特征与风险

人力资本投资具有投资连续性和动态性、投资主体与客体具有同一性、投资者与收益者不完全一致性、投资收益形式多样四种特征，同时具有道德风险、中断风险、产出风险、折旧风险、不可抗拒风险五种风险。

（四）教育投资

教育是人力资本最重要也是投资收益率最高的投资形式。对教育的投资可以快速增加人力资本存量，以期未来获取更高收益。正规教育投资是人力资本价值积累的主要途径。通过正规学校教育形成的人力资本价值，是人力资本的核心和最重要的组成成分。学校教育可以提高一个国家的一般人力资本水平，能体现人力资本投资规模化效应，是人力资本价值形成的最佳途径。这种途径增加了人力资本的知识存量，表现为人力资本构成中的普通教育程度，即用学历来反映人力资本存量。

二　人力资本价值

（一）概念

人力资本价值的确定一直是国内外学者热衷研究的课题之一，它是现代人力资本经济学研究的前沿领域。当今国内外学者们对于人力资本价值计量的方法莫衷一是，有的从投入角度计量，有的从产出角度计量，有的从受教育程度角度计量，有的对各种因素进行综合计量。

综合各种因素考虑，部分学者认为，人力资本价值是指维护人力资本再生产所必须花费的一切费用，应包括三个方面：生活费用、教育费用、学习者自己的学习劳动所创造的价值。

本书认为，人力资本价值是指蕴藏在人身上的人力资本存量所能产生或实际创造的市场价值。它可分为潜在价值（预期价值和理论价值）和实际价值（最终产出价值）。人力资本的潜在价值与实际价值有较大差异①。人力资本存量充分发挥后可能产生的全部价值可称为人力资本的潜在价值。

（二）形成机制

1. 人力资本价值决定于人力资本所有者对企业的贡献

人力资本价值高低的依据是人力资本对企业收益形成的实际或预期贡献，而不是根据拥有人力资本的人的身份和职位来决定的。

2. 人力资本价值定价还需考虑人力资本的特征、企业的类型和发展阶段

在考虑人力资本的定价时，首先客观上我们必须考虑企业中不同人力资本的层次性、专业性、业绩大小、稀缺程度和企业战略，要考虑人力资本成本，即企业为取得、开发和保持人力资本而付出的成本；其次要考虑脑体补偿薪酬，即企业为人力资本脑力和体力劳动支付的补偿薪酬；最后要考虑个体新增价值即人力资本参与价值创造活动给企业带来的新价值。

（三）发生条件

人力资本存量与人力资本价值具有正相关性。一方面，人力资本存量作用的发挥具有不确定性。人力资本存量是一种无形的潜藏在其所依附的个体身上的资本，其作用的发挥受个体心理意识的影响。也就是说，作为主体的个人来讲，他有做出努力和不做出努力的有意识或无意识的选择，其选择的过程和结果受外界环境的影响，而这种选择又会影响其人力资本作用的发挥。另一方面，人力资本存量具有能动作用。人力资本是活的资本，而世间其他物力资本和自然资源都是死的资本，其本身并不会自行释放出巨大的生产力，必须要有人力资本的投入才能获得效益。因此，人力资本的能动性是最大的生产力和社会财富，是科学技术得以不断进步的动力和源泉。人力资本的能动性使人力资本不但具有发挥自身能力的功能，而且具有吸收、消化等功能。例如，那些具有高人力资本存量的企业，不但具有巨大的内在创造力，而且具有强烈的吸收和消化外来技术的能力，从而能够有效地改造自身技术和推进其发展，形成企业强大的竞争力。

---

① 李秀芬、张平：《人力资本价值的测评研究——以高技术企业个体人力资本为例》，《统计与决策》2010 年第 3 期。

三 人力资本投资、存量与价值区别与联系

（一）概念辨析

国内许多学者在研究人力资本时，并没有将其与人力资本存量、人力资本投资和人力资本价值进行区分研究。究其原因有三个：①部分学者的研究重点不在人力资本和人力资本存量等概念的区分上；②部分学者没来得及对这些概念做些区分；③也有部分学者不清楚这些概念的区别。当然，目前也有少数学者认识到并有意识地区分以上概念的不同。如钱雪亚认为，人力资本水平具体体现于人力资本投资水平、人力资本存量水平，以及人力资本效率水平，其中人力资本存量是人力资本水平计量的核心[①]。

人力资本与人力资本存量、人力资本投资和人力资本价值是四个紧密联系但不相同的概念。钱雪亚说的人力资本效率水平可以理解为人力资本的最终产出，即人力资本的价值水平。本书认为，人力资本存量与人力资本投资和人力资本价值是人力资本的三个重要组成部分，共同构成了人力资本整体。研究人力资本存量，首先必须明确界定人力资本，清楚它与人力资本投资和人力资本价值的联系与不同。

（二）人力资本投资与人力资本存量

人力资本存量既是人力资本投资的完成形态和结果，又是人力资本供给与价值产生的基础。以人力资本存量为目标的投资效率和以人力资本存量为基础的利用效率都非常重要。

人力资本投资是提高人力资本存量最有效的途径。政府、社会、企业和个人以教育、培训、流动迁移、医疗保健和信息采集等形式对自然人进行投资，自然人在接受投资增加知识、能力和健康存量时会进行加工处理，然后存储于人体中。接受和加工过程中既会产生一定损耗，又会碰撞出新知识火花，增加额外存量。

人力资本投资必须与人力资本承载力相当，也就是人力资本存量应与物质资本等其他生产要素保持一定的比例关系。如果人力资本的投入相对不足，则会影响其他各种生产要素的效用发挥；如果人力资本投入相对过剩，则会因为其他诸多要素的不足使人力资本无法充分发挥其效用，表现为人力资本的边际效益递减，造成人力资本的浪费。

---

① 钱雪亚：《人力资本水平统计估算》，《统计研究》2012年第8期。

人力资本存量提高可以提高劳动效率。人力资本作为经济生产的投入要素，直接参与经济生产过程。在物质条件一定的条件下，人力资本存量与劳动生产率呈正相关关系，人力资本存量越高，劳动者素质就越高，劳动生产率也就越高。在生产过程中，由于人力资本存量的增加，表现为劳动力素质的提高，劳动力素质提高使劳动力的劳动生产率提高，劳动生产率的提高是推动经济增长方式根本转变的主导因素，是提高资源利用率和资金利润率的先决条件，从而引起各部门产出及国内生产总值增加，增加全社会经济总量。

当然，人力资本对劳动生产率的作用是通过提高劳动者的工作质量来实现的。虽然工作质量状况取决于多种因素（如劳动态度、管理体制、职业道德等），但不可否认由人力资本所决定的人口素质是关键性因素，至于职业道德、劳动态度等作为人文素质同样离不开教育。所以，智能素质、人文素质都离不开人力资本投资，它们共同影响劳动者的工作质量，从而影响劳动生产率。

（三）人力资本存量与人力资本价值

1. 教育存量增加可以提高人力资本价值，教育存量与人力资本价值正相关

（1）人力资本存量的增长提高了人的时间价值，人的时间价值增长的关键是人力资本服务价值的日趋重要和增长。人的时间价值的提高不仅带来价格和收入效应，而且带来制度上的变化，诱发制度变迁。

（2）人力资本存量的增长提高了重新配置资源的能力，通过人力资本投资可以有效提高人的学习能力、从事有用工作的能力、娱乐能力、创造能力和处理经济失衡的能力。

（3）人力资本存量水平提高，会引起个人收入的增加，而个人收入增加，又会导致消费需求的增长、消费市场的扩大，进而又给投资带来更多机会和更强刺激。

（4）人力资本存量的增长提高了投入经济活动的工作质量。因为人力资本收益的提高，带来人们收入的增加，收入的增加和消费水平的提高对劳动者的精神与志气都有影响，从而影响雇员生产率。劳动者健康状况的改善、寿命的延长，人口质量的提高，其作用在于提高了劳动力的效率。

（5）人力资本存量的增长可以改善劳动者的知识能力素质，使劳动者记忆能力、创新能力、独立工作能力、学习能力、动手解决问题的能力等得到提高。劳动者记忆能力增强，可以缩短学习工艺操作的时间，使由于记忆不佳而产生的失误大大减少；创新能力的提高使劳动者有能力从事发明、创造，有能力寻找到解决生产经营难题的新思路、新方法，寻找到更节约资源和劳动的生产方法；独立工作能力提高，使某一工作需要的劳动力数量减少，或者一定数量的劳动力可以从事更多样的工作，从而使产出在不增加投入的情况下增多；学习能力的提高，使劳动者可以较快地接受新工艺、新操作方法，适应新技术、新机器，将发明和引进的新技术尽快与生产相结合，转化为生产力；动手解决问题的能力提高，使生产上遇到的问题可以及时就地得到解决，从而使生产具有连续性，停工待修时间减少，产出相对增加。这一切都可以在投入劳动力数量不变的情况下增加产出量。

2. 人力资本存量与人力资本价值之间不存在必然的转化率，即人力资本实际价值和理论价值间不存在固定比率

人力资本实际价值以理论价值为基础，同时受工作态度和外界环境的影响，所以经营管理者在注重增加人力资本投资的同时，还应根据当前人力资本存量不同结构与类型特点，有针对性地创造适宜外部工作环境，最大限度地实现理论价值。

（四）相互关系

综上所述，人力资本投资、人力资本存量和人力资本价值是三个密切相连但不相同的概念，它们分别代表着人力资本发展的三个阶段，即对人力资本的投资、加工储存和产出过程（见图2-2）。其中，人力资本投资是人力资本存量增加的基础，人力资本存量又是人力资本价值形成的基础，人力资本价值是人力资本投资和人力资本存量的最终结果和权威评价。对人力资本增加投资的最终目的是能在市场中获得更多价值。人力资本价值反过来又会影响对人力资本的投资，激发推动增加人力资本存量的热情。

辨清以上三个概念同时有助于清楚认识目前人力资本估算评价方法的实质。实际上，成本法估量评价的是人力资本投资水平；收入法估量评价的是人力资本价值收益；教育存量法估量评价的是人力资本存量，但估量指标是从知识和能力存量中选择了最具代表和易统计的受教育程

度。由于三种方法的计量内容和指标各不同,所以其计量结果也不相同①。

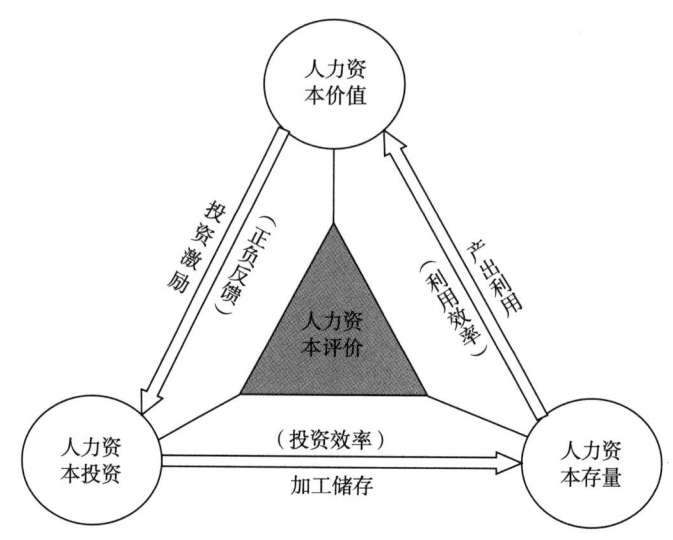

图 2-2 人力资本与投资、存量和价值三者关系

第四节 知识存量、能力存量与健康存量

一 知识存量

（一）概念

作为人力资本存量的组成部分,知识存量是指特定时刻或阶段人力资本个体或组织对知识资源的占有量。

知识存量依附于组织系统内部人员、设备和组织结构中,是人们在生产和生活实践中知识的积累,是"学习"的结果。它反映了组织系统生产知识的能力和潜力,体现了组织系统的竞争能力。

在关于知识存量的研究中,本书采用的是广义概念。

在追溯知识分类历史时,不少学者认为古希腊的亚里士多德是最早对知识进行细化分类的人。实际上,知识的起源来自人们的日常生活需要。根据人们的实践活动总结经验,其根本目的和价值是满足当时人们

---

① 孙淑军:《人力资本与经济增长——以中国人力资本估计为基础的经验研究》,博士学位论文,辽宁大学,2012 年。

的生产和生活需要。由此可见，知识的分类实质上与知识的起源密不可分。从当今社会来看，许多专业知识都是随着社会的进步与发展而产生的。英国科学家 W.C. 丹皮尔认为，"常识性的知识和工艺知识的规范化和标准化，应该说是实用科学的起源的最可靠的基础"[①]。

（二）分类

对于知识的分类，国际上有很多不同的标准，其中比较有影响的是欧洲哲学家和科学家波兰尼（Michael Polanyi）[②] 关于知识的分类。他认为，知识可以分为显性知识（Explicit Knowledge）和隐性知识（Tacit Knowledge）。显性知识是指可以编码且可用正式语言进行传递的知识，比如书本语言、图表、数学公式等；而隐性知识很难用正式语言传达，是一种主观的、基于长期经验积累的知识，如经验、技术、专长、直觉、预见性、心智模式等。

世界经济合作与发展组织（OECD）1996年在知识经济（The Knowledge-Based Economy）报告中把知识分为事实知识（Know-what）、理论知识（Know-why）、技能知识（Kow-how）和人际知识（Know-why）四类。结合波兰尼分类标准，事实知识、理论知识都是描述性知识，可以通过教育程度（时间）和阅读图书量等进行量化计量，因此属于显性知识；而技能知识和人际知识中难以规范、明晰化或者无法明确描述，难以准确计量，因此属于隐性知识。总而言之，知识存量可以分为显性知识和隐性知识，而显性知识又可以分为事实知识和理论知识，隐性知识可以分为技能知识和人际知识。

20世纪80年代，经济学家罗默（Romer）将知识分为一般性知识和专用性知识。一般性知识对于任何企业都能起到促进收益增长的作用，也就是"外部效应"。而专用性知识只会给个体当时所在的企业创造价值，即"内部效应"[③]。现代社会越来越强调专业分工的重要性，现代人力资本既要掌握一般性知识，更要掌握专门知识。

---

① 威廉·塞西耳·丹皮尔：《科学史及其与哲学和宗教的关系》，李衍等译，商务印书馆1975年版。

② Sternberg R. J., "Intellectual Development: Psychometric and Information-processing Approaches", Developmental Psychology, 1989.

③ Romer P. M., "Increasing Returns and Long-Run Growth", Journal of Political Economy, Vol. 94, 1986, pp. 37-1002.

（三）特征

1. 知识存量是一个静态性概念

静态性是指在某一时刻，个人或组织所拥有知识的多少。知识存量是过去人们在生产和生活实践中知识不断积累的结果，是"学习"的直接产物，而不是过程本身。因此，它是静止的、不变的。

2. 知识存量具有时间特性

事物总是变化发展的，知识存量同样也是如此。知识是人类认识世界的结晶。不同的历史时期，知识总量各不相同。我们讨论知识存量，通常是指某个特定时点的知识存量。个人或组织所拥有的知识存量可能随着时间的变化发生变化，日常的"学习"，呈现出一种增长的趋势，但研究起来非常困难。因此，我们需要研究的是假定某一时刻的知识存量。

3. 知识存量是一个空间概念

个人或组织获得知识的途径是日常的生活和工作，人们在实践中通过"学习"产生了知识，但人们的实践活动总是立足于特定的社会组织，因此，知识存量具有空间界限。人们的实践活动总是在一定的空间范围内进行的，如社会系统、国家系统、区域系统、集团系统、个体等。也就是说，知识存量是存在于一个特定的范围内。

4. 知识存量具有非负特性

知识总是以人或物为载体，尤其隐含经验类知识，更是以人为载体，每个组织都有自己特定的人才和组织结构知识。任何个人或组织都可以看作一个知识的集合体，无论知识存量多与少，但总是存在的。这是我们立足于社会，求生存、求发展的基础。从这个意义上说，任何系统的知识存量总是正值，不可能为负值，即使其知识存量与其他高度发达的系统相比微不足道。

5. 知识存量是时间的增函数

个人或组织通过"学习"获得新的知识，再转化为自身所拥有的知识，因此，它不会随着时间而被个人或组织所遗忘、消失。也就是说，知识存量会随着时间的增长而增长，即知识存量与时间之间存在正相关关系。就整个社会系统而言，人们不断探究世界的本原，不断涌现出新知识，再加上知识具有衍生性和无损耗性，不会因为使用而减少或消失，也就是说，知识存量是时间的增函数。目前，人类知识总量呈指数规律增长。

6. 知识存量增长具有波动性特征

人类知识总量总是呈增长趋势，但这个增长过程是一种波动过程，有快有慢，有起有伏。个人或组织通过"学习"获得知识。知识的种类很多，其难易程度也各不相同，因此，个人或组织要掌握这些知识所花费的时间是不同的，呈现出一个或快或慢的过程，即波动性。对某一系统而言，在下列条件下，知识存量还有可能锐减：一是系统的知识增长速度小于整个社会的知识折旧速度；二是系统受到外部强制干扰，如战争对知识基础的毁坏、政治斗争对知识的冲击、人才的流失。

（四）相关概念

1. 专利

专利是保护企业、机构和个人所作出发明的一种手段，几乎覆盖全部技术领域。由于专利不仅可以阻止模仿，而且有助于转让谈判以及获取许可费，因此，尽管不是所有的技术创新都申请专利，但大部分会申请，可以说专利是提供有关发明活动详细信息的最重要的指标，是面向应用的活动的典型产出，是测度技术知识存量的一个重要指标。

2. 科技文献

科技文献是记载知识和传播知识的工具，尤其基础性研究成果则主要通过科学文献计量指标来反映。科学知识具有很强的公共物品性质，科学工作者有了新的科学发现和新的科学成果，往往赶紧发表在文献中，向全社会通报，以取得优先权。因此，科技文献是反映科学知识存量的一个重要计量指标。

3. 知识人力资本

知识人力资本是指现在从事或有潜力从事知识的生产、传播、应用和管理等活动的人力资本。知识对人力资本具有高度依存性，尤其是隐含经验类知识更是以人为载体，人是知识的生产者、贮存者和使用者。因此，知识人力资本储备是衡量知识存量的一个重要指标。

4. 知识产业

马克卢普最早提出了知识产业的分类模式，他认为，知识产业由五个分支构成，它们是教育、知识研究与发展、通信媒介、信息设备和信息服务，这五个分支又可细分为各个产业。马克卢普的知识产业几乎无所不包。知识产业是知识密集的产业，它反映了知识在社会活动中的经济意义，是知识生产的社会组织活动，可以作为知识存量测度的参考指标。

二 能力存量

（一）研究发展历程

1. 心理学领域

人们对"什么是能力"这一问题的研究起源于心理学领域，直到20世纪80年代，在心理学领域人们对能力的探究还是围绕着"认知能力"开展。人们普遍认为能力是指人驾驭各种实践活动的本领大小和熟练程度，如20世纪初美国心理学家塞斯顿，针对能力组成提出了"群因素说"，将能力分解为词的理解力、言语流畅性、数字计算能力、记忆能力、空间知觉能力、知觉速度、推理能力七种因素。20世纪70年代，李嘉音教授从心理学、教育学的角度提出了能力的形成公式：智力（素质）加上知识（技能）通过自己的实践活动可以转化成能力。俄国学者乌申斯基将教育作为发展人的智力、获得知识的第一目的。

20世纪末期，学者们对认知能力的认识趋于成熟，心理学中的能力概念也得到了扩展。现代心理学技术的快速发展，认知心理学和人格心理学领域开发出了行之有效的人格特质测量工具。代表性研究成果有罗特（Rotter）的内外点控制量表、罗森堡（Rosenberg）的自尊量表（Rosenberg Self-Esteem Scale）、大五人格因素量表（the Big Five Personality Scale）。人们注意到了人的特质对经济生活产生的影响，能力成为一股左右社会发展和人生命运的积极力量。心理学家彼得罗夫斯认为能力是个性的心理特点。这些特点是顺利完成该种活动的条件，并且显示掌握该活动所必需的知识、技能和熟练程度的动态上的差别。此时的能力概念已经出现了"非认知能力"部分。

2. 人力资本研究领域

新人力资本理论认为，能力是人力资本概念的核心[①]。人力资本理论的诞生和发展经过了一个漫长的历史过程，"能力"一直是人力资本理论研究进程中潜在的一条主线。人力资本研究领域对能力的研究也是

---

① 李晓曼、曾湘泉：《新人力资本理论——基于能力的人力资本理论研究动态》，《经济学动态》2012年第11期。

起源于心理学领域、依托于心理学领域的研究而相向发展。从人力资本起源到20世纪90年代，人力资本理论大多从教育、知识为核心的认知能力角度研究人力资本对宏观经济、微观个人的价值。随着人们对非认知能力认识的深入，新人力资本理论完善了传统人力资本只关注单维能力的缺陷，对能力构成、能力与人力资本的关系有了全新的认识。

在人力资本萌芽时期，亚当（Adam）等诸多学者打破资本同质、劳动力同质的桎梏，注意到教育、能力对于人力资本有不可忽视的作用。亚当在《国富论》中说："学习是一种才能，须受教育，须进学校，须做学徒，所费不少。这样费去的资本，好像已经实现并且固定在学习者的身上。这些才能，对于他个人自然是财产的一部分，对于他所属的社会，也是财产的一部分。"这里的"才能"和书中提到的"社会成员后天习得的有用的能力"含义相同，都是指学习实践运用非常"有用的能力"。对社会生产有不可小觑的作用。到20世纪50年代，经济学家李斯特（List）等以古典政治经济学为基础对人力资本和能力概念进行了探索。李斯特提出了"精神资本"的概念，认为人可以通过教育投资掌握更多的技艺，智力方面的成果和积累有助于人们获得更多的产出，强调了"技艺""智力"的能力。

在现代人力资本思想阶段，舒尔茨（Schultz）认为人力资本是通过投资而凝聚在人身上的知识、能力和健康，能力是人力资本中与知识和健康并列的三个重要组成部分。1962年，阿罗（Arrow）的"干中学"理论思想强调了人们具有能在工作实践中积累知识与技术的能力。20世纪80年代以后，在知识经济理论的背景下，通过教育和在职培训等过程积累的知识和技术存量成为独立内生变量，纳入经济增长模型，推动再次审视人，尤其是具有一定教育、专业技能水平的人在经济增长和生产生活中的独特作用。卢卡斯的人力资本积累增长模型在阿罗的"干中学"理论之上，强调边干边学积累能力和人力资本存量重要性。

20世纪末以来，以赫克曼（Heckman）为首的新人力资本理论支持者，从理论与实证两个层面研究认知能力和非认知能力对个人成就的影响。在单独考察非认知能力的实证研究中，詹克斯（C. Jencks）通过控制收入方程中教育和工作经验变量后发现沟通能力、坚持不懈、勤奋和人际关系等特质能够有效预测个人在劳动力市场中的工资收入。巴里克（Barrick）等用大五人格量表实证调查后认为，在预测经济效益方面，责任感人格与职业成就有显著的相关性。在詹克斯和巴里克的研究中，已经把沟通能力和人际关系等作为能力的主要组成部分。

（二）概念

韩庆祥和雷鸣从社会学角度认为所谓能力，就是人的综合素质在现实行动中表现出来的正确驾驭某种活动的实际本领、能量，是实现人的价值的一种有效方式，也是社会发展和人生命中的积极力量[①]。

综上分析，本书认为，作为人力资本存量组成部分，能力存量是指特定时刻、阶段人力资本个体或组织具备的所有能完成目标任务的本领、能量、素质与心理特征总和。能力在属性上归属于正向积极性素质，即其不仅可以实现个体的发展，还可以进一步促进社会经济的进步。

（三）分类

社会学中一般将能力划分为智能（力）和体能（力）两类。

1. 智能

智能也叫智力，是人们认识客观事物并运用知识解决实际问题的能力。20世纪初，智力逐渐成为儿童研究心理学研究领域的核心课题。20年代后，心理学家对智力的概念不断进行反思和拓展，越来越强调智力的社会和情感维度。心理学家桑代克（Thorndike, E. L.）提出了社会智力（social intelligence）的概念。他从社会维度把智力分为三类：抽象智力、具体智力和社会智力。抽象智力就是理解和管理思想的能力，具体智力又称机械能力，即处理具体事物的能力，社会智力即从事社会活动和与人相处的能力[②]。后来学者进一步拓展了桑代克的智力概念。心理学中一般把智力（能）分为认知能力、社交能力和操作能力[③]。

（1）认知能力。认知能力也称为认识能力，是指人脑加工、储存和提取信息的能力，即人们对事物的构成、性能与他物的关系、发展的

[①] 韩庆祥、雷鸣：《能力建设与当代中国发展》，《中国社会科学》2005年第1期。

[②] 黄忠敬：《从"智力"到"能力"——社会与情感概念史考察》，《教育研究》2022年第10期。

[③] 朱宝荣：《应用心理学教程》，清华大学出版社2004年版，第179页。

动力、发展方向以及基本规律的把握能力。简单的说，认识能力是指人们学习、研究、理解、概括、分析的能力，它是人们成功地完成活动最重要的心理条件。认知是一个复杂的生理和心理过程，主要包括感知觉、视觉、注意、记忆、语言、概念、思维和推理、判断与决策、联想、问题解决等过程。

（2）社交能力。个体在社会交往的过程中达成一定的目的所需要的各种能力的总和称为社交能力。更具体的说，郑蔚颖在其研究中提出，社交能力包括个体在社交活动的前期准备、触发、进行一直到达成目标以及事后反馈等环节中具备的认知、自我监控等各种能力。个体进行社交活动的目的在于维持或增进人际关系以及实现其他的社交目标，具备良好的社交能力能够帮助个体有效地达成这些目标。人际交往能力是一个宽泛的概念，在一些语境中与社交能力等同。Kenneth 和 Linda 在人际问题解决的框架中，整合了前人关于社交能力的定义：在社会交往互动中，个体完成个人目标的同时与他人保持积极良好关系的一种跨时境的能力[1]。王英春和邹泓在其研究中将人际交往能力界定为：在人际交往的过程中，个体愿意并能主动与他人进行积极、正面的交往，表现出妥善、支持性的交往行为，而实现与他人和谐相处的能力[2]。

（3）操作能力。操作能力是指人们为完成各项活动和目标任务而操作自己的肢体的能力。它可以分为模仿能力、艺术表演能力和实验操作能力等。操作能力是在操作技能的基础上发展起来的。操作能力与认知能力密切相关。没有前人与本人通过认知能力积累出来的知识与经验，就不可能有或者提升操作能力；同样，如果操作能力得不到提升，认知能力也无法得到大幅进步与发展。

2. 体能

20世纪80年代中后期开始，"体能"一词就不断出现在各种学术论著、报纸和杂志文献中。在英文文献中，physicalfitness、physicalconditioning、physicalcapacity、physicalefficiency、physicalpower 等词语经常根据需要被翻译为体能。在我国港澳台地区，则多用体能这个概念。

---

[1] ［美］Linda Kohanov：《胜出：非掠夺社交智慧与共享式领导力》，陈栋翻译，中国友谊出版公司2018版。

[2] 王英春、邹泓：《青少年人际交往能力的发展特点》，《心理科学》，2009年第32期。

体能是指以身体形态结构和身体机能为基础,以运动素质为其外在表现的综合运动能力。体能是一个完整系统,其内部由身体形态、身体机能和运动素质三种因素构成,各组成要素之间相互联系、相互影响、相互制约。而外部受心理、外界环境等因素的影响。体能可通过先天遗传和后天训练途径获得。后天获得性体能是在遗传基础上形成和发展的,也就是说,即使没有任何训练,一个人也可以通过遗传表现出一定的体能水平。但这同时也意味着,体能的获得不是一劳永逸的,在停止训练或不能达到一定刺激强度时,体能也是可以消退的,且消退的速度往往与获得的速度成正比。

田文学和田学礼、周晓卉等认为,人的体能由身体形态、运动素质和生理机能、心理智能四方因素相互交错、作用构成[1][2];袁运平和王卫认为体能主要是由身体形态、生理机能及运动素质的发展状况所决定的[3]。为了研究的方便,在本书后面评价体系研究中体能仅包括运动素质和身体形态,生理机能和心理智能都将归类到健康和智力评价指标中。

三 健康存量

随着人类社会的不断进步,人们对健康的认识不断深化。1948年,世界卫生组织(WHO)首先提出包含人类生物属性和社会属性的健康的概念。在1978年9月世界卫生组织召开的国际大会《阿拉木图宣言》中又重申,"健康不仅仅是没有疾病或病痛,而且包括身体、心理和社会方面的完好状态",建立了关于健康的三维模型。

1989年,世界卫生组织根据现代社会人们的状况,提出将道德因素引进健康范畴,认为人的健康包含"身体健康(physical health)、心理健康(psychological health)、社会适应良好(good social adaptation)和道德健康(ethical health)"四个方面。

(一)身体健康

人力资本的形成及效能的发挥与人的生命周期密切相关。一个人所

---

[1] 田文学、田学礼:《体能与体能训练的系统结构分析》,《安徽体育科技》2009年第1期。
[2] 周晓卉:《体能概念及相关问题思考》,《体育文化导刊》2010年第6期。
[3] 袁运平、王卫:《运动员体能结构与分类体系的研究》,《首都体育学院报》2003年第2期。

拥有的人力资本相当有限，这种有限主要来自一个人的体力、精力和生命年限等自然条件的约束。那么，在有限的生命年限内，保证健康水平的投资是保证其他形式人力资本存在与效能正常发挥的先决条件。当一个人的健康状况不能满足社会的各种需求时，当他不能履行社会责任的时候，他就要被社会逐出工作环境，或者说，他已经处在了病态水平，他的健康存量低到了不能胜任工作的地步，他的人力资本存量也就所剩无几。因此当前人们一致认为，健康存量已经成为社会生活中的经济因子，是关乎人们如何提高个体的人力资本存量存亡与提升的问题。在我国，因国民健康状况而投入的卫生总费用在2003年占GDP的比重超过5.4%。1994年上海市的医疗费用就已高达65亿元人民币，占当年职工收入的16.94%，这一投入是当年全国体育经费投入的3倍。但是这样大的投入，健康问题仍不断出现，在2000年世界卫生组织对191个成员国的卫生总体绩效评估排序中，我国仅列144位。经济学家Parscns（1977）分析了健康对劳动供给的影响，明确指出，"对比健康、教育程度和年龄相仿的男子，健康状况差的每年平均要少工作1300个小时"，"身体健康状况不良的人的就业机会也明显减少"。[1] 据世界卫生组织统计，到2020年，非传染性疾病的负担将超过全球所有疾病负担的70%；因体力活动缺乏每年将导致200万人死亡；经济发达国家有60%—85%的成人体力活动没有达到有益于健康的要求。

众多研究及社会现实使人们已经了解并且确信这样一个简单的道理：休闲体育锻炼要达到的显性目标是健康，而健康存量的增加又直接作用于人力资本效能的发挥，同时，休闲体育锻炼在发展人的品德、智力、美感、合作等潜在价值上发挥作用，并在日常生活中潜移默化地加大教育或其他投资的收益，从而提升人力资本。现代文明的内涵越来越意味着，人类需要和渴求有意义的生活。亚当·斯密认为"人类最理想的状态和所享受到的最完美的幸福，在于内心世界的平和与宁静，达到这一目标"，[2] 必须高速发展经济，基于此，世界各国无不重视人力资本问题。高度重视人力资本，换来的是强大的综合国力、现代化的文

---

[1] 转引自王汗青《健康对劳动力市场表现影响》，硕士学位论文，复旦大学，2009年。
[2] ［美］莱恩·帕特里克·汉利：《伟大的目标：亚当·斯密论美好生活》，徐一彤译，社会科学文献出版社2022年。

明社会和为享受而创造的生活。当前我国已经处于全面建成小康社会，开启了全面建设社会主义现代国家新征程，在这个过程中，休闲体育的开展—健康存量的增加—人力资本的提升，人类"准备为取得高级的享受而放弃低级的享受"②的这样一种环环相扣的生活链条正在形成，在这生活链条中，休闲体育是投资，健康存量的增加乃至人力资本的提升是投资的回报，而对生活的高级享受则是一切的目标。

（二）心理健康

世界卫生组织将心理健康认定为两个方面：第一，个体不存在心理方面的疾病或变态；第二，个体能够较好地适应社会环境、情感和认知和谐并且相互统一。具体表现为，个体有积极向上的心态，能够正常处理人际关系，并且能够控制自己情绪和悦纳自己。津巴多在《心理与生活》一书中提到心理健康不仅需要心理健康，而且需要个体能够充分发挥其个人潜能并对环境做出良好适应的一种和谐状态。综上所述，个体内在心理与外在行为的统一与和谐的一种状态即为心理健康。

国内外关于心理健康测量的量表有很多，诸多学者编制了不同的心理健康测量量表。我国学者张明圆对精神科广泛采用的 BPRS（Brief Psychia tric Ratiy Scale）精神病评定量表进行了修订，主要适用于非常严重的成年精神病人①。该量表主要是依据病人的口头叙述、对病人的观察来评定精神病性的严重性的他评量表。戈德堡（Goldberg）编制了一般心理健康问卷（General Health Questionnaire，GHO），共有五个版本②。我国学者李虹和梅锦荣对 GHQ-20 进行了修订③，陈翠等对 GHQ-28 进行了修订，结构效度和效标效度均较好④。郑日昌等编制了适合中国大学生的心理健康量表（CCSMHS），共有 96 个项目和 12

---

① 张明圆：《简明精神病量表（BPRS）》，《上海精神医学》，1984 年第 2 期。
② 转引自陈翠等：《一般健康问卷（GHQ-28）应用于大学生心理健康研究的信效度检验》，《山东大学学报》（医学版），2010 年第 3 期。
③ 李虹、梅锦荣：《测量大学生的心理问题：GHQ-20 的结构及其信度和效度.》，《心理发展与教育》，2002 年第 1 期。
④ 陈翠等：《一般健康问卷（GHQ-28）应用于大学生心理健康研究的信效度检验》，《山东大学学报》（医学版），2010 年第 3 期。

个维度。该量表具有较好的内容效度、实证效度、结构效度和效标效度①。此外，由德若伽提斯（L. R. Derogatis）编制的症状自评量表（Self-reporting Inventory）也是测量心理健康的一个重要量表。

（三）社会适应良好

国内外学者一致认为，社会适应是指个体适应社会的能力。这主要表现在个体能够独立面对一切社会事务，表现为以下三个方面：第一，个体对周围社会环境的适应。个体从一个小空间步入一个大空间，必然会产生不适的感觉，能否顺利地从小空间步入大空间，主要取决于个体在小空间时是否对大空间的环境有足够的了解，是否培养了一定的适应社会环境的能力。第二，个体对自身社会角色的适应。在每个人的一生中都会面临角色转换。从小空间到大空间的过程中也不可避免地面临角色转换的问题。社会适应力的好坏亦体现在能否适应新的社会角色。第三，个体对社会活动的适应。个体步入大空间，不可避免地要参与社会活动，对社会活动的适应与否也是评判个体社会适应力的标准之一，因为每个人都要参与社会活动，独立于社会之外的个体是不存在的。

（四）道德健康

将"道德健康"纳入健康范畴这是世界卫生组织对健康概念的新发展。世界卫生组织认为，道德健康的内涵主要包括四个方面："不以损害他人利益来满足自己的需要，有辨别真伪、善恶、荣辱、美丑等是非观念，能按社会认为规范的准则约束支配自己的言行，能为人们的幸福作贡献。"

第一，"不以损害他人利益来满足自己的需要。"这条论述至少包含两层意思：其一，个人的基本需要是值得肯定的，道德健康并非简单地否定"利己"；其二，在满足自我需要时，要注意手段的合法性，即不能"损害他人的利益"。这里实际为我们画出了道德健康的底线——利己不损人。作为社会的人在追求自身利益、满足自我需要的时候，必然要面对如何处理自我利益与他人利益关系的现实问题。人作为一种理性的社会存在物，对此必然有着深刻的认识，因而在行动中也应遵循人

---

① 郑日昌等：《〈中国大学生心理健康量表〉的编制》，《心理与行为研究》2005年第2期。

类在共同生活中所形成的道德规范，在利己的同时也必须考虑他人的利益，至少不能损害他人的利益。

第二，"有辨别真伪、善恶、荣辱、美丑等是非观念。"作为道德主体的人，必须要具备正确的道德观念。道德作为一种普遍规范，它是合理的、无私的和客观的。它对于"真与伪""善与恶""美与丑""荣与辱"等的规定也具有普遍性。这是"因为人具有某些基本的共同属性，而且人类生存的条件也具有某些相似性。因此，就必定有一些共同的规则，制约着使人类生活得以可能的条件"。在这些规定中，对"真与伪""善与恶""美与丑""荣与辱"等的规定是最为根本的，其他的一些规则甚至由此衍生而来。否则，人类共同生活的基础就会发生动摇。它是个体道德健康的基本条件之一，主要体现了道德认知与情感的内容。

第三，"能按社会认为规范的准则约束支配自己的言行。"这主要是从道德意志与行为两个方面来界定个体的道德健康。首先，道德意志是对行为的一种控制能力，表现为排除困难、坚韧不拔等。道德意志是健康的道德品质形成与发展的决定因素。其次，从行为方面来看，意志的调控作用就是使个体的行为符合"社会认为规范的准则"。这个"准则"实质上可理解为外在的道德规范，它与人内化了的能"辨别真伪、善恶、荣辱、美丑等"的道德观念是辩证统一的关系。因而，作为个体道德健康的外在表现的行为必然要符合"社会认为规范的准则"。

第四，"能为人们的幸福作贡献"。首先，道德本身的向善性要求，就是使人们能形成善的价值观念，在"利己"的同时能够"利人"——为他人的幸福作贡献。"美德"并不是对个人合法利益的否定，恰恰相反，它要求个人在追求与维护自身的合法利益时，要能促进他人的幸福和公共利益。其次，我们说人性中除了自然性与社会性之外，还有精神性。精神性是最高人性，是人性不断完善与超越的方向，是个人道德追求的更高境界。所以，"能为人们的幸福作贡献"的第二个层次应该是"高度利人"。

四 不同阶段发展趋势

人力资本存量分为知识存量、能力存量和健康存量三种存量。在此之下，知识存量又可以分为事实知识存量、理论知识存量、技能知识存量和人际知识存量；能力资本存量又可以分为智能资本存量和体能资本存量，智能资本存量又可以分为认知能力资本存量、社交能力存量和操作能力存量；健康资本存量可以分为生理健康资本存量、心理健康资本存量、社会适应资本存量和道德健康资本存量。这些内容将在本书第六章中进一步展开论述。

随着人年龄的变化，人力资本以上存量表现出不同的发展趋势。本书采用国内通用的划分标准，把人的一生划分为五个阶段：童年、少年、青年、中年和老年。五个阶段对应的年龄段依次为：0—6 周岁为童年，7—17 周岁为少年，18—40 周岁为青年，41—65 周岁为中年，65 周岁以上为老年。人力资本不同存量在不同年龄段发展趋势是不同的。

（一）知识资本存量

人从出生开始就可以学习各种知识；到少年阶段开始进入学校系统学习，所以知识资本存量大幅提高；到了青年和中年阶段，这是人知识资本存量增长最快和学习知识的最重要时期；到了老年阶段，人的知识资本存量增长速度会慢慢降低，甚至出现衰退。到生命结束，在人体内的知识资本存量而消失（见图 2-3）。

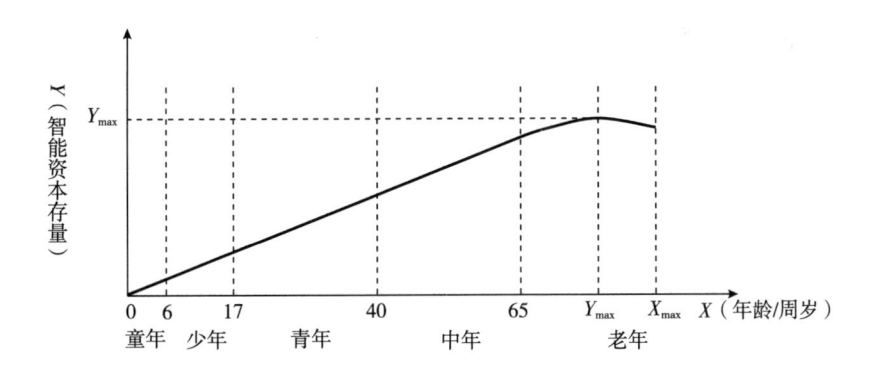

图 2-3 知识资本存量不同年龄段发展趋势

（二）智能资本存量

人的智能资本存量与知识资本存量在大部分年龄段发展趋势大致相

同：出生后，人们伴随着接受教育（包括家庭启蒙教育和学校正规教育），其智能资本存量而大幅提高，而且增长会一直持续到中年阶段接近退休。与知识资本存量发展趋势不同，智能资本存量在中年阶段（在人退休前后）就可能出现衰退。而且，在老年阶段智能资本衰退得特别严重，甚至会有急速下降的趋势（见图 2-4）。

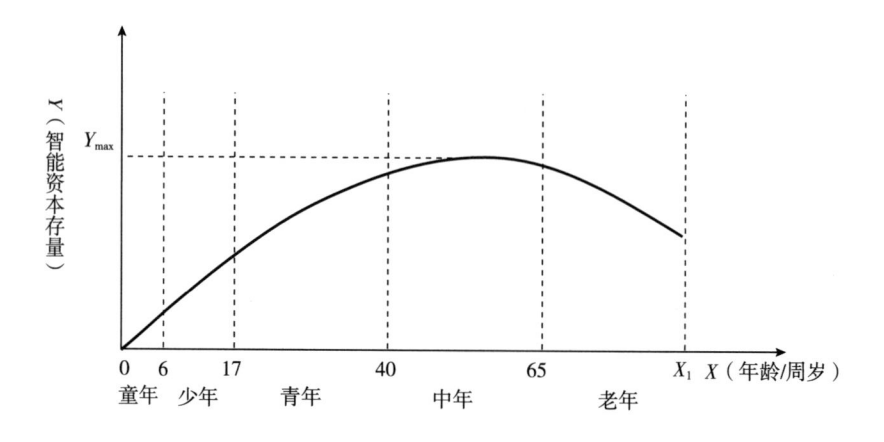

图 2-4 智能资本存量在不同年龄段发展趋势

认知能力（资本）是智能资本的重要组成部分。在认知能力研究领域，瑞士心理学家皮亚杰（Jean Piaget）做出了杰出贡献，他也被认为是认识论的创始人。

根据 Siegler、Sternberg、Case 等国外学者的研究，本书在对张裕鼎[①]和邓赐平等[②]国内学者近年研究整理的基础上，形成了认知能力资本在人生各阶段发展变化特征表（见表 2-1），此表详细展示了人的记忆和思维等认知能力在各阶段的发展变化，一定程度上反映了智能资本存量的发展变化。

---

① 张裕鼎：《皮亚杰认知发展阶段论与机制观辨析》，《湖北大学学报》（哲学社会科学版）2008 年第 1 期。
② 邓赐平等：《认知发展理论的沿革与新发展》，《华东师范大学学报》（教育科学版）2001 年第 4 期。

表 2–1　　认知能力资本在人生各阶段的发展变化特征

人生阶段		年龄	记忆发展	思维发展	其他发展
童年	婴儿期	0—3周岁	在半岁后会出现"认生"现象；1岁后婴儿初步形成表象记忆与再现能力	思维尚处于感知运动阶段，属直觉行动思维，思维具有直观性、概括性、间接性、行动性和狭隘性特征	重点发展感知觉
童年	幼儿期	3—6周岁	记忆能力发展先快后慢，记忆以形象记忆和无意识为主，幼儿逐渐会采用特征定位和视觉复述等记忆策略	思维以具体形象思维为主，具有不清晰易变性、符号功能和具体形象性特征，开始初步发展抽象逻辑思维	重点发展语言
少年	少儿期	7—11周岁	记忆广度接近成人，少儿的有意识记忆已超越无意识记忆，以有意识记忆为主，采用略有组织和复述的记忆策略	思维开始质变，虽以形象逻辑思维为主，但已向抽象逻辑思维过渡；开始发展推理能力和概括能力，形成新思维结构，开始掌握逻辑推理规则	
少年	青春期	12—17周岁	青春期少年的记忆广度达到峰值，超出成人各个阶段，是人生记忆的最佳时期，能够有效运用各种记忆策略	思维达到形式运算阶段，开始建立和检验假设，思维形式已与内容分离	
青年	青年期	18—40周岁	记忆中流体智力缓慢下降，而晶体智力则缓慢上升	青年思维具有辩证、相对、实用性特征，且并不严格按照逻辑法则；在此阶段自然科学领域创造能够进入高峰	
中年	中年期	41—65周岁	记忆侧重点或结构开始变化，对于表面细节的记忆力下降，而意识记忆并没有下降	此阶段的成年人创造力强，如果从事人文科学领域能够进入高峰	感知觉发生变化
老年	老年期	65周岁以上	人的记忆开始下降，对记忆的加工变慢，记忆容量越来越小	老年人比青年人更加智慧，对事物发展具有不同寻常的洞察力	感知觉退行性变化明显

（三）体能资本和健康资本存量

与前两类资本存量不同的是，人在长身体的青少年阶段，体能资本和健康资本存量是快速增长的，到接近中年阶段达到峰值；从中年阶段开始，人的体能资本和健康资本存量就开始走下坡路（见图 2–5）。这一现象在体育运动员人力资本中表现得特别突出。

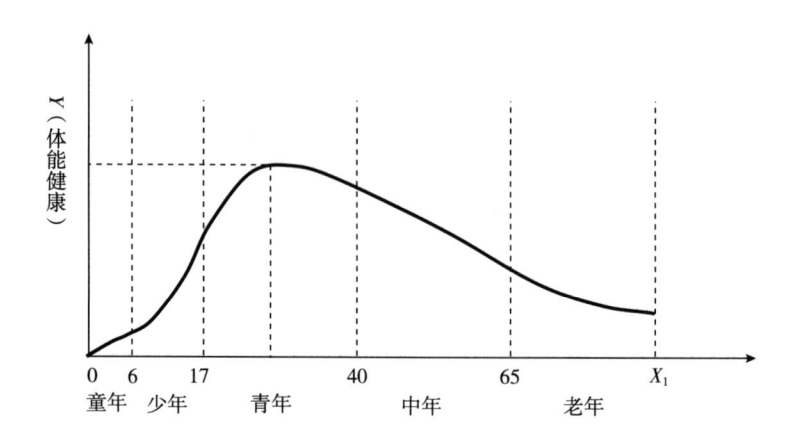

图 2-5　体能和健康资本存量在不同年龄段发展趋势

需要说明的是，健康存量资本存量包含的四类健康资本存量（生理健康、心理健康、社会适应和道德健康资本存量）与健康资本存量总体发展趋势并不完全相同。例如对于心理健康，根据智力测验量表测验，人从出生到 19 岁为心理健康未成熟期，心理健康资本存量快速增长；在 20—59 岁为心理健康成熟期，心理健康资本存量增长放慢，相对稳定；在 60 岁及以上为心理健康衰老期，心理健康资本存量开始下降。

第五节　人力资本类型与效应

一　人力资本类型

自现代人力资本理论建立以来，专业人力资本的研究就受到专家学者的高度重视。舒尔茨非常重视专业人力资本对报酬递增的推动源作用，他强调"值得注意的是农业科学家，凭借他们所具备的专业技能，成为一类专业人力资本"。

（一）专业人力资本

罗默（Romer）认为，特殊的知识和专业化的人力资本是经济增长的主要因素，它不仅能形成递增的收益，而且能使资本和劳动等要素投入也产生递增收益，从而增加经济的规模收益，而递增的规模收益就保证了长期经济的增长。国内学者中，李忠民对管理型和专家型人力资本进行了分类研究①；郭志仪等则重点对企业家人力资本进行了研究②；陈剑对专业人力资本等进行了系统整理论述，他认为专业人力资本是指个体人力资本经过系统教育和培训后获取的理论知识，以及把理论知识运用于实践中所取得的特殊技能③。专业人力资本具有操作性和创新性混合的特征：在开展具体操作性工作时表现的是同质性特征，在从事创新活动时表现的是异质性特征。从社会职业角色的角度来区分，专业人力资本包括教授、医生、律师、会计师和工程师等职业人员。

（二）高校学生人力资本

葛晓巍等从劳动力市场的角度出发依据人力资本理论对大学生人力资本状况和提升路径进行了研究④。研究分析表明，应用型高校大学生对人力资本的认知度不深，他们认为兼职实习对提升自身能力帮助较大，因此更偏好经验的积累和技能的提升，而质疑课程设置的合理性、忽视学校教育在其人力资本形成过程中的作用。学生对人力资本的认知受到学校、劳动力市场和学生家长三个主要因素的影响。学校应深化学生对高等教育的认识、引导学生有选择性地提升人力资本，并将实践的具体工作落在实处，强化对学生的监督，避免实习的形式化，让学生在实践环节能够得到锻炼。

王建民运用人力资本生产制度概念框架，对高校学生中的研究生人力资本进行了研究，阐释了研究生人力资本的投资、生产、结构和产权特征⑤。在对研究生人力资本供给的历史、现实、结构和未来进行梳理的基础上，分析了研究生人力资本需求的逻辑、现状和趋势，介绍了中国研究生人力资本生产的历史、现状、问题和原因，并对国外如哈佛大学、牛津大学和剑桥大学研究生培养制度进行了对比介绍，最后提出了创新中国研究生人力资本生产制度的建议。

---

① 李忠民：《人力资本：一个理论框架及其对中国一些问题的解释》，经济科学出版社1999年版。
② 郭志仪、杨骁：《人力资本结构对西北地区经济增长的影响——基于西北五省面板数据》，《人口学刊》2010年第6期。
③ 陈剑：《人力资本结构优化与区域经济增长》，《桂海论丛》2006年第4期。
④ 葛晓巍等：《应用型高校大学生人力资本的特征及提升》，《浙江科技学院学报》2015年第4期。
⑤ 王建民：《研究生人力资本研究》，科学出版社2010年版。

高耀和刘志民从人力资本和家庭资本的双重视角作为研究切入点，通过实际大规模抽样调研数据对高校学生的就业状况及就业结果进行实证考察，从而揭示出人力资本和家庭资本影响高校学生就业的作用机制，并在此基础上提出促进我国高校学生就业的具体政策建议[①]。

纪效珲对经济资助对大学生人力资本发展影响的内在关系开展了研究[②]。首先，研究构建了大学生经济资助对人力资本发展影响模型，分析经济资助对人力资本发展的影响作用。其次，通过分析经济资助对在校大学生学业能力的影响作用，得到三点结论：①以奖励为目的的国家奖助学金，促进了大学生学习成绩提高和学业能力的提高，随着资助力度的提高，会进一步促进了学业能力提高，但以奖励为目的的助学金对大学生学业能力提升影响有限。②以有偿资助为目的的国家助学贷款，提高了大学生的学习成绩，但对学习能力发展无显著影响。随着资助力度的提高，降低了提高学生成绩的有效发生比，且对大学生学习能力发展影响有限。③以人力资本换取经济资助的勤工助学岗位，虽然降低了大学生学业能力提高的有效发生比，但提高资助力度对大学生学业能力有显著的正相关作用。最后，通过分析经济资助对大学毕业生就业质量的影响作用，得出三点结论：①国家奖助学金中仅奖学金提高了对毕业生就业质量的影响有效发生比，同时随着资助力度的提高，进一步提高了奖助学金对毕业生就业质量影响的有效发生比。②国家助学贷款提高了对毕业生就业质量的影响有效发生比，但随着资助力度的提高到100%时，反而降低了对毕业生就业质量影响的有效发生比。③勤工助学岗位对毕业生就业质量无显著影响，反而资助力度的提高，能够增加对毕业生就业质量影响的有效发生比。可见，经济资助力度是影响毕业生就业质量的主要因素。

（三）教师人力资本

教师人力资本是指体现在教师身上的技能和生产知识的存量，是后

[①] 高耀、刘志民：《人力资本、家庭资本与大学生就业政策绩效——基于江苏省20所高校的经验研究》，《高等教育研究》2010年第8期。

[②] 纪效珲：《大学生经济资助对人力资本发展的影响研究》，博士学位论文，北京科技大学，2017年。

天投资所形成的教师所拥有的知识、技术和健康等的总和①。教师所拥有的人力资本在学生表现的变化中发挥重要作用，教育经济理论表明，教师人力资本对学生表现产生积极影响。通常，具备较多人力资本的教师在教学中不仅能很容易地将知识和技能传授给学生，而且能够迅速有效地调动学生学习的积极性，启发学生思维。此外，知识渊博和教学经验丰富的教师往往容易发现并获取新知识和新技能，这会在师生关系中引发一个不断改善的良性循环，从而进一步改善学生表现②。卞亚琴从高校教师科研人力资本出发，认为可以把高校教师科研人力资本定义为体现在高校教师身上的，用于科学研究实践以形成高水平的科研成果的体力、智能、心力以及社会关系等因素的总和。从更广泛的意义上说，"高校教师科研人力资本"还包括首创精神、工作耐心、随机应变力、责任心、正确的价值观与态度，以及其他一切能够提升教师科研水平、推动高校发展的教师本身所附带的软性因素③。刘海龙在此基础上进行了更为细致的研究，他认为教师人力资本是指体现在教师身上的技能和生产知识的存量，是后天投资所形成的教师所拥有的知识、技术和健康等的总和。高校的教学和科研教师是学校人力资本存量中比例最大、价值最高的人力资本，是学校赖以生存和发展的基础和动力，其所属的人力资本容量增长与能量发挥直接决定了学校人才培养的质量。并且教师人力资本除了具有一般人力资本的能动性、异质性、边际报酬递增等特点外，还具有自身更为鲜明的特征④。李文群以教师人力资本为基础，将教师人力资本与激励机制改革相结合，提出以下完善路径：第一，构建人力资本市场竞争机制，提高高校教师外部市场竞争力。第二，科学规划聘任合同制度，鼓励学术创新。第三，完善薪酬制度结构，建立期权长期激励机制⑤。

---

① 刘海龙：《高校教师人力资本完善的逻辑路径》，《产业与科技论坛》2020年第14期。
② 王云多：《教师人力资本和社会资本对学生表现的影响》，《新疆大学学报》2015年第4期。
③ 卞亚琴：《高校教师的科研人力资本探析》，《教育财会研究》2021年第2期。
④ 刘海龙：《高校教师人力资本完善的逻辑路径》，《产业与科技论坛》2020年第14期。
⑤ 李文群：《中国大学教师人力资本属性及其薪酬激励制度改革》，《经济研究导刊》2019年第25期。

(四)国际型人力资本

当今世界,经济全球化和一体化的趋势不断增强。各国都非常重视培养具有全球视野和竞争力的国际型人力资本。在现有资料文献中,鲜有学者使用"国际型人力资本"的概念进行研究,较多学者使用"国际型人才""全球公民"的概念开展研究。西方学者更多的是使用全球公民(Global Citizen)、世界公民(World Citizen 或 Cosmopolitan Citizen)的概念,从公民教育角度开展研究。国内学者更多的是使用国际型(国际化)人才的概念,从领导管理者的角度进行研究。国际型人力资本将在本书第三章进行详细论述。

二 人力资本效应

人力资本效应是指由人力资本产生的特定结果或作用。

从20世纪80年代中期开始,以罗默(Romer)的《收益递增和长期增长》、卢卡斯的《论济发展机制》两本书为标志,经济增长理论研究发生了深层变化,即"内生经济增理论"的出现,学术界称为新经济增长理论。新经济增长理论明确解释了人力资本对经济增长的内生作用,克服了60年代人力资本理论研究的缺陷,明确了人力资本对经济增长的关键作用。

国内外学者自此开始基于对人力资本经济增长的推动作用而研究人力资本效应。因视角不同,对人力资本效应研究范围和形式也有较大差异。罗默认为,人力资本效应表现在一国人力资本的存量越多,人力资本的生产率会越高,其经济增长率也会越高①。他把知识看作经济发展的内生变量,主张知识对经济发展的作用是直接的、内在的,经济发展的关键是要有足够的人力储备。殷德生和唐海燕把人力资本效应分为外部效应和内部效应,并把这两种效应结合起来对人力资本效应、产业内贸易与经济增长三者之间的理论联系进行分析②。李军认为,人力资本效应可以分为工作效应(人力资本对工作效率、技能和信息处理能力

---

① Romer P. M., "Increasing Returns and Long-Run Growth", *Journal of Political Economy*, Vol. 94, 1986, pp. 37-1002.
② 殷德生、唐海燕:《人力资本效应、产业内贸易与经济增长》,《世界经济》2006年第6期。

的提高效应)和配置效应(人力资本对工作时间分配效率的提高效应)[①]。张建清和张艳华根据尼尔森(Nelson)的研究,把人力资本对经济增长作用机制效应分为产出效应、创新效应、吸收效应和互补效应[②]。此外,还有部分学者对人力资本相关的累积效应、追赶效应、积累效应、结构效应等进行了研究。

总体来说,人力资本具有激励效应、聚集效应、时滞效应、溢出效应、潜在效应、长期效应和代际效应七种效应(益)。

(一)激励效应

人力资本是控制着劳动努力供给的"主动财产"。有强度的正激励,能够提高人力资本的使用效率,从而使收益增加。零激励只能维持最大限度的或者递减的收益水平;负激励产生负收益,收益水平将严重下降,甚至大大低于正常标准。

(二)聚集效应

人力资本是一种特殊的经济要素,它在物理空间或者逻辑空间上的集中会导致人力资本在这两类空间中的密度高于其他空间,形成聚集现象[③]。人力资本聚集效应出现后,往往还具有"马太效应"特征,人力资本聚集有利于信息共享、集体学习和技术创新。

(三)时滞效益

物质资本一经使用,便可产生效益。人力资本有所不同,所有或使用人力资本所带来的收益,需要经过一段时间,甚至是很长一段时间,才可能达到最大值。这意味着人力资本的收益,在时间上有滞后的特点。

人力资本收益之所以产生滞后效应,主要是因为知识和技能转化为直接的生产力,通常需要较长的时间才可能实现。拥有知识和技能,只是具备了认识、运用、改造、创新或发明新技术、新设备、新工艺、新产品的能力或可能性。可能性转化为现实性,不但消耗人力资源和物质

---

① 李军:《中国人力资本效应的产业差异比较研究》,中山大学出版社2014年版。
② 张建清、张艳华:《中国人力资本总效应被低估了吗?》,《中国人口·资源与环境》2014年第7期。
③ 牛冲槐、张敏:《人才聚集现象与人才聚集效应分析及对策》,《山东科技大学学报》(社会科学版)2006年第3期。

资源，而且花费时间资源。

（四）溢出效应

人力资本会产生的溢出效应，又称为外部效应。溢出（外部）效应，指人力资本产权主体的个人收益与社会收益不相等的情况，有溢出现象发生。一般情况下，人力资本的使用产生正的外部性，这时个人收益小于社会收益。人力资本也可能产生负外部性，使其他经济或社会主体的利益受损。

（五）潜在效应

人力资本收益主要由使用人力资本所获得的报酬构成。使用人力资本可以带来收益，但是每一次使用，或者在某一个过程中的使用，只是使用了人力资本产权主体所拥有的人力资本存量的一小部分，甚至是很小的一部分，大部分人力资本处于未利用、未开发状态。潜在的人力资本存量具有潜在的获利能力。

（六）长期效应

人力资本的收益还具有长期效应。一个人一旦获得了某种人力资本，尤其是通用性、基础性人力资本，只要人力资本的生物有机体载体健康存在，功能正常，就可以反复利用、长期收益，直至终生。

（七）代际效应

人力资本的私人收益和社会收益，不仅限于所有者本人这一代，对于下一代、甚至下几代都可能有所惠及。这种现象可称为人力资本收益的代际效应。

第三章

国际型人力资本存量

第一节 全球公民与国际型人才

一 全球公民

全球公民并不是一个新概念。它最早起源、萌芽于古希腊斯多葛学派的世界主义（Cos-mopolitanism，也称"全球主义""宇宙主义"）思想。斯多葛学派提出应建设一个宇宙之城（Kosmopolis，或者世界性都市），宇宙中的公民（Kosmopolites）应该与宇宙中的其他人和谐共处，宇宙中的公民本意也是"世界公民"（a citizen of world）的意思。

斯多葛学派提出了与"世界公民"类似的"宇宙公民"的概念。而西方国家第一个明确地使用"世界公民"概念的是公元前4世纪的哲学家狄奥根尼（Diogenes）。他在回答他是哪里人时说，我是"世界公民（A Citizen of World/Kosmopolites）"。在当时，世界公民只是一个简单的概念。

中世纪末期，著名诗人但丁在《论世界帝国》中提出，要建立一个依据共同的法律将人类引向和平的"世界政体"①。世界公民思想实质的发展要得益于德国哲学家、思想家康德（I. Kant）和费希特（Johann Gottlieb Fichte）。1795年，康德在《永久和平》一书中提出了建立代议制政府和世界联邦的构想。1803年，他在《教育》中提到，"儿童应该受到教育，不是为了现在，而是为了将来人类可能改善了的状

---

① 聂鹏：《全球公民教育的理念解读与实施比较》，《继续教育研究》2011年第6期。

态,即以适应人文思想和人类的整个命运的方式……教育计划的基础应该是全球性的"。而费希特也指出,"受过完全教育的人……成为最完全和最有用的公民,而两个要素是基本的:没有爱国主义的全球主义是冷酷的、无用的和荒诞的;没有全球主义的爱国主义是狭隘的和自私的"①。他认为个人应该受到"爱国和全球主义是紧密相连,而且两者关系是明确"的教育。爱国是他的活动,全球主义则是他的思想。康德和费希特提出了建立世界公民社会和进行世界公民教育的思想。马克思基于近代社会的"普遍交往"提出使用了"世界历史性个人",表达的同样是世界公民的含义。以上概念和理论探索进一步丰富和发展了世界公民的思想体系,世界主义内容体系逐渐变得丰富和复杂。至于"世界公民""全球公民""宇宙公民"等不同概念,美国学者卡特(April Carter)在《全球公民资格的政治理论》书中、麦克道尔(Heather R. McDougall)在《变不可能为可能:道德、教育与实践中的全球公民资格》的书中都认为这些概念和词汇在现在的文献中已经互换。"当探讨当代政治与理论时,除了探讨理论家所使用的世界主义者(Cosmopolitan)这个概念之外,总体上倾向于使用'全球公民'(Global Citizen)这一概念。②"

全球公民及其教育理念自提出以后便开始在许多国家层面进行政策渗透。近年来越来越多的国家在推行教育改革时明确提出了国际理解和全球公民等教育理念,比较典型的有美国、加拿大、英国、日本和巴基斯坦。尽管美国国内对于国际理解教育仍然存在很多争议,但是经过了近20年的讨论,美国的国际理解教育无论是在理论研究还是在课程实施上都更趋于成熟,国际理解教育有了长足的进步③。

二 国际型人才

20世纪90年代以来,特别是中国加入WTO以来,国内企业、学者和高校相继提出国际型(化)人才的概念,提出了培养国际型(化)

---

① 陈以藏:《全球公民教育思潮的兴起与发展》,《外国教育研究》2010年第3期。

② April Carter, *The Political Theory of Global Citizenship*, New York: Routledge, 2001, pp. 9, 13, 146, 150, 165-166.

③ 姜英敏、王雪颖:《20世纪80—90年代美国国际理解教育论争刍议》,《比较教育研究》2010年第1期。

人才的目标。彭剑锋认为国际型人才必备的四个基本能力：第一，国际型人才应当具有全球视野、全球胸怀；第二，具有跟国际对接、交流、沟通的能力；第三，具有适应在国外生存和发展的能力，即跨文化的生存能力；第四，也是对国际型人才最核心的要求：解决问题，创造价值[1]；潘金云认为，国际型人才指的是拥有全球化视野、思维模式，随时学习新知识、新技术，具备创新能力和国际竞争能力，熟悉国际规则，具有国际运作能力，拥有良好的跨文化沟通能力，具有海外留学、工作的经历和经验的人才。北京市领导在首都国际型人才发展论坛上的致词中总结认为，国际型人才必须是拥有深厚的民族文化底蕴、广阔的国际视野和全球化的思维方式、通晓国际惯例和规则、拥有跨文化交流实践能力（专业能力、技术能力、合作能力、创新能力）的人才；潘聪等认为，国际型人才具有四方面素质特征：第一，掌握国际核心业务专长并在国际事务或全球产业链上创造价值；第二，出色的以外国语为基础的跨文化沟通能力；第三，拥有深厚的基于本国文化底蕴的全球情怀、国际视野；第四，国际化的理念、思维与行为方式[2]；陈浩提出了基于不同投资层次下的四种人力资本结构类型的理论假说，在此基础上运用1992—2003年全国各省级面板数据进行了实证检验关于国际型人才的培养途径[3]；Jane Knight 是加拿大研究国际化教育的著名专家，他认为国际型人才培养的过程即就是将国际的、跨文化的、全球的维度整合到高校的教学、研究和服务等功能之中的过程[4]。

第二节 国际型人力资本存量概念与内涵

一 研究发展演变

国际型人力资本研究发展的历史与全球公民和国际型（国际化）人

---

[1] 彭剑锋：《人才国际化等于人才本土化》，中国人民大学出版社2006年版，第7—77页。
[2] 潘聪等：《国际型人才素质特征及其评价体系研究》，《上海管理科学》2009年第4期。
[3] 陈浩：《人力资本对经济增长影响的结构分析》，《数量经济技术经济研究》2007年第4期。
[4] Jane Knight, "Updated Internationalization Definition", *Internationalizing Higher Education*, 2003, pp.2-3.

才研究发展的历史紧密相连，息息相关。国际型人力资本的理论研究在本书之前，都是起源并依托于国际型人才的理论研究。正如在第一节所论述，当前国内外重要文献中尚未查到有学者使用国际型人力资本的概念，鲜有文献对国际型人力资本进行系统研究。西方学者更多的是使用全球公民（Global Citizen）、世界公民（World Citizen 或 Cosmopolitan Citizen）的概念，从公民教育角度进行研究。国内学者更多的是从领导管理者的角度进行研究，使用国际型（国际化）人才的概念。

国际型人力资本的研究是建立在全球公民和国际型人才研究的基础上的。20 世纪 80 年代以来，随着中国的改革开放，"全球公民""全球化""地球村"等观念思想与现代"潮流"和管理方法一起传入国内。全球公民观念在被部分人们理解并接受，同时也引起了国内部分学者的忧虑与质疑：一是"全球国""全球公民"是不可能存在的，公民必须立足于某一特定国家而存在。脱离特定国家而谈世界公民是虚无缥缈的。在联合国和欧盟的工作人员必须首先有一个特定的国家标签。二是全球公民思想具有强烈的意识形态的色彩，它会削弱淡化主权国家的概念，对国内既有的爱国主义教育和社会主义价值体系造成冲击。所以，全球公民思想更容易被西方国家所利用，人们在理解接受全球价值、普世价值的同时也容易理解并接受资本主义的人权、民主与自由观念，理解并接受以基督教为主体的道德价值。以美国为主的西方世界容易以普世价值和民主人权为借口干涉他国内政，推行全球霸权。因此，全球公民教育的思想并没有在国内得到广泛推广，其合理的观念和思想在国内被"国际型人才"所替代。培养国际型人才成为中国经济融入世界、参与全球竞争的重要手段和方法。国内高校和理论界纷纷提出培养国际型人才的目标，开始了相关理论研究和探索。国内外对全球公民和国际型人才的这些研究与实践，为国际型人力资本的研究奠定了基础。

国际型人力资本是投资主体为进入国际市场、参与国际竞争而对人力投资所形成资本。培养国际型人才的重要目的之一是使中国在世界经济发展中有更多的机会参与国际事务、国际竞争，并在国际市场上创造更大的价值。在经济学领域，人通常被作为一种经济要素——人力资本进行研究。因此，在经济学领域，非常有必要对国际型人力资本进行深入研究。事实上，如第二章所述，人事、人才、人力资源与人力资本是四个既有联系又有区别的概念。人事—人才—人力资源—人力资本，在名称的变化中折射出了人力在经济和社会中的地位逐渐提高。人才是中国对具有高素质人的统称，是政府部门和企业根据政策规划和自身的发展需要对一类人的总称。人力资源是指具有创造经济和非经济价值的所有人的集合。人力资本是一个经济学的概念，是对人力进行投资所形成的资本，即凝聚在人身上的知识、技术、能力和身心健康等存量积累。人才、人力资源与人力资本的因为理论视角不同，外延和内涵也不完全相同，但是很多地方也存在共性，很多内容可以替代或者借鉴。

二 国际型人力资本内涵

所谓国际型人力资本，是指国际化特征明显的人力资本。

与国际型人才特征相对应，国际型人力资本的国际化特征可以简化为四个方面：一是具有国际视野；二是通晓国际规则；三是具有跨文化交际能力；四是具有国际竞争力。其中，最重要的就是第四项特征，这也是对国际型人力资本的整体定性要求。因为人力资本最终是要在市场上创造价值，只有具备国际竞争力的人力资本才能在国际市场上创造价值，国际化的特征才能明显。

综合国内外学者研究论述，笔者认为国际型人力资本（Internationalized Human Capital）是指为参与国际竞争而投资形成、国际化特征比较明显，即通晓国际规则、具有国际视野、跨文化交际能力和国际竞争力特征明显的自然人所体现出的知识、能力和健康等各种要素的总和。

可用以下公式表示：

$IHC = IK + IC + IH\,(IH > 0)$

式中，IHC（Internationalized Human Capital）表示国际型人力资本，IK（Internationalized Knowledge）表示包括国际规则和国际知识在内的知识，IC（Internationalized Capability）表示包括国际认知能力、跨文化交流能力等国际竞争力的能力，IH（Internationalized Health）表示能够适用不同地域环境、不同饮食和不同文化的健康。

以上国际型人力资本采用描述性概念而非定义性概念，其原因是：

（1）作为国际型人力资本前期研究的基础，无论全球公民还是国际型人才采用的都是描述性概念而不是定义性概念。

（2）"国际型"是一个相对概念，而不是一个绝对概念。其"相对性"表现在：①特征程度的相对性。国际型人力资本是指国际化特征明显的人力资本，但是"特征明显"很难用确切的百分比或者数字来标识，事实上，当今生活在"地球村"里的人们随着经济全球化的不断发展，现代教育中极少有人是对国外一点也不了解的，人们或多或少都会具有一些国际知识和国际化的特征。但是，具备多少才能算"特征明显"？这很难有明确的数字答案，而且不同的专家可能也有不同的评价标准。②范围的相对性。国际型人力资本是相对于原来眼界只局限于国内市场的"本土化人力资本"（Localized Human Capital）而言的，国际化不同于本土化，但是国际型人力资本最终要实现国际化与本土化的对立统一。国际型人力资本的国际化最终要落实于本土，国际化需要本土化发挥作用，从某种意义上讲，国际型人力资本国际化的过程既是本土人力资本国际化，也是国际人力资本本土化的过程。

（3）国际型人力资本是一个新发展、新生的经济学概念，同时它又是一个动机性或目标性概念，它是在特定时间为特定环境中的国际市场而准备的。不同时代、不同国家的人们对国际化的要求标准会发生变化，国际化特征更应当是一个追求的目标而不是最终的结果，它很难给予准确的定义。

第三节 我国国际型人力资本存量分布

一 国际型人力资本存量分类

按照国际化特征的明显程度，国际型人力资本可以分为一般国际型人力资本和高度国际型人力资本；按照国际型人力资本现有和未来可实现的价值角度，可分为初级国际型人力资本和高级国际型人力资本；按照国籍可以分为本国国际型人力资本和外国国际型人力资本；按照知识类型可分为劳力型、技术型、经营型和信息型国际型人力资本；按照技能特点可分为一般型、技能型和创新型国际型人力资本；按照能力的差异可分为一般型、技术型、管理型和专家型国际型人力资本；从人的心理需求层次角度，可以分为技术、知识、技能和制度四种不同层次、不同类型的国际型人力资本。

二 国际型人力资本存量构成

国际化教育和培训是国际型人力资本最重要的两种投资方式。从投资方式角度来讲，我国的下列四类人群已经在国外或国际环境中接受了国际化教育和培训，人力资本国际化特色比较明显，总体可算为国际型人力资本：

（1）海外留学归国人员；

（2）在华外国专家、境外（含港澳台）普通就业人员和外国留学生；

（3）在华外资和港澳台投资企业（包括跨国企业）工作人员；

（4）外事或涉外事业单位工作人员。

根据国家统计局、人力资源和社会保障局、外国专家局等部门的2013年左右统计数据，本书整理出来2013年中国国际型人力资本主要构成分布信息（见表3-1）。

表3-1　　　　　中国国际型人力资本主要构成分布信息

序号	人员类别	人数（单位：万人）	类别汇总	人数合计（单位：万人，精确到个位）
1	海外留学回国人员	144.48	Ⅰ级国际型人力资本	266
2	在华外国专家	52.9		
3	普通就业层次外国人	24.4		
4	在内地工作港澳台人员	8.5		
5	外国来华留学生	35.6499		
6	外商投资单位城镇就业人员	1246	Ⅱ级国际型人力资本	2586
7	港澳台商投资单位城镇就业人员	969		
8	外事或涉外工作人员	371.4		

资料来源：根据相关文献资料整理。

其中海外留学回国人员、在华外国专家、普通就业层次外国人、在内地工作的港澳台人员和外国来华留学生属于Ⅰ级国际型人力资本，属于国际化特征最为明显的国际型人力资本；外商投资单位城镇就业人员、港澳台商投资单位城镇就业人员和外事或涉外工作人员属于Ⅱ级国际型人力资本，国际化特征较为明显。

Ⅰ级、Ⅱ级构成了当前中国国际型人力资本主体。根据表3-1整理的统计数据，2013年我国国际型人力资本个体总数大约2852万人，约占全国人口总数（12.3亿人）的2%。

三 国际型人力资本存量分布特点

根据全国第六次人口普查统计的数据结果，结合以上对国际型人力资本主体构成的分析可以看出，我国国际型人力资本的分布具有以下特点：

（1）从地域分布上讲，国际型人力资本在东部地区比较密集，在中西部地区较为稀少；在南方地区较为密集，在北方较为偏少；在沿海开放边境地区较为集中，内陆地区较为偏少；大城市较为密集，农村偏远地区较为偏少。

（2）从年龄分布上讲，18—50岁的国际型人力资本比重较大，18岁以下和50岁以上的国际型人力资本比重较小。

（3）从结构上讲，国际型特征较为明显的人力资本所占比重偏低（2%），具有出国经历特征的国内人力资本和外国来华人力资本所占比重更低。

因此，我国应该采取切实有效的措施，大幅提升国际型人力资本的比重，优化国际型人力资本的地域、年龄和结构分布。

第四节 国际型人力资本存量特征

国际型人力资本首先具有一般人力资本的共性特征。这些共性特征包括：第一，在物质特征方面，具有无形性、外生性、社会性、实效性、层次性、依附性和耐久性等特征；第二，在价值特征方面，具有自增性、可变性、不可视性、损耗性、难度量性和遗传性等特征；第三，在投资特征方面，具有投入性、盈利性、增益性、风险性、投资主体多元性和收益多重性等特征[①]。

在共性特征外，国际型人力资本还具有以下自身独有的特征。

---

① ［英］阿尔弗雷德·马歇尔：《经济学原理》，朱志泰译，商务印书馆1983年版。

一 具有全球意识和国际视野是国际型人力资本的首要条件

在"地球村"全球化的时代,中国经济已经与世界经济不可分割,紧密相连。人与人、国与国之间的活动不可剥离。从某种意义上讲,人们从事的每一项活动都已不再是单纯的孤立行为,而是地球村人行为的组成部分,都会直接或间接地对他国、他人产生影响。因此,如果要成为国际型人力资本,必须首先要具有全球意识和国际视野。它包括以下几个方面:第一,要有全球比较意识。在对一个事物进行分析判断时,比较对象已经不再局限于国内局部,而是要放眼整个世界。一方面,它能在更广阔的范围内发现别人的优势与差距,从而能够学习提高;另一方面,它能在全球范围内发现自己的比较优势,从而在国际竞争中充分发挥自己的竞争优势,从而获得更大的价值。第二,要有全球关怀与责任。全球意识和全球责任不仅是物理空间和距离的缩短与压缩,更重要的是要在人们的脑海中确立人类的整体意识,构建一个全球性构架,更多的是强调人类整体利益与责任。全球意识是全球整体意识,是全球化对国际型人力资本的第一要求,它要求人们用国际视野和全球意识思考问题。第三,要更加全面看待世界与自我。具有全球意识和国际视野并非意味着世界大同,并非要求忽略国家的界限与不同。现实的客观世界依然是由利益各不同的国家组成,在整体看到世界各国密切联系的同时,还要看到各国的差异和可能存在的资源纷争,从而更加全面客观地判断整个世界和自我定位,能够更加准确地发现比较优势。

二 通晓国际规则、掌握国际知识是国际型人力资本的基础

人的核心能力源于知识资本,人力资本的能力存量源于知识的存储。国际规则包括国际间交往的技能、行为规范、历史背景和要求,国际知识包括本国和外国的语言知识、各国政治和经济发展状况、各国历史知识、地理知识、文化知识、礼仪知识、宗教风俗知识等。只有在了解与其他国家和人民交往规则,了解本国和他国的政治、经济、地理、文化、宗教习俗等历史与现状,才能正确分析预见他国政治经济发展等对本国的影响,才能正确处理好与他国在经济竞争与合作、和平与发展、多元文化共存和生态环境等方面的问题,才能具备跨文化交际能力。因此,通晓国际规则、掌握国际知识是国际型人力资本具备跨文化交际能力、在国际市场上创造价值的基础。

三　具有跨文化交际能力是国际型人力资本的重要表现形式

国际型人力资本必须在具有不同宗教、文化和习俗的国际市场上产生价值，所以必须要具备跨文化交流能力。具体地说，它包含三个方面的素质和能力。

（一）国际语言交流能力

国际语言交流能力是跨文化交流能力的语言基础。所以，国际型人力资本一般应熟悉并应多掌握几门外语。但外语交流能力既不是国际型人力资本的必然条件，也不是国际型人力资本的充分条件。能够进行跨文化交流的人并不一定都需要精通一门外语。例如，很多美国专家到印度或中国，即使他并不会印度语或汉语，但是因为印度的官方语言是英语，很多中国人会说英语，所以他一样能够在他国进行跨文化交流。而中国人去新加坡或国外华人居住区也并不是非要掌握熟练的外语才行。外语交流能力并不能单方面代表跨文化交流能力。特别是当前人工智能得到了快速发展，即使双方语言不通，但是只要有了语言翻译，双方的交流并不存在根本性问题。

（二）国际理解能力

当今世界的全球化并不只是一体化，而是更应该承认多元化。在全球化的背景下，各国间仍然存在政治、经济、宗教和文化方面的差异。美国学者亨廷顿预言，未来世界冲突主要不再是武力战争，而是文明间的冲突。因此，同时理解能力包括两个不同层次的能力。一是要对不同种族、宗教信仰和文化背景以及不同国家和地区人们的理解、尊重与宽容，相互间要和睦相处的能力。二是在此基础上，相互合作，正确处理相互间的经济竞争与合作、环境危机、多元文化冲突以及和平与发展等国际问题，关心人类的共同发展的能力共建人类命运共同体。国际理解能力不只是消极的理解和包容，实现消极和平，更重要的是要对不同文化、意识形态和价值观的相互尊重与学习，实现积极和平。

（三）多元文化交流能力

当今全球化的世界仍然是统一性和多元性并存。所谓统一性，是指各国经济都统一慢慢地融入国际市场，是指经济全球一体化进程；所谓多元性，是指各个不同主权国家、不同价值观、不同民族和不同宗教思想的人类群体仍然客观存在，也就是多元文化共存。对于当今全球化背景下多元文化的发展趋势,部分学者认为,全球化就应该是西方化,主张以西方所谓的主流文化来销蚀其他弱势民族文化,实现全球文化同质化,最终实现文化统一化;另一部分学者认为,在现有全球一体化的基础上,通过各民族文化的不断交融、趋同,文化也会渐渐地走向统一;更多的学者认为,全球化并不是消灭文化间的差异,而是承认并尊重不同文件间差异的存在。本书认为在今后较长时间内,世界文化将多元并存。因此,国际型人力资本必须具备在不同文化间的交流能力,才能立身于多元文化并立的国际竞争市场。培养和提高多文化交流能力,需注意做好三个方面的工作:一是加强本国和本民族的文化教育,培养对民族文化的自信与自觉。民族性与世界性的统一是国际型人力资本的重要特征。二是加强对他国和其他民族文化理解教育,培养对他民族文化的包容、尊重与欣赏。三是多元文化共生教育,提升多元文化交流能力。

四 面向国际市场、具有国际竞争力是国际型人力资本的本质特征

简单地说,国际型人力资本通常是指那些国际化特征明显、在国际市场上具有竞争力的高素质、高层次的人力资本。国际型人力资本最终需要在国际市场上产生价值。如果仅仅具备一定国际知识而无意参与或不参与国际竞争,或者在国际市场没有竞争力,或者仅在国内参加生产活动,这些活动都不能在国际市场上产生价值,因而都不能称为国际型人力资本。

国际型人力资本需要在国际市场上具有竞争力,能够在国际市场上产生价值。国际型人力资本由于接受了更多的国际化教育和培训,熟悉世界各国的知识和文化,了解国际前沿的科学技术或经验积累,熟悉国际规则,具有良好的国际交流和跨文化交际能力,具备了良好的知识和能力基础,因而其思维更加活跃,视野更加开阔,具备更高的创新能力,在国际市场上具有明显的竞争和比较优势,能够胜任更重要的角色,创造出比普通人力资本更高的市场价值。现在世界各国都越来越重视国际型人力资本的投资,注重培养和引进国际型人力资本,以增强本国在国际市场上的竞争力。

五 国际型人力资本具有投资方向针对性、投资时间持续性和投资形式国际性的投资特征

为使国际化特征更加明显,无论高校、企业还是社会和个人,对国际型人力资本的投资更多的是针对增加其国际经历，增加其国际知识和国际交际能力，从而增强其在国际市场上的竞争能力，投资方向非常明确，具有针对性。虽然对国际型人力资本的投资时间主要集中在大学教育和开始工作的20—40岁。但是从婴幼儿开始到退休后，对国际型人力资本的投资也是存在的，是连续不断的。国际型人力资本投资形式更具有国际性。教育、培训、迁徙和医疗保健是人力资本四种基本投资形式。国际知识教育、国际能力培训、跨国迁徙（国际流动）和国际医疗保健成为国际型人力资本重要的投资形式。在国际型人力资本形成和发展过程中，跨国迁徙（国际流动）发挥了极其重要的作用。发展经济学认为，人力资本流动是经济发展和技术进步的主要动力之一。人力资本在国际间的流动，有助于人力资本个体接受世界上最前沿的知识和教育，有助于在接受世界不同文化和价值的同时促进不同文化和思想的交流与碰撞，产生科技成果，快速提高和增强个体资本存量；从世界范围来讲，能够加速产生人力资本的聚集效应和溢出效应，有助于世界资源的有效利用和生产效率的提高。国际性投资是国际型人力资本的重要投资形式。

总之，国际型人力资本具有以下维度和描述性指标特征（见表3-2），这些维度和指标是判断是否为国际型人力资本的重要的参考标准。

表3-2　　　　国际型人力资本特征维度与描述性指标

维度特征	描述性指标
具有全球意识与国际视野	1. 全球比较、全球参与和全球竞争意识
	2. 全球责任与全球关怀
	3. 具有思考全球化、行动本土化的能力
	4. 国际研究、学习方法和思维
具有国际知识，通晓国际规则	1. 国际惯例与规则、国际职业道德
	2. 国际交往与礼仪知识
	3. 专业领域国际化理论知识
	4. 本国政治、经济、历史、地理、民族、宗教、文化等知识
	5. 外国政治、经济、历史、地理、种族、民族、宗教、文化等知识

续表

维度特征	描述性指标
跨文化交际能力	1. 外语掌握门数与程度
	2. 外语交流与熟练运用能力
	3. 海外学习与工作经历
	4. 国际合作能力
	5. 适应能力
面向国际市场，具有国际竞争力	1. 不同文化理解与包容能力
	2. 实践能力
	3. 创新能力
	4. 国际业务专长
	5. 国际市场上创造的价值

第四章

人力资本聚溢效应

第一节 聚集效应与溢出效应

一 聚集效应与溢出效应

聚集效应（Combined Effect），又有学者称为集聚效应，这是一种常见的经济现象，它可导致城市的形成和不断扩大，具体是指各种产业和经济活动在空间上集中产生的经济效果，以及吸引经济活动向一定地区靠近的向心力。集聚经济这一思想最早来自马歇尔（Marshall）的著作《经济学原理》中，书中指出由于"祖传的技能、辅助行业的发展、高度专门机械的使用、专门技能在本地有市场"等优势的形成，通过进一步发展，就会形成集聚经济[①]。这种集聚所产生的外部经济效应在很大程度上会促进产业集聚的形成。在马歇尔研究的基础上，阿尔弗雷德·韦伯（Alfred Webber）明确提出了集聚的概念，韦伯在他出版的《工业区位论》一书中提出工业生产的地方性积累和分布受到集聚因素的影响[②]。在韦伯之后，又有大量的区位理论者们对集聚经济进行了研究：1937年，胡佛（Hoover）在其出版的《区位理论与制鞋、制革工

---

① [英]马歇尔：《经济学原理》，朱志泰等译，商务印书馆1997年版。
② [德]阿尔弗雷德·韦伯：《工业区位论》，李刚剑等译，商务印书馆1997年版。

业》一书中讨论了产业集聚现象①②；艾萨德（Isard）则指出，由于规模、地方化和城市化经济等原因，会形成一些产业的潜在集聚地区，最终形成产业集聚③。

溢出效应（Spillover Effect）是指事物一个方面的发展带动了该事物其他方面的发展，它通常用来表述以下四个方面的现象和问题：第一，对消费者或其他生产者可能造成的好的或坏的经济效果的个别企业的行为；第二，影响别国的一国总需求与国民收入的增加；第三，技术或知识溢出效应；第四，人力资本的溢出效应。马歇尔对于知识外溢的以下表述："行业的神秘之处变得不再神秘，而似乎是公开了，由于它广泛流传，孩子们不自觉地学到了很多知识。机器的发明以及生产工艺的改进受到很大的重视，它的好处立即得到行业一般组织的承认。一旦有人提出新的思想，则立即被其他人所接受并结合了他的建议，这样就会成为新思想的源泉"④ 被研究者经常引用，已成为经济学家解释知识外溢、溢出效应时的经典注释。卢卡斯（Lucas）指出，对人力资本的投资存在外部性，对一个人的投资收益不可能全部被投资人获得⑤。对于知识外部性和溢出效应，克鲁格曼（Krugman）认为，知识外溢是不可见的，因此经济学家应当放弃度量知识外溢的努力⑥。

二 人力资本效应

作为经济活动的重要构成要素，人力资本也会产生聚集效应和溢出效应。如第二章第五节所述，新经济增长理论明确解释了人力资本对经济增长的内生作用，明确了人力资本对经济增长的关键作用。总体来说，人力资本具有激励效应、聚集效应、时滞效应、溢出效应、潜在效应、长期效应和代际效应等七种效应。

---

① Hoover E. M., *Location Theory and the Shoe and Leather Industries*, Cambridge: Harvard University Press, 1937.
② Hoover E. M., *The Location of Economic Activity*, New York: Mac Graw-Hill Book Company, 1948.
③ Isard W., *Location and Space Economic*, *Cambridge Mass*, 1956.
④ ［英］马歇尔：《经济学原理》，朱志泰等译，商务印书馆1997年版。
⑤ Lucas R. E., "On the Mechanics of Economic Development", *Monetary Econ*, Vol. 22, No. 1, 1988, pp. 3-42.
⑥ Krugman Paul, "Increasing Returns and Economic Geography", *The Journal of Political Economy*, Vol. 99, No. 3, 1991, pp. 483-499.

人力资本的聚集效应和溢出效应存在密切的特定的联系，对经济发展发挥着重要的推动作用。因此，本书将结合前面已有研究成果和经济增长规律，在一个统一的框架内继续深入研究人力资本聚集与溢出效应之间的特定联系以及这两种联系对经济发展的影响机理。

第二节 人力资本存量聚集与溢出效应

基于人力资本的聚集效应和溢出效应两者间存在的密切的特定的联系，本书把人力资本聚集效应和溢出效应合称为人力资本聚溢效应，一体推进研究。

一 概念辨析

人力资本聚集效应是指一群独立自主又彼此依赖、相互关联的成员集合在一起，利用各自的人力资本要素，促进信息与知识的流动和新思想、新技术的创造，发挥出整体系统大于部分之和的效应[1]。而卢卡斯的人力资本溢出模型表明，人力资本溢出效应使人力资本投资存在外部性，即对一个人的投资收益不可能全部被投资人获得，因为外溢使得个体以外的经济事物存在帕累托改进的可能。

在实际情况中，人力资本的聚集效应和溢出效应是密不可分的。具体来说，一方面，人力资本的聚集效应会产生知识和技术创新的溢出效应，而知识（存量）是人力资本最重要的存量之一。所以，人力资本的聚集效应包含溢出效应。人力资本聚集的原因之一是要找到能够分享个人发展所需要的知识、技术和专业化服务，人力资本聚集需要依靠知识的外部性发生作用。知识赋予人们拥有搜寻信息的能力、提高研究质量并且更容易掌握技术，因而增加了创新的机会。知识的外部性促进了新知识（技术）的产生。新知识总是倾向于诞生在此类知识聚集的区域（马歇尔），人力资本聚集和知识溢出促进了创新的产生，提高了技术进步率和经济增长率。

另一方面，人力资本的聚集促进了人面对面的交流，促进了知识和

---

[1] Krugman P., "Trade Accumulation and Uneven Development", *Journal of Development Economics*, Vol. 149, 1991.

信息的传播,进而促进了知识的外溢和人力资本溢出。现代社会尽管通信技术十分发达,但面对面的知识信息交流依然是知识外溢、产生新知识的重要渠道。

此外,人力资本在发生聚集效应后,所产生大量的新知识、新技术和经济增量会大大增强原有知识外溢能力,进一步增强人力资本溢出效应,对溢出效应产生正反馈。人力资本的溢出效应往往依赖于经济增长和人力资本聚集,依赖于人力资本投资与人力资本存量的增长。

总之,本书研究的人力资本聚溢效应包含两层含义:一是人力资本聚集效应和溢出效应的合称,它对人力资本质量提高和经济发展具有重要影响;二是强调人力资本的聚集效应和溢出效应紧密相连,人力资本聚集效应往往会带来溢出效应,聚集效应后对他人、本地区和其他区域存在外部溢出性影响。同时,在人力资本聚集效应过程中存在知识技术溢出,溢出效应在时刻伴随并帮助聚集效应、扩大并继续着聚集效应的影响。

二 影响因素

综合国内外既有研究,人力资本聚溢效应主要受以下四个方面因素影响。

(一)价值观念

根据马斯洛需求层次理论,"自我实现需求"是人最高层次需求。因此,实现自我人生价值就成为人力资本流动,进而产生聚溢效应的重要动因。此外,宗教文化、风俗习惯和个人性格等因素对人力资本聚溢效应也产生着重要影响。如我国西部地区的某些少数民族聚住区,人们长期受到当地习俗文化的影响,不愿意外出活动,也没有外部人口流入,从而无法形成有效的人力资本聚溢效应,进而导致经济发展的长久停滞及文化的单一化发展模式。

(二)制度约束

由制度和规则所构成的社会环境,对人力资本功能发挥起着关键性的作用[1]。各区域社会制度和政策不同,对人力资本聚溢效应所起的作

---

[1] 于涛方:《中国城市人口流动增长的空间类型及影响因素》,《中国人口科学》2012年第4期。

用也大不相同。例如，以人口自由流动为基础的管理制度必然会推动人力资本流动，对人力资本聚溢效应起到促进作用。当前，我国实行的以户籍制度为核心的人口管理制度在一定程度上限制了我国人力资本的自由流动，不利于人力资本聚溢效应的发挥。

（三）经济收益

国内学者研究认为人力资本投资的最终目的是为了获取个人与社会收益的最大化①②。与此一致，人力资本在区域间的流动而产生的聚集与溢出，同样使经济个体获取更好的发展机遇，获得更大收益，进而以其外溢效应带动社会整体收益递增。

（四）发展环境

人力资本发生聚溢效应需要人力资本聚集达到一定规模。但是，并非人力资本达到一定规模必然就会发生聚溢效应。人力资本聚溢效应需要一定的条件和发展环境。这方面，和谐融洽的工作、生活环境对人力资本聚溢效应产生着重要影响，如城市提供的"综合机会"（城市的现代性和国际性特征）、城市生活质量、工业化、工作舒适度、优美环境、干净空气和便捷交通等③。

第三节 聚溢效应多维理论解析

"维"通常是指一种度量。本书的多维分析是指对人力资本聚溢效应发生的机理和作用从资本存量、空间与时间、系统耦合关系等多个角度和层次进行深入分析。

一 微观存量维度

知识（技术）存量是人力资本最重要的存量。人力资本的聚集促使不同信息、技术和知识在特定区域内迅速聚集，资本存量迅速增长；由于知识溢出效应的存在加快了知识和信息的交流与传播，最终促使新

---

① 苏为华：《多指标综合评价理论与方法问题研究》，博士学位论文，厦门大学，2000年。

② 曹银贵等：《基于主成分分析与层次分析的三峡库区耕地集约利用对比》，《农业工程学报》2010年第4期。

③ Ammenwerth E. et al., "Evaluation of Health Information Systems–problems and Challenges", *International Journal of Medical Informatics*, Vol. 71, No. 2, 2003, pp. 125–135.

知识（技术）更多地集中在某一区域内产生，资本存量获得了质的飞跃。需要指出的是，新知识（技术）产生后，由于溢出效应的存在，即使人为采取隔绝措施（如保密、专利保护等），最终也会传播、溢出到其他区域。

二 聚溢因素维度

人力资本个体在促进聚集与溢出过程中发挥的作用是不同的，据此可将人力资本个体分为聚集因素和分散因素。聚集因素是指那些资本存量较高，具有专长和较高声誉、影响力及领导力的个体，它能对其他个体产生强大吸引力。聚集因素在人力资本聚集过程中处于核心领导地位，它能产生巨大的磁场和向心力，吸引其他因素聚集到其周围。分散因素是指那些资本存量相对较低、不具有竞争优势、容易被吸引又容易逃逸的人力资本个体。分散因素在聚集过程中处于被动、从属地位。同样，在人力资本溢出过程中，相对于聚集因素，分散因素更加活泼，更容易流动溢出和扩散到其他区域。聚集因素虽然不易流动，但是一旦流动或溢出，往往会带动大批分散因素跟随溢出到其他区域。

在人力资本聚集和溢出过程中，无论是人力资本聚集因素还是分散因素都是必不可少的重要因素。

三 时空演化维度

从空间维度分析，人力资本的聚集效应不仅会使本区域的人力资本根据专业和行业类别聚集到特定区域，也会促使其他区域的人力资本聚集到本区域，从而促进了人力资本在不同区域间流动，形成人力资本输入区域和人力资本的输出区域。当人力资本输入某一区域聚集达到一定程度"阈值"临界点后，受空间发展局限性的影响，部分人力资本会发生逆向流动，从原来聚集的区域溢出，使人力资本输入区域变成输出区域，输出区域变成输入区域。人力资本在区域间的聚集和溢出是受地理空间局限性影响的。

从时间维度分析，理论上对于特定区域的人力资本，其聚集效应与溢出效应是有次序的（见图4-1），人力资本聚集效应一般先于溢出效应发生，人力资本聚集效应随即会带来溢出效应，溢出效应发生后会带动新一轮更高层次的聚集效应。人力资本的聚集效应和溢出效应就这样周而复始、依时依次进行。但是，从整体空间区域看，一个区域人力资本的聚集流入必然会同时引起其他区域人力资本的溢出流失，人力资本的输入与输出区域、聚集及溢出效应总是相伴而生的。

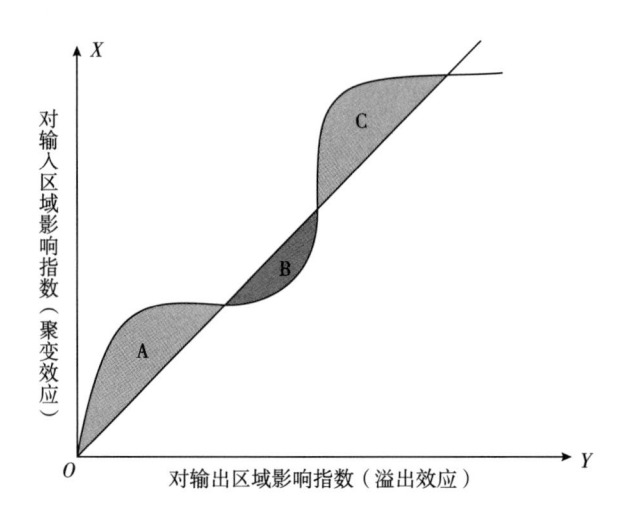

图 4-1　人力资本流动对输入（出）的影响与聚溢效应

四　相似物理现象维度

人力资本聚集与溢出效应发生的过程和作用与核聚变—能量扩散物理现象非常相似（见图 4-2），轻物质聚集后容易发生核聚变反应，核聚变首先需要强有力的核心因素，需要聚变环境和条件；核聚变产生巨大能（热）量，能（热）量会大量扩散（辐射），溢出带动周边区域。

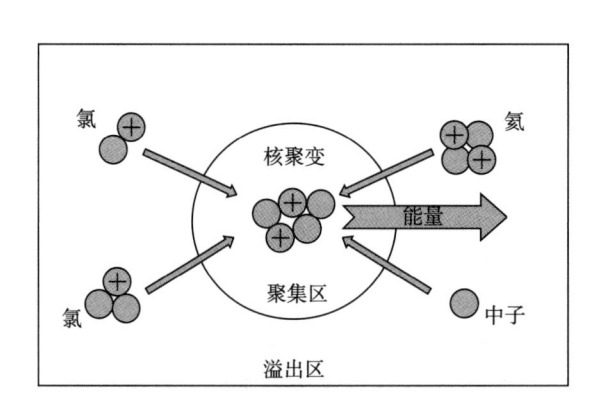

图 4-2　物理核聚变—能量扩散模型

核聚变后聚变区域会产生更强吸引力，吸引更多物质输入该区域发生聚变反应。

五 正负效应交替维度

人力资本的区域性聚集带来了劳动力、知识与技术等生产要素的聚集，加速了知识的传播与交流，提高了劳动生产率，促进科技成果的转化与创新，推动了对该区域的投资，从而促使了人力资本聚集区经济获得快速发展，给人力资本输入区域带来了巨大的经济收益（如图4-1中A区所示）。

但是，当这种聚集达到一定程度后，受经济发展"瓶颈"的影响，人力资本的过度聚集会影响和阻碍区域经济的发展，经济发展环境向不利方向转变，部分人力资本会因不满环境的恶化而离开，流回原输出或到其他区域。当回流的人力资本再次回到原区域时，自身存量已发生质的变化。他们在聚集区域为适应当地科技发达、激烈竞争的工作环境而不断加强与他人的学习与交流，不断提高自己的知识与技能，技术溢出可大幅提高流入的人力资本质量，同时返回输出区域的人力资本也会带来大量的新知识与技术，给输出区域带来较大的经济收益（如图4-1中B区所示）。

部分人力资本溢出或回流后，原输入区域发展环境会大大改善而恢复竞争力，留住的人力资本经过一轮淘汰后更具核心竞争力；同时，人力资本溢出扩大了该区域的知名度、吸引力和向心力，对人力资本聚集形成正反馈，带动了新一轮更高层次的聚集，给人力资本输入区域带来新的经济收益（如图4-1中C区所示）。

人力资本聚集与溢出流动相继给人力资本输入区域和输出区域带来巨大经济收益，人力资本的流动优化了人力资本生产要素的配置，降低了生产成本，对区域经济的增长产生促进作用，而人力资本的输入和输出区域也在其流动中相继获得了快速的发展。

六 系统耦合维度

耦合源于物理学中对两系统协调与互促关系的衡量，涵盖了协调度与发展度两个方面。从一般化的原理看，发展度体现为系统从初级到高级的变化，而协调度则描述了不同系统之间和谐发展的程度。因此，由这两个方面综合而成的耦合度则蕴含着发展的"量扩"和协调的"质升"两个特征。对应于本书的研究对象,可以设想二者之间存在着耦合关系,即人力资本聚集与外溢不但各自存在由初级向高级转变的过程,同时二者存在良性互促的发展过程。具体模式如图 4-3 所示。图中 X 和 Y 分别代表聚集度和外溢度,OA 线表示二者的协调度,GE 和 HB 两线分别代表二者的发展度。

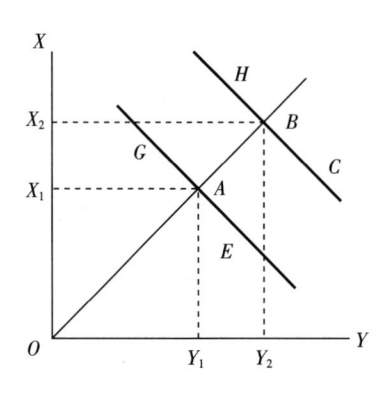

图 4-3　人力资本聚溢的耦合演进

假定 4-1,聚集度和外溢度对系统耦合同等重要。则可知,在协调度最优时,诸如 A、B 这样点的连线构成了系统协调度线,且其斜率为正。

假定 4-2,越偏离原点,则系统的发展水平越高。则可知,系统的发展水平 HC 要高于 GE,且 H 与 C、G 与 E 的发展水平相同。发展线的斜率为负即可,即在由人力资本聚集与外溢组成的系统中,聚集与外溢可以相互替代。

在上述界定下可知,一方面,如果人力资本的聚集与外溢水平越高,则系统发展度越高,则发展度曲线越偏离原点,此时人力资本水平也越高。另一方面,由于集聚与溢出存在替代关系,则二者之间应存在一个最优的协调度。例如,假定 OA 线斜率为 1,则发展度最优为 1。故由这两点可知,在人力资本集聚与溢出协调发展的基础上,二者的发展度越高,代表人力资本系统的发展水平整体上越优。由上述思路可知,B 点是最优点,它兼顾了最优协调度和更高的发展度。

进一步观察可知，如果考虑到长期内经济增长的动态变动，则联系上述第五项维度可知，在聚溢正负效应转换与耦合逐步优化的过程中，在一个特点时期，会出现类似于内生增长的路径，如图 4-4 所示。假定 k 为人均人力资本，y 即 $f(k)$ 为人均产出，$sf(k)$ 为人均人力资本投资额，n 和 d 分别为人口增长率和折旧率。

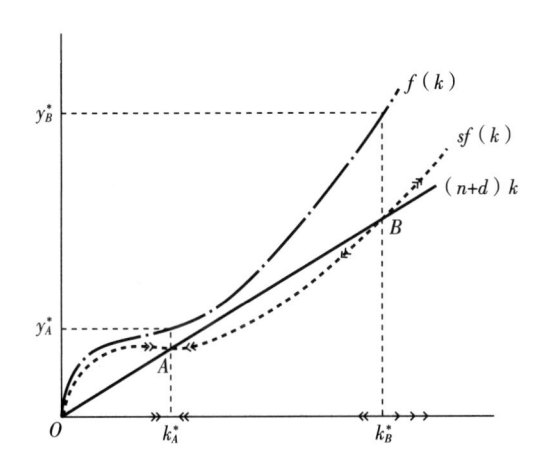

图 4-4　人力资本聚溢与内生经济增长

首先，在人力资本聚集作用的正向推动下，经济增长会出现如 A 所示的稳态点。A 点左侧 y 和 $sf(k)$ 都大于 $n+d$，进而出现经济的快速增长，这一区域属于增长初始的边际报酬递增阶段。其次，在经济增长达到一定水平后，即 A 点至 B 点之间，我们可以将其称为陷阱区域，虽然人力资本水平在不断增加，但 $sf(k)$ 小于 $n+d$，这将引至人力资本投资率的放缓，甚至开始为负，这样会出现明显的人力资本分散。此时，如果政策可以保障将人力资本投资引向 B 点以后对应的内生增长区域，则在人力资本外溢作用的支撑下将会产生持续的增长效应；否则将投资引向 A 点以前的新古典增长区域，则在短期内有较快增长，但在中期 AB 内增长将停滞，即处于二者之间的区域则类似于所谓的"中等收入陷阱"。

第四节 聚溢效应与经济增长

一 人力资本与经济增长的互促机制

第二次世界大战后，人力资本与经济增长关系的研究得以迅速展开。宏观经济学为不断扩展的"索罗残差"研究理论提供了重要手段。随后，以生产要素的经济增长率分解为主要议题，人力资本成为重要的宏观经济学研究对象。以舒尔（Schule）、贝克尔（Becker）等的人力资本理论为基础、借鉴罗默的理论框架和分析技术，卢卡斯所开创的人力资本溢出理论为这一领域的研究书写了里程碑之作，他认为，具有知识的人力资本是"经济增长的发动机"。随后曼丘（Mankiw）、巴罗、本哈比（Benhabib）依次递进的研究，使以内生化视角为基础，人力资本和经济增长关系的理论与实证分析进入较为系统和成熟的阶段[1][2][3]。

如果将人力资本看作基本的经济增长源泉，就会存在如图4-5所示的循环增长机制。第一，人力资本的原始积累可以产生知识的创新和积累，而知识的积累又为人力资本提供了进一步积累的技术基础；第二，人力资本积累和知识积累又会产生外溢效应，从而提高了其他要素的生产效率，以此保证了经济的持续增长；第三，经济的持续增长反过来又为人力资本和知识的积累提供了有力的物质保障[4]。

二 人力资本聚溢效应与区域经济增长

人力资本聚溢效应有利于新知识、新技术的传播，有利于推动科学技术进步，有利于推动区域社会经济快速发展。

---

[1] Mankiw N. Gregory et al., "A Contribution to the Empirics of Economic Growth", *Quarterly Journal of Economics*, Vol. 107, May 1992, pp. 407-438.

[2] ［美］巴罗、萨拉-伊-马丁：《经济增长》，夏俊译，中国社会科学出版社2000年版。

[3] Benhabib Jess et al., "The Role of Human Capital in Economic Development: Evidence form Aggregate Cross-Country Data", *Journal of Monerary Economics*, Vol. 34, No. 2, 1994, pp. 143-173.

[4] 逯进：《人力资本差异与内生经济增长机制——给予新古典经济增长理论解释》，《青岛大学学报》（自然科学版）2008年第2期。

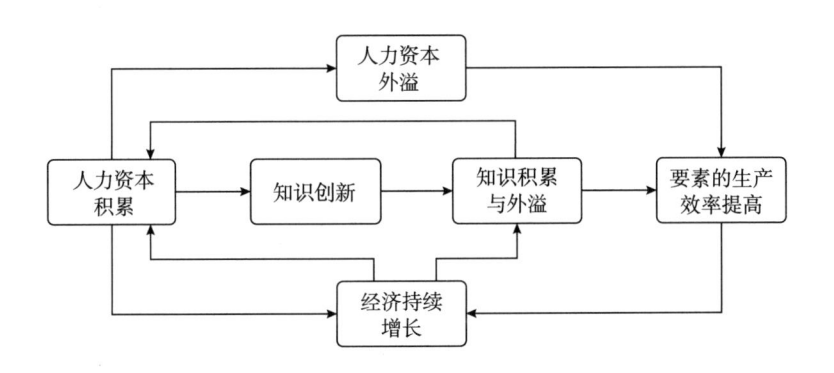

图 4-5　人力资本与经济增长循环机制

（一）人力资本聚溢效应推动了科技创新

人力资本聚集有利于知识积累与科技创新能力的增强。推动人力资本聚集的重要原因就是个人要找到更好的发展机遇，找到更适合自己发展的知识、技术和创业环境。在人力资本聚集和知识溢出过程中，来自不同地区的知识、信息和技术得到充分的交流、碰撞和结合，更容易产生新知识和新技术，推动技术创新。而且，技术创新模式也会从过去线性向非线性、网络化、复合模式转变，集群内成员通过相互合作、相互学习，打破原来单个（人）思维方式局限，通过多方合作参与交互式作用，创新基础和条件远远优越于单个孤立的成员，人力资本聚集降低了创新的风险，提高了创新的成功率。

人力资本是科技创新的核心和基础，特别是具有创新精神的科技型人力资本。科技创新领军人物是科技创新的组织者与实践者，是企业获取竞争优势的关键性人力资本，同时也是科技进步的重要推动力量。

（二）人力资本聚溢效应有利于新技术的推广与应用

由人力资本聚溢效应带来的科技人员流动和知识技术溢出推动了新技术的传播，有利于科学技术的推广与应用。在科技交易市场之外，通过人力资本聚溢效应带来的技术溢出是科技推广最重要的途径和形式。特别是对于一些难以用语言表达或采用编码化传播的技术，无法通过书面或者有形的市场交易传递，只能通过人力资本在面对面的学习交流或者在现场感悟中进行推广与传播。一个地区经济发展水平不仅要看该地区科技水平和创新能力，还要看该区域人力资本对新技术的吸收容纳能力，看新知识和新技术在本区域的推广和应用能力，人力资本聚溢效应能在其中发挥重要作用①。

（三）科技发达地区有利于产生人力资本聚溢效应

科技发达地区的科技创新能力强，一般拥有众多核心科技领军人物，对于区域内外的人力资本都会形成强大的凝聚力和向心力，吸引其他地区人力资本到此地聚集，产生人力资本聚溢效应。人力资本到科技发达地区聚集，一方面在竞争激烈的环境中迫使自己加强教育和培训；另一方面在"干中学"中通过其他人力资本的技术溢出可以学到新知识、新技术，提高了自己人力资本质量，提高自身的科技创新能力②。

（四）人力资本聚溢效应与区域经济增长正相关

人力资本聚集与溢出促进了人力资本在区域间的流动，有利于经济要素的最佳配置，降低生产成本，有利于提高经济效率和生产力。从长远看，人力资本聚溢效应既有利于人力资本输入区域经济的快速发展，也会给人力资本输出区域带来巨大经济收益③。

---

① 郭东杰：《论人力资本、社会资本对农村剩余劳动力转移的影响》，《江西社会科学》2009年第5期。

② 徐智环：《转型期农村人力资本流动中政府的作用——一种经济学角度的分析》，《齐鲁学刊》2004年第5期。

③ 余泳：《中国少数民族村寨人口流动特征及其影响因素分析》，《云南社会科学》2006年第2期。

第五章

人力资本存量微观评价

第一节 人力资本评价理论

一 发展历史

人力资本评价研究是随着人力资本理论的建立、发展和完善而不断发展的。早期的人力资本理论并没有关注对人体能力和投资的度量,直到20世纪中期现代人力资本理论的建立后,舒尔茨、贝克尔等对人力资本思想的系统阐述开始包含人力资本评价内容。舒尔茨侧重于宏观研究,他在《人力资本投资》一书中,将人力资本投资的范围和内容归纳为:①卫生保健设施和服务;②在职培训;③正规的初等、中等和高等教育;④不是由商社组织的成人教育计划,特别是农业方面的校外学习计划;⑤个人和家庭进行迁移以适应不断变化的就业机会五个方面,并获得了很广泛的认同,也为人力资本存量估算提供了基础。贝克尔则侧重于微观研究,他进一步发展了明瑟函数,并运用这一函数对人力资本的投资收益进行计算和定量分析。

事实上,对于人力资本是否可以确认、是否可以定量评价,国内外学者一直存在不同的主张和意见。否认可以计量的学者认为,人力资本具有易变性、抽象性和不可测性;但是更多的学者认为,由于人力资本是客观存在的,是凝聚在劳动者身上的知识、技能、健康,是有具体物质内容和表现形式的,因而也是可以计量的。国内外学者对人力资本的大批研究成果,进一步证实了人力资本的可评价计量性。张军等明确把人力资本测算作为资本测算的五个关键问题之一，认为值得继续研究[①]。在舒尔茨、贝克尔等经济学家研究的基础上，Kendrick、Macklem[②]、Jorgenson 等[③][④][⑤]国外学者纷纷提出人力资本估算和估值理论，在实证研究方面也取得了一系列成果。

在国内，近年来人力资本在我国经济增长和国民增收中的作用日渐突出，正确估量我国人力资本的存量，对于把握我国人力资本的总量范围、挖掘其投资特点、探索其与收入差距之间的关系等起着基础性作用。人力资本存量估算和计量研究已成为学术界、企业界和政府愈加关注的重点及热点问题。孙景尉[⑥]、张帆[⑦]、郭玉林[⑧]等对人力资本计量估算与实证进行了研究，取得了一批研究成果。

但是，即使在上述对人力资本估算评价的学者中，对于如何计量评价人力资本和人力资本的评价内容与标准，学者一直有着不同的意见主张。就人力资本水平的各种统计估算，涉及人力资本投资、存量、贡献等不同维度[⑨]，其中存量水平是人力资本统计估算的关键也是难点。其困难主要源于人力资本这一资本形态的不可直接观察性；谭永生将人力资本的测算范围定义为教育、在职培训、卫生保健、迁移流动四个方面[⑩]；钱雪亚则认为人力资本水平具体体现于人力资本投资水平、人力资本存量水平和人力资本效率水平三个相互关联的层面[⑪]。其中，人力资本存量水平是人力资本水平计量的核心。人力资本存量是指通过对人

[①] 张军、章元：《对中国资本存量 K 的再估计》，《经济研究》2003 年第 7 期。

[②] Macklem R. T., "Aggregate Wealth in Canada", *Canadian Journal of Economics*, Vol. 30, No. 1, 1997, pp. 152-168.

[③] Jorgenson Dale W. et al., "The Accumulation of Human and Nonhuman Capital 1948-1984", *The National Bureau of Economic Research*, 1989, pp. 227-286.

[④] Jorgenson Dale W. et al., "The Output of the Education Sector", *The National Bureau of Economic Research* 1992, Vol. Output Measurement in the Service Sectors, pp. 303-341.

[⑤] Jorgenson Dale W, Barbara M Fraumeni, "Investment in Education and U.S. Economic Growth" *The Scandinavian Journal of Economics*, Vol. 94, 1992, pp. 51-70.

[⑥] 孙景尉：《基于损耗的人力资本估算》，《中国人口科学》2005 年第 2 期。

[⑦] 张帆：《中国的物质资本和人力资本估算》，《经济研究》2000 年第 8 期。

[⑧] 郭玉林：《隐性人力资本价值的度量》，《中国工业经济》2002 年第 7 期。

[⑨] 钱雪亚：《人力资本水平：方法与实证》，商务印书馆 2011 年版。

[⑩] 谭永生：《人力资本与经济增长》，中国财政经济出版社 2012 年版。

[⑪] 钱雪亚：《人力资本水平统计估算》，《统计研究》2012 年第 8 期。

的长期投资而形成的、蕴藏于被投资人身上的各种知识和技能的总量，是劳动者截止某一时点的受教育状况、健康状况和技能状况。根据新古典增长理论，资本和劳动的存量变动会在短期内影响经济增长率。人力资本涵盖了教育培训投资、卫生保健类投资；王德劲和向蓉美在估计人力资本实物量数据的同时，构造了人力资本价格序列[1]；张昭俊和赵宏中构建了人力资本存量价值的估算模型，分析了人力资本价值与劳动者收入内在的逻辑关系[2]。焦斌龙和焦志明基于舒尔茨的研究，把人力资本估算范围定义为教育、卫生、科研、培训和迁移五种人力资本的总和[3]。

二 理论基础

人力资本评价思想自人力资本理论建立以来就一直伴随其发展。20世纪中期现代人力资本理论建立后，舒尔茨、明瑟、贝克尔等对人力资本思想的系统阐述为人力资本评价奠定了理论基础。

舒尔茨提出了人力资本的理论体系，其基本思想包括：第一，人力资本是通过投资而形成的有用能力；第二，人力资本投入对人类社会的进步具有决定性的作用；第三，人力资本的取得不是无代价的，其成长过程需要消耗各种稀缺资源，人力资本投资是人们获得知识、能力和素质所必须付出的各种货币形态的开支，人力资本是投资的结果，通过教育、培训这样的一些培育过程来取得；第四，人力资本的"有用性"体现在未来收益上；第五，人力资本投资的核算集中体现在人力资源身上的知识、技能、资历、经验、工作熟练程度等因素。舒尔茨通过分析有力地证明了人力资本在经济增长中所起的决定性作用：一国人力资本存量越大，人口素质越高，就越有可能导致人均产出或劳动生产率的提高。这是因为人力资本本身具有收益递增的重要特点，人力资本还会带来物质资本生产效率的改善。它可以通过提高劳动者的技能、技术操作的工艺水平，增进物力资本的使用效率。而且，人力资本的不断积累和发展，也可以直接推动物质资本的不断更新。可以说，人力资本是经济增长的原动力。

---

[1] 王德劲、向蓉美：《我国人力资本存量估算》，《统计与决策》2006 年第 10 期。
[2] 张昭俊、赵宏中：《中国人力资本存量估算》，《统计研究》2012 年第 29 期。
[3] 焦斌龙、焦志明：《中国人力资本存量估算：1978—2007》，《经济学家》2010 年第 9 期。

明瑟的研究主要集中于人力资本水平与收入之间的关系，他在《人力资本投资与个人收入分配》一文中，首次尝试建立了揭示个人收入分配与其接受培训量之间关系的经济数学模型。明瑟还是最早提出"收益函数"的经济学家之一，他用收益函数深入研究了劳动者收入差别与接受教育和获得工作经验年限之间的关系问题。

贝克尔则侧重于微观研究，他认为人力资本投资的条件是投资的边际收入等于投资的边际成本。贝克尔对培训问题也进行了深入研究，认为培训包括一般培训和特殊培训两种：使被培训者获得一般性用途的知识技能的培训为一般性培训，这种培训应该由被培训者自己付费；能更大幅提高企业生产率的培训为特殊培训，特殊培训应由培训者付费。贝克尔建立的人力资本理论框架强调了微观研究，并且在明瑟的基础上进一步突出了对人力资本的定量分析。但是，与舒尔茨、明瑟一样，贝克尔的定量研究局限于人力资本的投资收益，并且在研究中通过一系列的假设将人力资本本身价值的度量做了最简化的处理，由此回避了人力资本本身的估值问题。

第二节　人力资本主要评价方法

一　主要方法

国内外学者对于人力资本的估算计量和评价，归纳起来有五大类：收入法、成本法、教育存量法、健康素质法和其他方法。钱雪亚[①]、韩胜娟[②]、张慧[③]等分别对上述方法做了详细梳理阐述。

（一）收入法

收入法又称为收益法或未来收益法。该法是指从人力资本可能据以获得的未来收益的多少来确定人力资本的现期价值水平。其基本思想是：人力资本的货币价值等于未来每年预期收益的现值总和，其隐含的基本假设是：人们未来收益的多少取决于其目前拥有的人力资本水平的

[①] 钱雪亚：《人力资本水平：方法与实证》，商务印书馆2011年版。
[②] 韩胜娟：《国内学者人力资本存量测算方法的比较与展望》，《华东交通大学学报》2012年第29期。
[③] 张慧等：《人力资本存量计量研究》，《燕山大学学报》2006年第30期。

高低。

未来收益法的思想首次体现于 Petty 对文艺、战争、屠杀和人口迁移对一国实力影响估算的研究中,他将国民收入和财产收入之差以永续不变的利率5%贴现,以此估计了当时英国的人力资本总值。

Dublin 和 Lotka[①] 在个人的货币价值的专题研究中,提出了一个年龄为 a 的人们的总体人力资本的估计式,对未来收益提出了明确的概念。他们提出年龄为 a 的人们的总体人力资本的估计式:

$$HC(a) = \sum_{a}^{\infty} V^{x-a} Y(x) E(x) P(a, x) \tag{5-1}$$

式(5-1)中,$V^{x-a} = (1+r)^{-(x-a)}$ 为 $(x-a)$ 年之后的一个货币单位的现值,r 为贴现率,$Y(x)$ 为 x 岁人的年收入,$E(x)$ 为 x 岁人们的就业率,$P(a, x)$ 为年龄为 a 的人活到 $(a+x)$ 岁的概率。该方法实质上就是把预期现值作为人力资本价值。此后,Jorgenson 和 Barbara[②] 在之后提出了另一种从收益收入角度的人力资本估算方法和计算公式。鉴于以上学者提出的模型统计数据较多而且难以获得,模型计算过于复杂,许多数学者都采用对模型的简化形式。

Mulligan 和 Xavier[③] 认为物质资本的条件会影响人力资本个体的工资收入,人力资本和物质资本必须是匹配的。同一个人力资本个体在不同生产条件下的工资水平是不同的;不同类的人力资本相互间不可能完全被代替,对人力资本进行简单累加是不可取和不科学的;对不同受教育程度的人力资本采用不同的效用参数,对受教育程度更高的人员应该给予更高比重。在此基础上,构建了新的人力资本计算模型:

$$H_i(t) = \int_0^{\infty} \theta_i(t, s) \eta_i(t, s) ds \tag{5-2}$$

式(5-2)中,$H_i(t)$ 为第 i 经济体的第 t 年平均人力资本存量,

[①] Dublin L. I. and Lotka A., "The Money Value of Man", *Ronald*, Vol. 30, No. 9, 1930, p. 1210.

[②] Jorgenson Dale W. and Barbara M. Fraumeni, "The Accumulation of Human and Nonhuman Capital, 1948-1984", *The National Bureau of Economic Research*, 1989, pp. 227-286.

[③] Mulligan Casey B. and Xavier Sala-i-Martin, "A Labor-income-based Measure of the Value of Human Capital: An Application to the States of the United States", *Japan and the World Economy*, Vol. 9, No. 2, 1997, pp. 159-191.

$\eta_i(t, s) = \dfrac{N_i(t, s)}{N_i(t)}$ 为第 i 经济体中拥有 s 年教育的个体占全体人员的比重，$N_i(t, s)$，$N_i(t)$ 分别为第 t 年拥有 s 年教育的人数和劳动者人数。$\theta_i(t, s)$ 为效率参数，$\theta_i(t, s) = \dfrac{w_i(t, s)}{w_i(t, 0)}$，$w_i(t, s)$，$w_i(t, 0)$ 分别表示接受 s 年和 0 年教育的个体的工资水平。

国内学者朱平芳和徐大丰[①]在 Mulligan 等研究的基础上提出了单位人力资本的概念。他们假定在社会和经济体中存在既没有受过任何教育和任何工作经验的个体，称为单位人力资本。在不同的工作条件和环境中，劳动力以外的经济因素是各不相同的，因而单位人力资本可取得的工资水平是各不相同的，但在同一经济环境下的工资水平差异反映了人力资本的差异。以上两位学者的研究应该是国内从工资收入角度来估算人力资本中较为系统和完整的研究成果。

另外，Macklem[②] 以及 Dagum 等[③][④][⑤]也对未来收益法开展了更加深入的研究；王德劲将劳动年龄人口作为整体概念的人，在不考虑维持成本的情况下，利用收入法对我国的人力资本存量进行了测算，即将人力资本存量视为劳动年龄人口毕生收入的贴现值[⑥]；李海峥等采用终生收入法估算了我国 1985—2007 年的名义与实际人力资本存量。

（二）成本法

成本法又称为累计成本法或者投资支出法。该法是依据人力资本积累过程中累计投入量的多少来确定人力资本当前的价值水平。其基本思想是：人力资本的存量等于为获得这些人力资本所花费的相关支出的总

---

① 朱平芳、徐大丰：《中国城市人力资本的估算》，《经济研究》2007 年第 9 期。
② Macklem R. T., "Aggregate Wealth in Canada", *Canadian Journal of Economics*, Vol. 30, No. 1, 1997.
③ Dagum C., "A systemic Approach to the Generation of Income Distribution Models", *Journal of Income Distributions*, Vol. 6, No. 1, 1996.
④ Dagum C. and Vittadini G., "Human Capital Measurement and Distributions Proceedings of the Business and Economic Statistics Section", *American Statistical Association*, 1996.
⑤ Dagum C. and Slottje D., "A New Method to Estimate the Level and Distribution of Household Human Capital with Application", *Structural Change and Economic Dynamics*, Vol. 11, No. 1, 2000, pp. 67–94.
⑥ 王德劲：《论人力资本实物量与价格——基于教育的人力资本测算》，《价格理论与实践》2008 年第 10 期。

和；其基本假设是：人们拥有的知识多少和能力大小全然取决于后天为获取这些知识、培养这些能力所花费的投资多少。

恩格尔（E. Engel）是第一个提出并运用成本法来估算人力资本价值，主张把全体人口划分为高中低三个阶层。他假定各阶层出生时的成本为 c_i，每个阶层每年新增成本为 $c_i q_i$，再假定人到26岁就会完成人力资本生产。那么，年龄为 x 的个体人力资本就是：

$$C_i(x) = c_i \left[1 + x + \frac{q_i x (1+x)}{2} \right] \quad (x<26) \tag{5-3}$$

恩格尔的方法是对人力资本的简单化处理，忽略了公共医疗、教育等社会公共资源和成本的影响，也没有考虑个人禀赋、家庭环境对个人的影响，虽然不尽完美，但是为后人的研究提供了参考的理论基础。

在恩格尔的基础上，Eisner[1]、Kendrick[2]、孙旭[3]、孙淑军[4]等一批学者在他们的相关研究中直接或间接地体现、运用了人力资本价值衡量的这一累计成本法思想，其中，Kendrick[5] 将人力资本分为两个组成部分：一是有形人力资本，主要包括孩子的养育费用；二是无形人力资本，主要包括教育与培训、医疗、健康和安全以及劳动力流动等方面的支出。Kendrick[6] 的方法涵盖了人力资本投资方面的所有细节，提供了一个非常完整的相关成本清单来估计人力资本价值，但这一方法所需求的数据量巨大。

国内学者张帆使用每年净投资累计加总的方法"Aggregation over vintahes"估算了中国1953—1995年的物质资本、人力资本和无形非人

---

[1] Robert Eisner, *The Total Incomes System of Accounts*, The University of Chicago Press, Chicago：1989.

[2] Kendrick J., *The Format ion and Stocks of Total Capital*, Columbia University Press, New York：N.Y.，1976.

[3] 孙旭：《人力资本投资、人力资本存量与人力资本投入比较》，《统计与决策》2007年第10期。

[4] 孙淑军：《人力资本与经济增长——以中国人力资本估计为基础的经验研究》，博士学位论文，辽宁大学，2012年。

[5] Kendrick J., *The Format ion and Stocks of Total Capital*, Columbia University Press, New York：N.Y.，1976.

[6] Kendrick J., *The Format ion and Stocks of Total Capital*, Columbia University Press, New York：N.Y.，1976.

力资本的存量①。周天勇也运用累计成本法对人力资本存量做了估算②；沈利生等在创立的人力资源开发与经济增长关系模型中分了农业、重工业和轻工业等8个行业，每个行业各设置变量来表征自己的人力资本存量③；孙景尉建立了全国人力资本存量估算的一般模型和地区人力资本估算模型④；侯风云从人力资本投资的角度提出对人力资本估算的方法⑤；钱雪亚等在累计成本法的基础上从投资学的角度提出采用永续盘存法对人力资本存量进行估算⑥⑦⑧⑨；王德劲认为国内研究运用成本法对人力资本估算已有较大扩展⑩；李宝元运用一种计量人力资本投资的方法指标度量了我国1978—1996年的人力资本规模水平⑪。

（三）教育存量法

教育存量法是指以教育的成就或国民的受教育程度来间接地描述人力资本的水平，其基本思路在于：教育形成的知识构成了人力资本的核心内容，教育与人力资本呈正相关，教育的成就越大，人力资本的投入通常也越多，国民的受教育程度越高，人力资本的存量也越大。由于成本法、收入法在测算人力资本存量中存在的未解问题，考虑到教育是形成人力资本的重要源泉，因此目前被广大学者采用的一般做法是利用相关教育指标作为人力资本的代表，平均受教育年份和总受教育年限是两个最常用的替代指标。教育存量法的基本假设是人力资本——蕴藏于人身的知识和技能——是通过接受正规教育形成的。具体操作上，教育存量又可以从许多不同的角度来度量。

---

① 张帆：《中国的物质资本和人力资本估算》，《经济研究》2000年第8期。
② 周天勇：《劳动与经济增长》（第一版），上海三联书店、上海人民出版社1984年版。
③ 沈利生、朱运法：《人力资本与经济增长分析》（第一版），社会科学文献出版社1999年版。
④ 孙景尉：《基于损耗的人力资本估算》，《中国人口科学》2005年第2期。
⑤ 侯风云：《中国人力资本投资与城乡就业相关性研究》，上海人民出版社2007年版。
⑥ 钱雪亚、邓娜：《人力资本水平计量体系研究》，《浙江学刊》2004年第6期。
⑦ 钱雪亚等：《中国人力资本水平再估算：1995—2005》，《统计研究》2008年第12期。
⑧ 钱雪亚：《人力资本存量计量的合理视角》，《浙江社会科学》2005年第5期。
⑨ 钱雪亚、周颖：《人力资本存量水平的计量方法及实证评价》，《商业经济与管理》2005年第2期。
⑩ 王德劲：《我国人力资本测算及其应用研究》，博士学位论文，西南财经大学，2007年。
⑪ 李宝元：《人力资本与经济发展》，北京师范大学出版社2000年版。

1. 平均指标

平均指标：平均受教育年数，采用这一指标的研究很多，Birdsall[1]、Ram[2]、Londono[3]、Lopez[4] 等采用人口或劳动者的"平均受教育年数"的标准。Psacharopoulos 及其合作者对人力资本投资回报所作的一系列跨国比较研究，Nehru 等就发达国家和工业化国家人力资本存量的估计，Maddison 就中国人力资本水平与德、英、日等国的比较研究，Barro 等对 142 个国家人力资本的比较研究，Vandenbussche 等运用 19 个 OECD 国家 1960—2000 年数据所做的研究，Soukiazis 和 Antunes 对欧盟人力资本水平与增长关系的研究，用平均受教育年数来表征人力资本水平[5]。运用这一指标涉及的主要问题是"平均"的对象范围问题、各级教育学制变化问题以及不同级教育的"年"本质上不具有一致性的问题。实际操作中通常给定各级教育的学制设定，以"15 岁及以上人口""劳动适龄人口"为对象，简单算术平均。

2. 总量指标

总量指标：受教育年数总和依据，各类人口（劳动力）的人数 L 与平均受教育年数 h，计算全体人口（劳动力）的受教育总年数 $H = \sum Lh_i$，用 H 表征报告期一国（地区）的人力资本水平。岳书敬等[6]、朱斌[7]、候亚非[8] 等采用人口或劳动者"受教育年数总和"这一指标形

---

[1] Birdsall and Londonno N. J. L., "Asset Inequality Matters: An Assessment of the World Bank's Approach to Poverty Reduction", *American Economic Review*, Vol. 87, No. 2, 1997, pp. 32-37.

[2] Ram and Rati, "Educational Expansion and Schooling Inequality: International Edidence and Some Implications", *The Review of Economics and Statistics*, Vol. 72, No. 2, 1990, pp. 74-266.

[3] Londono and Juan Luis, "Kuznetsian Tales with Attention to Human Capital", Paper Presented at the Third Inter-American Seminar in Economics, Rio de Janeiro, Brazil, 1990.

[4] Lopez R, V. Thomas, Y. Wang, "Addressing the Education Puzzle: The Distribution of Education and Economic Reforms", *World Band Working Papers*, 1998, pp. 20-31.

[5] Soukiazis E., Antunes M., "Foreign trade, Human Capital and Economic Growth: An Empirical Approach for the European Union Countries", *The Journal of International Trade and Economic Development*, Vol. 21, No. 1, 2012, pp. 3-24.

[6] 岳书敬、刘朝明：《人力资本与区域全要素生产率分析》，《经济研究》2006 年第 4 期。

[7] 朱斌：《我国人力资本教育投资低收益率探析》，《经济工作导刊》2003 年第 1 期。

[8] 候亚非：《"托管"——国有企业富余职工流动模式探索》，《中国人口科学》1998 年第 3 期。

式。"受教育年数总和""平均受教育年数"所表达的思想是一致的，但前者的数值受人口（劳动力）数量规模的影响，两者表现出趋势性上的巨大差异。

3. 相对数指标

相对数指标：成人识字率、入学率和教育标准化最终指数等，主要有罗默（Romer）[1]，尹建海[2]、杨建芳等[3]、刘安容等[4]采用成人识字率指标；Barro[5][6]、敬嵩等[7]采用入学率指标；Abel 等[8]运用的劳动者大学学历及以上比重；Fleisher 等[9]运用高中及以上人员占总人口比重和大学及以上人员占总人口比重等。当然也有从教育以外的特征来构建指标的，如 Soukiazis 等则运用了包含每百万 25 岁及以上人口发表的本书数和专利数的四个指标来反映人力资本的不同方面。采用"入学率"的标准等（指标）多达十几种。

（四）健康素质法

与之前脑力素质一样，由健康所反映的身体素质也是一个不可忽略的衡量人力资本的指标，健康指标主要包括预期寿命、婴儿存活率、成年人的死亡率、人口自然增长率、营养状况、医院床位数等，目前以预期寿命为指标的健康人力资本较为常用。Bloom[10]使用预期寿命指标核算了美国的健康人力资本；逯进同样用此方法核算了西部地区 12 省份

---

[1] Romer P., *Endogenous Technological Change*, National Bureau of Economic Research, 1989.

[2] 尹建海：《企业人力资本教育投资问题研究》，博士学位论文，天津大学，2007 年。

[3] 杨建芳等：《人力资本形成及其经济增长的影响——一个包含教育和健康投入的内生增长模型及其检验》，《管理世界》2006 年第 5 期。

[4] 刘安容、林玲：《人力资本教育经济效益理论的比较研究》，《电子科技大学学报》2000 年第 1 期。

[5] Barro R J., *Determinants of Economic Growth: A Cross-country Empirical Study*. Cambridge, MA: MIT Press, 1997.

[6] Barro R. J. and Lee J. W., "International Data on Educational Attainment: Updates and Implications", *Oxford Economic Papers*, Vol. 53, No. 3, 2001, pp. 541-563.

[7] 敬嵩、雷良海：《人力资本测度方法及其发展方向》，《统计与决策》2006 年第 12 期。

[8] Jaison R. Abel and Todd M. Gabe, "Human Capital and Economic Activity in Urban America", *Federal Reserve Bank of New York Staff Reports*, Vol. 332, 2008.

[9] Fleisher Belton et al., "Human Capital, Economic Growth, and Regional Inequality in China", *Journal of Development Economics*, Vol. 92, 2010, pp. 215-231.

[10] Bloom D. E. et al., "The Effect of Health on Economic Growth: A Production Function Approach", *World Development*, Vol. 32, 2004, pp. 1-13.

的人力资本身体素质①②；Fogel③④⑤和John等⑥则以身高和体重等指标作度量了健康人力资本；舒尔茨等⑦则以生理特征、发病率和营养状况来度量健康指标。

（五）其他方法

其他较有影响力的评价方法还有世界银行采用的剩余法和欧盟里斯本理事会创建的欧洲人力资本指数。世界银行在1995年发布的《世界银行制定新的国家财富计算法》中采用从总财富的估计中扣减创造资产的价值和自然资本的价值，剩余额作为对人力资本（人力资源，含社会资本）价值计算⑧。欧洲里斯本理事会创建了欧洲人力资本指数，用来测量欧盟各成员国的人力资本水平。欧洲人力资本指数包括人力资本禀赋指数（通过正规教育支出、为子女教育发生的家庭支出和在职培训学习支出等人力资本积累投资反映）、人力资本利用指数（通过总人口拥有的人力资本禀赋的相对水平来反映）和人力资本生产率指数（通过用劳动在业人口人力资本禀赋所形成总产出相对水平反映）等多个分指数。其中人力资本禀赋指数是欧洲人力资本指数的基础，它着重

---

① 逯进：《人力资本差异与内生经济增长机制——给予新古典经济增长理论解释》，《青岛大学学报》2008年第2期。

② 逯进：《青岛市人口综合素质的量化及其对经济增长的影响》，《城市》2008年第10期。

③ Fogel Robert W., "Economic Growth Population Theory and Physiology: The Bearing of Long-term Processes on the Making of Economic Policy", *The American Economic Review*, Vol. 84, No. 3, 1994, pp. 369-395.

④ Fogel Robert W, "The Relevance of Malthus for the Study of Mortality Today Long-run Influences on Health Mortality Labor Force Participation and Population Growth", *The National Bureau of Economic Research*, 1994, pp. 231-284.

⑤ Fogel Robert W., "Health Nutrition and Economic Growth", *Economic Development and Cultural Change*, Vol, 52, 2004; pp. 643-658.

⑥ John Strauss and Duncan Thomas, "Health Nutrition and Economic Development", *Journal of Economic Literature*, Vol. 36, No. 2, 1998, pp. 766-817.

⑦ Schultz T. Paul and Aysit Tansel, "Wage and Labor Supply Effects of Illness in Cote D'tvoire and Ghana: Instrumental Variable Estimates for Days Disabled", *Journal of Development Economics*, Vol. 53, No. 2, 1997, pp. 251-286.

⑧ Schultz T. Paul and Aysit Tansel, "Wage and Labor Supply Effects of Illness in Cote D'tvoire and Ghana: Instrumental Variable Estimates for Days Disabled", *Journal of Development Economics*, Vol. 53, No. 2, 1997, pp. 251-286.

关注人力资本投资[①]。

二 分析比较

目前，人力资本评价研究大部分是作为证明人力资本对经济增长贡献的基础和方法，并且对人力资本估算居多。估算方法主要有基于单指标（少数指标）的成本法、收益法、教育存量法以及基于多指标的综合评价法，表5-1列举了对这四种方法的分析比较。正如第二章第三节中所述，成本法实质是对人力资本投资水平的评价；收入法是对人力资本价值收益的评价；教育存量法是对人力资本存量的评价。

表5-1　　　　　　　　人力资本估算四种方法分析比较

评价方法	优点	缺点
成本法	成本法可以估算出花费在劳动者身上的培养费用，从投入的要素价值上测算人力资本存量。其测算得到的人力资本货币价值量指标便于比较	人力资本投资往往很难界定，因为其往往既具有投资的特点，又具有消费特点，且永续盘存法估计人力资本存量时的折旧率和价格因素对结果有重要影响，但往往难以确定
收益法	收益法侧重于用未来劳动收入流量的现值来推算劳动者的人力资本存量，这种方法理论上较为合理，测算结果也是货币价值量指标	实际应用中却存在相当大的缺陷：首先是恰当的贴现率确定困难；其次是劳动者身上所蕴藏的人力资本同它在生产中实际表现出的人力资本供给——从而获得的劳动收入往往并不一致，从而影响到人力资本存量的测算；最后在我国劳动力市场非完全竞争条件下，收入与人力资本存量并不完全一致
教育存量法	教育存量法具有直观、易操作的特点，其测算结果是实物量指标	仅将教育看作人力资本形成的途径，无法反映"干中学"、在职培训等对人力资本的影响；无法体现不同教育阶段对人力资本水平的影响；忽视教育质量的影响。虽然引入教育收益率的教育年限累积法在一定程度上通过收益率反映了不同阶段教育的差异，也从实物量指标转化为货币价值量指标，但方法所依据的收益率需要另外确定
综合评价法	采用的统计方法比较成熟，各种不同的综合评价方法的优缺点见表5-2	反映人力资本水平的指标体系较难构建，不同计量单位的多指标综合结果难以解释，且其测算结果往往代表的是人力资本指数，并不能反映人力资本存量水平的大小

---

① Ederer and Peer，"Philipp Schuller and Stepham Willms，Innovation at Work：The European Human Capital Index"，*The Lisbon Council Policy Brief*，Vol.2，No.1，2006，pp.1-20.

第三节 现代综合评价方法

一 分类与比较

综合评价方法是运用多个指标对多个参评单位进行评价的方法，其基本思想是将多个指标转化为一个能够反映综合情况的指标来进行评价。综合评价方法运用一定的数学运算进行整合，将定性评价法和定量评价法有机地结合起来，整合它们的优点，在一定程度上避免它们的缺陷，以求对项目进行准确的判断[①]。

现代综合评价方法包括定性评价方法和技术经济分析评价方法等八大类。

（一）定性评价方法

定性分析法包括专家会议法和德尔斐法。专家会议法主要指组织专家面对面交流，通过讨论形成评价结果；德尔斐法是征询专家，用信件背靠背评价、汇总、反馈、收敛的方法形成评价结果。

（二）技术经济分析方法

技术经济分析法包括经济分析法和技术评价法。经济分析法通过价值分析、成本效益分析、价值功能分析，采用 NPV、IRR、T 等指标；技术评价法主要通过可行性分析和可靠性评价等方法来开展评价。

（三）多属性决策方法

多属性决策方法又称为多属性和多目标决策方法。通过化多为少、分层序列、直接求非劣解、重排次序法来排序与评价。

（四）运筹学方法

运筹学方法主要是利用数据包络分析模型，以相对效率为基础，按多指标投入和多指标产出，对同类型单位相对有效性进行评价，是基于一组标准来确定相对有效生产前沿面。数据包络分析（Data Envelopment Analysis，DEA）是著名运筹学家查恩斯（A. Charnes）、库伯（W. W. Cooper）、罗兹（E. Rhodes）等提出的一种新的系统分析方法，DEA 方法

---

① 苏为华：《多指标综合评价理论与方法问题研究》，博士学位论文，厦门大学，2000年。

以相对效率概念为基础，用于评价具有相同类型的多投入、多产出的决策单元是否技术有效的一种非参数统计方法，它具有多指标综合评价所需要的一些基本要素，被认为是一种"独特的综合评价技术"[①]。

（五）统计分析方法

统计分析方法主要包括主成分分析法、因子分析法、聚类分析法和判别分析法。

主成分分析（Principal Component Analysis，PCA）法是考察多个变量间相关性的一种多元统计方法，PCA 法是将其分量相关的原随机向量，借助于一个正交变换，转化成其分量不相关的新随机向量，并以方差作为信息量的测度，对新随机向量进行降维处理，然后再通过构造适当的价值函数，做进一步的系统转化[②]。主成分分析法应用广泛，是一种常用的多变量分析方法。因子分析法根据因素相关性大小把变量分组，使同一组内的变量相关性最大。聚类分析法是计算对象或指标间距离，或者相似系数，进行系统聚类。判别分析法则是计算指标间距离，判断所归属的主体。

（六）系统工程方法

系统工程方法包括评分法、关联矩阵法、层次分析法以及熵权法。评分法主要是对评价对象划分等级、打分，再进行处理；关联矩阵法用来确定评价对象与权重，对各替代方案有关评价项目确定价值量；层次分析法是针对多层次结构的系统，用相对量的比较，确定多个判断矩阵，取其特征根所对应的特征向量作为权重，最后综合出总权重，并且排序，但这是一种相对主观的评价方法；熵权法是利用熵原理的一种客观评价方法。在信息论中，熵是对不确定性的一种度量。信息量越大，不确定性越小，熵也越小；信息量越小，不确定性越大，熵也越大。根据熵的特性，我们可以通过计算熵值来判断一个事件的随机性及无序程度，也可以用熵值来判断某个指标的离散程度，指标的离散程度越大，该指标对综合评价的影响越大。

[①] 胡磊、马慧：《基于微观经济学视角的企业 IT 投资评价方法评析》，《工业技术经济》2013 年第 2 期。

[②] 赵林海、李绍华：《加强社会医疗保险微观评价的思考》，《卫生经济研究》2006 年第 3 期。

（七）模糊数学方法

模糊数学法是采用模糊数学模型研究和处理模糊性问题的数学方法。它是把模糊问题化为确定性问题的基础，是数据处理常用的方法。模糊数学法的步骤是首先进行单项指标的评价，然后分别对各单项指标给予适当的权重，最后应用模糊矩阵复合运算的方法得出综合评价的结果。模糊数学法包括模糊综合评价、模糊积分和模糊模式识别等方法。

（八）对话式评价方法

对话式评价方法是用单目标线性规划法求解问题，每进行一步，分析者把计算结果告诉决策者来评价结果，如果认为已经满意则迭代停止；否则再根据决策者意见进行修改和再计算，直到满意为止。

（九）智能化评价方法

智能化评价方法是模拟人脑智能化处理过程的人工神经网络技术，通过 BP 算法，学习或训练获取知识，并存储在神经元的权值中，通过联想把相关信息复现能够"揣摩""提炼"评价对象本身的客观规律，进行对相同属性评价对象的评价。

关于各评价方法的优缺点比较以与适用对象如表 5-2 所示。

表 5-2　　　　　现代综合评价方法的优缺点比较与适用方法

方法类别	方法名称	优点	缺点	适用对象
定性评价方法	专家会议法 Delphi 法 序贯解法（SEMOP）	操作简单，可以利用专家的知识，结论易于使用	主观性比较强，多人评价时结论难收敛	战略层次的决策分析对象，不能或难以量化的大系统，简单的小系统
技术经济分析方法	经济分析法 技术评价法	方法的含义明确，可比性强	建立模型比较困难，只适用评价因素少的对象	大中型投资与建设项目，企业设备更新与新产品开发效益等评价
多属性决策方法	多属性和多目标决策方法（MODM）	对评价对象描述比较精，可以处理多决策者、多指标、动态对象	建立模型比较困难，处理对象方案和属性须可衡量	在工程、技术、经济、管理和军事等存在考虑多个属性而选择备选方案或方案排序决策的问题

续表

方法类别	方法名称	优点	缺点	适用对象
运筹学方法(狭义)	数据包络分析模型（C2R，C2GS2等）	可以评价多输入多输出的大系统，并可用"窗口"技术找出单元薄弱环节加以改进	只表明评价单元的相对发展指标，无法表示出实际发展水平	评价经济学中生产函数的技术、规模有效性，产业的效益评价、教育部门的有效性
统计分析方法	主成分分析	全面性、可比性、客观合理性	因子负荷符号交替使函数意义不明确，需要大量的统计数据，没有反映客观发展水平	对评价对象进行分类
统计分析方法	因子分析	全面性、可比性、客观合理性	因子负荷符号交替使函数意义不明确，需要大量的统计数据，没有反映客观发展水平	反映各类评价对象的依赖关系，并应用于分类
统计分析方法	聚类分析	可以解决相关程度大的评价对象	需要大量的统计数据，没有反映客观发展水平	证券组合投资选择
统计分析方法	判别分析	可以解决相关程度大的评价对象	需要大量的统计数据，没有反映客观发展水平	地区发展水平评价
系统工程方法	评分法	方法简单，容易操作	只能用于静态评价	新产品开发计划与结果，交通系统
系统工程方法	关联矩阵法	方法简单，容易操作	只能用于静态评价	新产品开发计划与结果，交通系统
系统工程方法	层次分析法	安全性评价等可靠度比较高，误差小	评价对象的因素不能太多（一般不多于9个）	成本效益决策、资源分配次序、冲突分析等
系统工程方法	熵权法	依靠提供的实际数据，具有较强的客观性	忽视了决策者的主观信息，而且不具有继承性，确定的权重可能会与实际相悖或者不具有保序性	用于对指标较多的评价对象进行客观地评价
模糊数学方法	模糊综合评价	可以克服传统数学方法中"唯一解"的弊端，根据不同可能性得出多个层次的问题解，具备可扩展性，符合现代管理中"柔性管理"的思想	不能解决评价指标间相关造成的信息重复问题，隶属函数、模糊相关矩阵等的确定方法有待进一步研究	消费者偏好识别、决策中的专家系统、证券投资分析、银行项目贷款对象识别等，拥有广泛的应用前景
模糊数学方法	模糊积分	可以克服传统数学方法中"唯一解"的弊端，根据不同可能性得出多个层次的问题解，具备可扩展性，符合现代管理中"柔性管理"的思想	不能解决评价指标间相关造成的信息重复问题，隶属函数、模糊相关矩阵等的确定方法有待进一步研究	消费者偏好识别、决策中的专家系统、证券投资分析、银行项目贷款对象识别等，拥有广泛的应用前景
模糊数学方法	模糊模式识别	可以克服传统数学方法中"唯一解"的弊端，根据不同可能性得出多个层次的问题解，具备可扩展性，符合现代管理中"柔性管理"的思想	不能解决评价指标间相关造成的信息重复问题，隶属函数、模糊相关矩阵等的确定方法有待进一步研究	消费者偏好识别、决策中的专家系统、证券投资分析、银行项目贷款对象识别等，拥有广泛的应用前景

续表

方法类别	方法名称	优点	缺点	适用对象
对话式评价方法	逐步法（STEM）	人机对话的基础性思想，体现柔性化管理	没有定量表示出决策者的偏好	各种评价对象
	序贯解法（SEMOP）			
	Geoffrion法			
智能评价方法	基于BP人工神经网络的评价	网络具有自适应能力、可容错性，能够处理非线形、非局域性与非凸性的大型复杂系统	精度不高，需要大量的训练样本等应用领域不断扩大	项目、股票价格的评估、城市发展综合水平评价等

二 本书采用的综合评价方法

（一）德尔斐法

德尔斐法（Delphi），又称专家调查法、专家咨询法。数据的调研和整合选取德尔斐法，德尔斐法是20世纪50年代由诺曼·达尔奇和奥拉弗·海尔默发明的。该方法是函询的方式征求已选定的一组专家的意见，对已返回的资料进行整理、归纳、统计处理得出结果，然后将结果返回给专家，再次征求他们的意见，专家既可以维持原有观点，也可以根据统计处理结果提出新观点。经过多次的循环、反复，得出最终的结论。

德尔斐法采用匿名方式，避免专家之间的相互影响和干扰。多次循环反复，使专家意见渐趋一致，可以在一定程度上克服由于个别专家存在的专业、阅历、知识面的局限性，减弱个人因素对结果的主观影响。

（二）层次分析法

层次分析法（Analytic Hierarchy Process，AHP）是20世纪70年代初由美国运筹学家、匹茨堡大学教授萨蒂（T. L. Saaty）提出的现代综合评价方法。这一方法将评价体系分成目标层、准则层、方案层等，在此基础上进行定性、定量的分析。

层次分析法的基本原理是：①将要解决的问题层次化，即把要解决的问题分解为不同层次的组成因素,并且按照各因素之间的相互与隶属关系分层进行聚类组合;②对各层因素进行对比分析,并且引入1—9标度法来构造出各层判断矩阵,然后通过求解判断矩阵特征向量,从而得出各因素相对的权重;③计算出待选择方案对于最终目标而言的相对重要性排序,进而通过权重分析,找出所对应的各因素排序。

层次分析法的优点是:①它具有系统性特征,尤其适应于对无结构特性的系统评价和对于多目标、多时期和多准则的系统评价;②简单实用,决策者容易了解掌握;③需要的定量数据信息少,适应于处理采用传统最优化技术无法解决的问题。层次分析法的缺点是:①专家们的主观因素会占据主导地位,定量数据较少,定性成分多,评价结果会产生一定偏差,不易令人信服。②指标过多时数据统计量大,特征值和特征向量的精确求法比较复杂,权重难以确定。进行矩阵一致性检验时,假如所构造的判断矩阵不具备一致性,那就会破坏层次分析法方案的优选排序主要功能,就必须重新进行构造和计算,直到最后通过为止。③不能为决策提供新方案。

(三) 结构熵权法

结构熵权法是由熵权法演变而来的一种结合主观赋权法与客观赋权法的赋权方法,由我国学者程启月在2010年首次提出。主观赋权法的缺点是客观性较差,而客观赋权法的缺点是容易与实际情况相悖,在有些情况下对有些结果难以给出合理的解释。由于结构熵权法结合了主客观赋权法,因此它克服了单纯的主观赋权方法或者客观赋权方法的一些缺点,而又融合了两者的优点。它将德尔斐法与模糊分析法相结合,形成几组"典型排序",并形成典型排序矩阵,对这个典型排序矩阵根据熵决策公式进行熵值计算、"盲度"的分析,以减少这个典型排序的不确定性。因此,结构熵权法是一种结合了定性分析与定量分析的赋权方法。

(四) 模糊综合评价法

目前,模糊综合评价法是一种应用非常广泛和有效的模糊数学方法。它由美国科学家扎德(L. A. Zadeh)教授最早在20世纪60年代提出和创立。在现实生活中,对某事物的评价,往往要涉及多个指标,要根据多个指标对此事物作综合评价,而不能只从某一指标来评价。在具体的评价中，各指标的评价往往是模糊的，不适合用数值来表示，而是用模糊集合来表示，这样就出现了模糊综合评价。

所谓模糊综合评价法，就是运用模糊数学和模糊统计方法，通过对影响某事物的各个因素的综合考虑，对该事物的优劣做出科学的评价。它是根据模糊数学的隶属度理论把定性评价转化为定量评价。模糊综合评价法具有结果清晰、系统性强等特点，能较好地解决模糊的、难以量化的问题，适合解决各种非确定性问题。

（五）专家会议打分法

专家会议打分法是目前比较成熟的一种评价方法，它与专家个人调查法、专家讨论法、头脑风暴法和德尔菲法一样，都属于专家调查法。专家调查法又称专家预测或者专家评估法，它是一种人们采用时间较长、属于直观预测的方法。专家调查法是以相关专家为信息索取的对象，依靠专家的知识积累与经验，对调查的问题做出分析、判断和预测，从而实现对目标评价的目的。

专家会议打分法不同于一般专家讨论法。专家讨论法要求的是各位专家就某一问题进行充分的讨论甚至辩论，相互之间相互影响，专家一般也来自某一特殊领域。而专家会议打分法需要邀请不同领域的专家参加会议，目的是通过不同领域专家间的知识互补，实现对被评价对象更为全面、清楚的了解和评价。但是在打分期间，各位专家不能发表评论，相互之间不能相互影响。

专家会议打分法的优点是无须建立烦琐的数学模型，简便直观，无须准备复杂的数据资料，就能比较精确地反映出专家们的主观判断能力。特别适用于指标体系较为复杂或者指标难以制定标准量化的评价体系。

第四节　人力资本存量微观评价研究

所谓评价（evaluation）就是指人们为了解决某个问题而基于一定的标准集合，对所研究的对象进行的决断性评估（decisive assessment）。在现实工作和生活中人们需要多种评价。例如，具体到对企业IT投资的评价，胡磊和马慧认为企业IT投资评价是指利用某种方法、工具和标准等，对企业 IT 投资的结果或过程进行评估，为管理者作出科学的投资决策服务①。

在研究人力资本微观评价之前，需要先分清宏观与微观、宏观评价与微观评价的区别与联系。

一　宏观评价与微观评价

（一）宏观与微观

宏观（Macro）与微观（Micro），是科学上对研究对象及其特征的范围界定，以有助于科学研究的分工和科学任务的划分。哲学社会科学有人类学、历史学、政治经济学等宏观学科，也有心理学、企业管理、行为科学等中观或微观学科。

微观（Micro）和宏观（Macro）总是相对、相伴而生的。微观，原意是"小"，总体讲是指相对比较细、小的方面；而宏观原意是"大"，是指长远的、大的方面，或者是大概的意思。

在社会科学中，人们通常把从大的、整体的方面展开的研究或探索称为宏观科学研究。如宏观经济学，研究了经济整体发展规律；宏观社会学，研究社会整体发展规律等。同时，把从小的、局部的方面实施的研究或探索称为微观科学分析。如微观经济学研究个体、局部的经济现象与特征；微观社会学研究社会个体、局部的社会现象。

表 5-3 列举了微观经济学与宏观经济学 5 类主要差异，通过此表可以对社会科学中"宏观""微观"的区分有更直观的了解。

表 5-3　　　　微观经济学与宏观经济学区别比较

序号	项目	微观经济学	宏观经济学
1	研究对象	单个经济单位，如家庭、厂商等。如美国经济学家 J. 亨德逊（J. Henderson）所说"居民户和厂商这种单个单位的最优化行为奠定了微观经济学的基础"	整个经济，研究整个经济的运行方式与规律，从总量上分析经济问题。如萨缪尔逊所说，宏观经济学是"根据产量、收入、价格水平和失业来分析整个经济行为"

---

① 胡磊、马慧：《基于微观经济学视角的企业 IT 投资评价方法评析》，《工业技术经济》2013 年第 2 期。

续表

序号	项目	微观经济学	宏观经济学
2	解决问题	解决的是资源配置问题,即生产什么、如何生产和为谁生产的问题,以实现个体效益的最大化	把资源配置作为既定的前提,研究社会范围内的资源利用问题,以实现社会福利的最大化
3	研究方法	个量分析,即研究经济变量的单项数值如何决定	总量分析,即对能够反映整个经济运行情况的经济变量的决定、变动及其相互关系进行分析。这些总量包括两类,一类是个量的总和,另一类是平均量。因此,宏观经济学又称为"总量经济学"
4	基本假设	基本假设是市场出清、完全理性、充分信息,认为"看不见的手"能自由调节实现资源配置的最优化	假定市场机制是不完善的,政府有能力调节经济,通过"看得见的手"纠正市场机制的缺陷
5	中心理论与基本内容	微观经济学的中心理论是价格理论,还包括消费者行为理论、生产理论、分配理论、一般均衡理论、市场理论、产权理论、福利经济学、管理理论等	宏观经济学的中心理论则是国民收入决定理论,还包括失业与通货膨胀理论、经济周期与经济增长理论、开放经济理论等

对于研究方法,在社会科学中,与学科分类相对应,把凡是从大的、整体的、全局的方面进行研究的方法归为宏观方法;把凡是从小的、个体的、局部的方面去研究的方法归为微观方法。

实际上,社会科学中宏观与微观的分界并没有一个完全对立的界限,其实质性的原因在于微观是形成宏观的基本单元。

(二) 宏观评价与微观评价

微观评价属于微观研究方法,它也是宏观评价相对应一种研究方法。

将评价置于微观层面,国内已有不少学者对其进行了研究和运用。肖正斌等在构建产学研结合绩效评价指标体系和模型时指出,微观评价就是从产学研结合项目角度来构建评价体系,对合作项目进行评价[①];赵林海等认为,相对于宏观评价从全局角度来评价医疗保险制度,微观评价主要应从参保人员等医疗保险的具体三方出发,来评价三方的关系

---

① 肖正斌等:《产学研结合绩效评价研究》,《经济研究导刊》2009年第23期。

及各方内部的组织结构运行机制①;姚杰等认为,对于渔船安全技术状况综合评价来说,微观评价是指利用一系列指标对某一艘渔船的安全水平进行评价②。通过微观评价,驾驶员或管理者可以更加清楚地了解船舶的实际安全状态,找出存在的安全隐患,提高船舶的安全水平。

通过对国内学者研究的综合比较,本书认为武汉大学中国科学评价研究中心的邱均平教授对于微观评价与宏观评价的研究相对比较透彻和全面。邱均平教授研究的虽然是学术评价,但是对于其他评价也具有很强的适用性。表5-4列举了他对于微观(学术)评价和宏观(学术)评价的比较区分研究。

表5-4　　微观(学术)评价与宏观(学术)评价的区别

序号	项目	微观(学术)评价	宏观(学术)评价
1	适应对象	一些非复合的单个单位状况,研究较小范围或个体	整个国家(地区)或学科的状况与发展趋势,研究较大范围的问题
2	常用方法	一般以同行评议为主,以数量统计为辅	主要借助科学技术指标与计量统计方法或专家调查方法;用事物的表面属性测量代替对其本质属性与实际价值的测量
3	评价目的	应用于微观管理,直接应用于管理考核	为宏观管理提供依据、参考,适合作宏观的、间接的管理决策
4	评价特点	以事实评价为主,基本上不涉及价值评价;提供信息较为全面、准确	宏观评价提供的信息具有近似性,但必然是相对的、模糊的、间接的、近似的
5	评价样本	所使用样本数量较大,可以有效地克服随机偏差	涉及样本数较少,通常不足以克服随机偏差

二　人力资本微观评价

(一)概念

人力资本微观评价通常是指以人力资本个体为研究对象,通过选取多项直接指标、以更为精确方式对人力资本个体进行全面地定量评价。

---

① 赵林海、李绍华:《加强社会医疗保险微观评价的思考》,《卫生经济研究》2006年第3期。

② 姚杰等:《渔船安全技术状况综合评价体系的研究》,《大连海洋大学学报》2011年第26期。

（二）适宜对象与目标

人力资本微观评价是从微观角度对人力资本个体开展评价，评价对象适宜于企业或事业单位人力资本个体或小群体（侧重于个体比较）评价（见图5-1）。

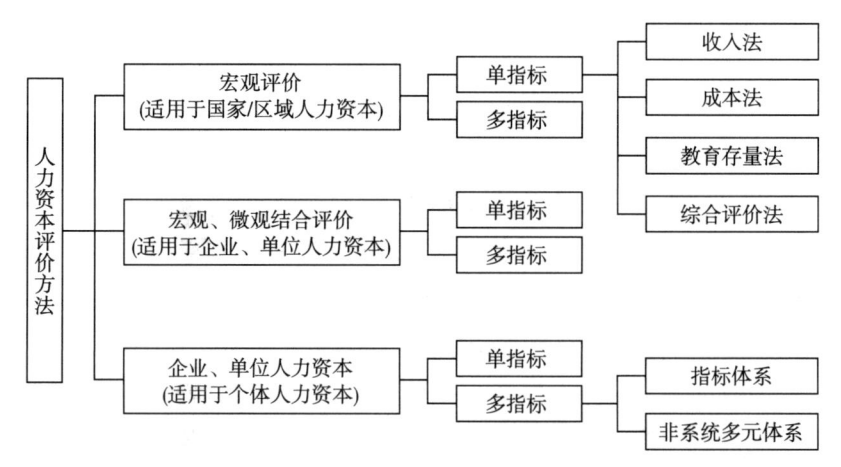

图 5-1　不同评价方法适宜人力资本对象范围与指标

在企业管理过程中，人力资本微观评价的目的是为企业单位微观管理和个人努力提供依据。对人力资本个体的微观评价结果可以直接应用于企业员工招聘、甄选、考核、奖励等管理活动，有利于企业的高效运转，可以为企业创造更多财富。

（三）特征

人力资本微观评价具有以下特征：①研究对象是人力资本个体，是个体而非群体；②研究重点是人力资本个体水平，是个体而非整体；③研究侧重于精确定量研究，结果相对精确、全面；④采用指标更加全面、直接；⑤研究采用个量分析的方法，一般以专家、同行评议为主，数量统计为辅；⑥研究目的可同时为宏观决策和微观管理服务。

三　人力资本微观与宏观评价比较

（一）人力资本宏观评价

人力资本宏观评价通常是指以国家或区域的人力资本群体为研究对象，通过选取少量指标代表人力资本属性，在综合运用现代计量统计方法和既有数据基础上，对人力资本整体进行定性评价的研究方法。

人力资本宏观评价具有以下特征：①研究对象是人力资本群体，是群体而非个体；②研究重点是把握整体人力资本水平与特征，是整体而非局部；③研究侧重于定性而非定量研究，结果多是模糊、相对信息；④研究一般采用总量分析，通常借助于科学统计计量方法和已有数据统计；⑤评价多采用间接指标；⑥研究主要目的是为宏观管理提供决策参考。

（二）评价对象与指标比较

从研究的不同目的来看，区分宏观与微观人力资本关系具有重要的实际意义。由于人力资本宏观与微观评价两种方法的研究侧重点与特征不同，因而适宜于不同的研究对象范围（见图5-1）。人力资本宏观评价有利于政府从总量方面对我国的人力资本存量有一个较为全面的整体把握，有利于政府出台合适宏观政策。人力资本宏观评价多采用单指标或几项指标评价；而人力资本微观评价主要是为企业、事业单位管理和个人努力提供依据，多数是通过建立指标体系开展评价。有时根据人力资本评价对象的特点，学者也会综合运用宏观和微观相结合的评价方法。

（三）相对性与互补性

人力资本微观评价与人力资本宏观评价是相对应的，其差异是相对的。通过对既有学者的研究分析可以发现，两者之间并没有绝对的、清晰的区别与界线。与此同时，人力资本微观评价与人力资本宏观评价二者之间具有一定的互补性。首先，宏观人力资本可以看作是微观人力资本的加总。以人力资本总量为例，如果已知一个行政区域内的个体平均人力资本（如人均受教育年限）则以这一年限乘以总人口数，就可知本区域内的人力资本总量；反之亦存在这一相依关系。其次，宏观人力资本总量往往并不能完全有效地描述一个特定区域的人口素质水平。例如，人力资本总量水平较高，但有可能其人均人力资本水平并不高。因为，其较高的总量水平可能是由较多的人口数量支撑的。因此，从微观层面展开人力资本的测算，可以更为真实有效地描述某一区域的人口素质状态。

第二篇

路径与方法

第六章

人力资本存量微观评价指标体系建构

第一节 评价体系与指标研究

基于第一篇中关于人力资本存量特征、构成要素和微观评价研究分析，本篇将继续探讨如何具体构建人力资本存量微观评价指标体系和确定指标权重，为之后的指标体系具体量化应用奠定基础。

一 评价指标体系与评价指标

（一）评价指标体系

评价指标体系是指由表征评价对象各方面特性及其相互联系的多个指标，所构成的具有内在结构的有机整体。

（二）构架原则

为了使指标体系科学化、规范化，在构建指标体系时，一般应遵循以下原则：①系统性原则。各指标之间要有一定的逻辑关系。每一个子系统由一组指标构成，各指标之间既相互独立，又彼此联系，共同构成一个有机统一体。指标体系的构建具有层次性，形成一个不可分割的评价体系。②典型性原则。务必确保评价指标具有一定的典型代表性，即使在减少指标数量的情况下，也要便于数据计算和提高结果的可靠性。③动态性原则。指标的选择要充分考虑到动态发展变化。④简明科学性原则。各指标体系的设计及评价指标的选择必须以科学性为原则，能客观真实地反映研究对象的特点和状况，能客观全面地反映出各指标之间的真实关系。各评价指标应该具有典型代表性,既不能过多过细,又不能过少过简,避免指标信息遗漏,出现错误、不真实现象,并且数据易获取、计算方法简明易懂。⑤可比、可操作、可量化原则。指标选择上,特别注意在总体范围内的一致性,指标选取的计算量度和计算方法必须一致统一,各指标尽量简单明了、便于收集,各指标应该要具有很强的现实可操作性和可比性。选择指标时也要考虑能否进行定量处理,以便于进行数据计算和分析。⑥综合性原则。在相应的评价层次上,全面考虑诸多因素,并进行综合分析和评价。

(三)评价指标

评价指标是用于考核、评估、比较社会经济活动质量及其效果的统计指标。评价指标分为定量指标和非定量指标。定量指标是能够准确定义、精确衡量并能设定绩效目标。定量指标分为绝对量指标和相对量指标两种。定量指标的五要素是:指标定义、评价标准、信息来源、绩效考核者和绩效目标。

评价指标是企业绩效评价内容的载体,也是企业绩效评价内容的外在表现。

二 宏观人力资本评价指标

当前国内外学者对人力资本宏观估算评价的方法都是采用一项或几项指标来代表和反映人力资本水平(见表6-1),实现对人力资本宏观评价。国内学者对于人力资本的宏观评价时,最多的是从教育程度方面选取指标而展开,不同学者分别选取了不同的指标对人力资本进行宏观评价。总体来说,受教育程度指标可以分为教育总量指标、教育平均指标和教育相对指标三大类(见表6-2)。

表6-1　　　　　　　人力资本宏观评价常用评价指标

大类指标	具体指标
受教育程度	1. 受教育年数总和
	2. 平均受教育年限
	3. 学生在校率
	4. 16岁以上识字率
	5. 高等教育入学率
	6. 中等教育及以上比重

续表

大类指标	具体指标
投资成本	1. 培养学历人口所需的全部成本
	2. 培养相应学历劳动力所需的预算内教育事业经费总和
	3. 报告期内教育和卫生保健投资总和
	4. 报告期内对教育的投入
	5. 财政用于文教科学卫生事业的支出额
	6. 劳动力人均固定资产投资水平
	7. 累计投资于各级受教育程度人口的人力资本投资总额
	8. 当年公共教育支出和卫生总费用之和相当于GDP的比例
	9. 累计成本法（报告期内累计的教育投资、培训投资和卫生保健投资总额）
收入法	1. 用平均收入增长率预测未来的预期收入
	2. 劳动年龄人口是指全部人生收入，可改为"全部收入"的贴现值
	3. 终生收入：相应的人均预期未来终生收入现值
	4. 利用劳动者收入（工资）的人力资本指数来估算人力资本
健康存量法	1. 预期寿命指标
	2. 生理特征、发病率和营养状况等
	3. 身高和体重等指标
	4. 营养状况、医院床位数
	5. 婴儿存活率、成年人的死亡率、人口自然增长率

资料来源：笔者根据相关文献整理。

表6-2　从受教育程度对人力资本宏观时选取常用评价指标分类

类别	计算方法		研究者
1. 总量指标：受教育青年数总和	人口计算范围：在业人口	设定受教育类别和相对应的各类实际受教育年数：大专及以上为15年；高中和中专为11年；初中为8年；小学为5年；文盲半文盲为1年	候亚非
	人口计算范围：在业人口	设定各类受教育类别和相对应的受教育时间（年数）：文盲、半文盲2年；小学6年；初中9年；高中12年；大专14.5年；大学及以上16年	王金营
	人口计算范围：15—64岁	总人力资本 = 15—64岁人口×（大学人口的比重×16+高中人口的比重×12+初中人口的比重×9+小学人口的比重×6）	胡鞍钢

续表

类别		计算方法	研究者
1. 总量指标：受教育青年数总和	人口计算范围：劳动力	根据推算的某一级受教育毕业生存量数×该级受教育年限；然后按大学为2；成人高校为1.6；高中、职高中为1.6；初中为1.2；小学为1的折算系数加权求和	胡永远
	人口计算范围：6岁以上人口	设定各类受教育类别和相对应的受教育时间（年数）：文盲0年；小学6年；初中9年；高中12年；中专13年；大专14年；大学16年	蔡昉等
	加权受教育年数	权数设定为：初等教育为1；中等教育为1.4；高等教育为2	格斯·麦迪森
2. 平均指标：平均受教育年限		采用平均受教育年限来表征人力资本，根据《中国统计年鉴》各期提供的数据计算得出（未解释具体计算方法）	符宁
		劳动力（就业人员）的平均受教育年数	王金营
			赖明勇等
		计算的是15岁以上的人平均受教育年限	陆根尧
		计算的是全部人口的平均受教育年限。设定受教育类别和相对应的各类实际受教育年数：大专及以上为15年；高中和中专为11年；初中为8年；小学为5年；文盲半文盲为1年	朱翊民等
		经过人口自然死亡率调整的15—64岁平均受教育年数。设定受教育类别和相对应的各类实际受教育年数：小学为6年；初中为9年；高中为12年；大学为16年	宋光辉
3. 相对指标	1. 学生在校率	以小学、中学、大专及以上这三个层次学生的在校率为指标	王金营
	2. 16岁以上识字率	鉴于数据的可获得性，采用成人识字率作为人力资本禀赋的代替指标	蔡昉等
	3. 高等教育入学率	以当年高等教育入学人口占全部适龄人口的比重为指标	李平等
	4. 中等教育及以上比重	中等学校及以上毕业生占全部就业人口的比重	谢申祥等

资料来源：笔者根据相关资料整理。

三 人力资本微观评价指标

国内学者吴文华在剖析高科技企业家人力资本构成要素的基础上,从知识能力、企业家才能、社会资本和努力水平 5 个维度构建了包含 3 层 24 个高科技企业家人力资本评价指标(见表 6-3);陈劲等从能力、态度和创造性 3 个维度出发,认为人力资本微观评价指标应该包含 12 项评价指标(见表 6-4)。

表 6-3　　　　　　　高科技企业家人力资本评价指标

一级指标	二级指标
能力	领导的战略领导能力
	员工的能力素质水平
	员工的学习能力
	员工培训工作的成效
	员工参与决策、管理的能力
	关键技术和管理人员的培养
态度	对企业价值观的认同
	员工满意度
	员工流失率
	员工平均工作年限
创造性	员工的创造力
	员工提出新想法的收益

资料来源:吴文华、张盛:《高科技企业家人力资本评价指标体系及其评价方法》,《科技管理研究》2007 年第 3 期。

表 6-4　　　　　　　人力资本微观评价指标

一级指标	二级指标	三级指标
知识能力	知识存量	描述性知识
		流程性知识
	学习能力	发现、解决问题能力
		归纳演绎能力

续表

一级指标	二级指标	三级指标
企业家才能	基本管理技能	计划组织能力
		决策能力
		领导能力
	企业家精神	创新能力
		风险承受能力
社会资本	社会资本广度	社会资源存量
		社会资源层次
	社会资本深度	信任预期
		社交敏感度
		社交热忱度
努力水平		责任心
		积极性
		独立性
经营绩效	财务状况	销售利润率
		总资产报酬率
		资产负债率

资料来源：陈劲等:《企业智力资本评价模型和实证研究》,《中国地质大学学报》（社会科学版）2004年第4期。

第二节 构建原则与思路

根据研究需要，本书首先构建人力资本微观评价指标体系，从而为之后开展的人力资本微观评价奠定基础。综合国内外学者对评价体系研究成果，基于研究目的与需要，本书对所要建立的人力资本存量微观评价体系确立了以下构建原则、思路与步骤。

一 构建原则

本书在构建人力资本存量微观评价体系时遵循了以下原则：①权威性。选择的理论观点和分类标准尽量具有权威性。②普遍性。在分类标准有不同观点或争议时采用大多数人普遍接受的观点。③选择指标尽量符合 SMART 五原则①，即明确性（Specific）、可衡量性（Measurable）、可行性（Achievable）、吻合性（Relevant）和时限性（Time-bound）的原则。指标是衡量系统总体目标的具体标志，选择的指标应该具有科学性和实用性。④定量与定性相结合，以定量为主。各项指标测评时尽可能量化，同时与专家定性评价相结合。

二 构建思路

根据本书第二章对人力资本存量的理论分析，结合国内外学者在经济学、教育学、医学和心理学等方面的已有研究，通过对相关概念和分类标准辨析，本书从微观角度构建起了人力资本存量微观评价指标体系（见图 6-1）。

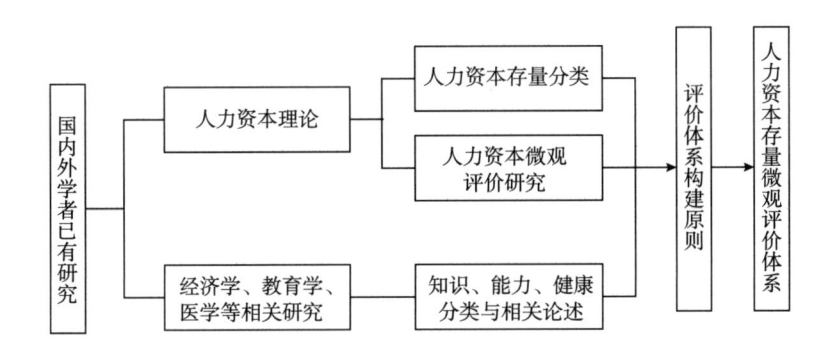

图 6-1 人力资本存量微观评价指标体系构建思路

第三节 评价体系与指标描述

一 选择指标与构建体系

根据第二章中人力资本存量的定义，知识（A1）、能力（A2）和健康（A3）三种存量构成了人力资本存量评价的一级指标。在一级评价指标下，知识、能力和健康三个基本构成要素又可以分成二级、三级和四级多级评价指标。

---

① 高培峰、彭绍春：《基于 SMART 原则的高校实验技术人员绩效考核体系的建设与实践》，《实验室研究与探索》2020 年第 12 期。

(一) 知识存量

在本评价体系中,知识采用广义概念,它包含着技术类知识。对于知识的分类,国际上有很多不同的标准,根据第二章分析,学者一致认为知识可以分为显性知识(Explicit Knowledge)和隐性知识(Tacit Knowledge)[1]。因此,将知识存量分解为显性知识(A1.1)和隐性知识(A1.2)两个二级指标。显性知识又可以分为事实知识和理论知识,隐性知识可以分为技能知识和人际知识。事实知识(A1.1.1)、理论知识(A1.1.2)、技能知识(A1.2.1)和人际知识(A1.2.2)就构成了知识存量的三级指标。

更细一步来说,知识按照转移成本的大小可以分为一般知识和专门知识。现代社会越来越强调专业分工的重要性,现代人力资本既要掌握一般性知识,更要掌握专门知识。在此维度下,事实知识、理论知识、技能知识和人际知识又分为专业事实知识(A1.1.1.1)、一般事实知识(A1.1.1.2)、专业理论知识(A1.1.2.1)、一般理论知识(A1.1.2.2)、专业技能知识(A1.2.1.1)、一般技能知识(A1.2.1.2)、专业人际知识(A1.2.2.1)、一般人际知识(A1.2.2.2)8个四级指标。

(二) 能力存量

能力作为人力资本的核心概念能力[2]。根据理论基础分析,本书发现,所谓能力主要指人在行为过程中有效完成的某项活动所体现出的综合素质,其性质归属于正向积极性素质,即其不仅可以实现个体的发展,还可以进一步促进社会经济的进步[3]。

现有研究主要将能力划分为智能(力)和体能(力)两类,据此,本书将能力存量指标分解为智能(A2.1)和体能(A2.2)两个二级指标。智能是智力和能力的总和,其智力主要表现为人的认知能力,能力则主要体现在人的社交能力和操作能力[4];体能顾名思义主要是指人的

---

[1] [英]波兰尼:《个人知识》,许泽民译,贵州人民出版社2000年版。
[2] 李晓曼、曾湘泉:《新人力资本理论——基于能力的人力资本理论研究动态》,《经济学动态》2012年第11期。
[3] 韩庆祥、雷鸣:《能力建设与当代中国发展》,《中国社会科学》2005年第1期。
[4] 朱宝荣:《应用心理学教程》,清华大学出版社2004年版。

运动素质以及运动能力，其与智力相互依存、相互影响。对于体能的分类学者们异中有同，普遍认为人的身体形态和运动素质是人能力的重要构成[1][2]，因此，在本评价体系中智能主要包括认知能力、社交能力和操作能力；体能主要包括运动素质和身体形态。认知能力（A2.1.1）、社交能力（A2.1.2）、操作能力（A2.1.3）、运动素质（A2.2.1）和身体形态（A2.2.2）就构成了能力存量的三级指标。

认知能力亦称认识能力，是指学习、研究、理解、概括、分析的能力，在心理学中，它可以分为观察能力（A2.1.1.1）、记忆能力（A2.1.1.2）、想象能力（A2.1.1.3）、创造能力（A2.1.1.4）；社交能力可以分为组织能力（A2.1.2.1）、表达能力（A2.1.2.2）、决策能力（A2.1.2.3）、管理能力（A2.1.2.4）和社会资源运用能力（A2.1.2.5）。此项分类中，组织能力是指组织工作的能力，管理能力是指提高组织效率、管理人的能力。操作能力可以分为模仿能力（A2.1.3.1）、艺术表演能力（A2.1.3.2）、实验操作能力（A2.1.3.3）和体育运动能力，为了研究方便，我们把体育运动能力归类到运动素质中。在体育学中，运动素质主要反映在力量（A2.2.1.1）、速度（A2.2.1.2）、耐力（A2.2.1.3）、柔韧性（A2.2.1.4）和灵活性（A2.2.1.5）五个方面。反映身体形态的指标主要有高度（A2.2.2.1）、宽度（A2.2.2.2）、围度（A2.2.2.3）、长度（A2.2.2.4）、充实度（A2.2.2.5）五个方面指标。因此，观察能力等22个指标就构成了能力存量的四级指标。

（三）健康存量

健康存量是人知识存量和能力存量的重要基础，一般认为健康包括身体健康和心理健康两个方面。根据第二章相关理论发现，现有研究中绝大多数主要参考世界卫生组织对健康的定义，其认为健康主要由身体健康（physical health）、心理健康（psychological health）、社会适应良好（good social adaptation）和道德健康（ethical health）四个方面组成。因此，本书在评价体系中将健康存量分解为生理健康（A3.1.1）、心理

---

[1] 田文学、田学礼：《体能与体能训练的系统结构分析》，《安徽体育科技》2009年第1期。

[2] 周晓卉：《体能概念及相关问题思考》，《体育文化导刊》2010年第6期。

健康（A3.2.1）、社会适应（A3.3.1）和道德健康（A3.3.2）四个指标。同时，为了研究方便，三级指标中健康各存量不宜再细分四级指标与三级指标相同。

根据以上对人力资本存量构成各项指标的分析，本书构建起了四级指标体系，它包括显性知识等 7 个二级指标、事实知识等 13 个三级指标和专业事实知识等 34 个四级指标（见表 6-5）。

表 6-5　　　　　　　　　人力资本存量微观评价体系

体系指标	一级指标（3个）	二级指标（7个）	三级指标（13个）	四级指标（34个）
微观人力资本存量评价体系	A1　知识存量	A1.1 显性知识	A1.1.1 事实知识	A1.1.1.1 专业事实知识
				A1.1.1.2 一般事实知识
			A1.1.2 理论知识	A1.1.2.1 专业理论知识
				A1.1.2.2 一般理论知识
		A1.2 隐性知识	A1.2.1 技能知识	A1.2.1.1 专业技能知识
				A1.2.1.2 一般技能知识
			A1.2.2 人际知识	A1.2.2.1 专业人际知识
				A1.2.2.2 一般人际知识
	A2　能力存量	A2.1 智能	A2.1.1 认知能力	A2.1.1.1 观察能力
				A2.1.1.2 记忆能力
				A2.1.1.3 想象能力
				A2.1.1.4 创造能力
			A2.1.2 社交能力	A2.1.2.1 组织能力
				A2.1.2.2 表达能力
				A2.1.2.3 决策能力
				A2.1.2.4 管理能力
				A2.1.2.5 社会资源运用能力
			A2.1.3 操作能力	A2.1.3.1 模仿能力
				A2.1.3.2 艺术表演能力
				A2.1.3.3 实验操作能力

续表

体系指标	一级指标（3个）	二级指标（7个）	三级指标（13个）	四级指标（34个）
微观人力资本存量评价体系	A2 能力存量	A2.2 体能	A2.2.1 运动素质	A2.2.1.1 力量
				A2.2.1.2 速度
				A2.2.1.3 耐力
				A2.2.1.4 柔韧性
				A2.2.1.5 灵活性
			A2.2.2 身体形态	A2.2.2.1 高度
				A2.2.2.2 宽度
				A2.2.2.3 围度
				A2.2.2.4 长度
				A2.2.2.5 充实度
	A3 健康存量	A3.1 生理健康	A3.1.1 生理健康	A3.1.1.1 生理健康
		A3.2 心理健康	A3.2.1 心理健康	A3.2.1.1 心理健康
		A3.3 社会健康	A3.3.1 社会适应	A3.3.1.1 社会适应
			A3.3.2 道德健康	A3.3.2.1 道德健康

二 评价指标含义描述

人力资本存量（Human Capital Stock）

指标描述：指特定时刻体现蕴藏于人体上具有潜在经济价值的各种知识、能力和健康要素总量。人力资本存量与人力资本投资、人力资本价值和人力资本是既有联系又不相同的四个概念。人力资本存量可以作为其他三个概念的间接衡量。

A1 知识存量（Knowledge stock）

指标描述：特定时刻或阶段人力资本个体或组织对知识资源的占有量。

A1.1 显性知识（Explicit knowledge）

指标描述：指"能明确表达的知识"，又称明晰知识、外显知识。通常是指以书面文字、图表和数学公式加以表述的知识，人们可以通过口头传授、教科书、参考资料、报纸杂志、专利文献、视听媒体、软件和数据库等方式获取，可以通过语言、书籍、文字、数据库等编码方式传播，也容易被人们学习。

A1.1.1 事实知识（Factual knowledge，know-what）

指标描述：是一种单独出现的、存在于过去和当前、不具有预测价值并且只能通过观察过程而获得的知识。事实解决的是什么与为什么的问题。事实知识通常直观，使用方便，处于技术层面较多。

A1.1.2 理论知识（Theoretical knowledge，know-why）

指标描述：概括性强、抽象度高的知识体系。理论知识不是分散的、零星的知识，不是个别性的、具体性的知识，而是系统的、有普通意义的知识。理论知识中往往包含了一般知识和专业知识。

A1.2 隐性知识（Implicit knowledge）

指标描述：指很难用正式语言传达的知识，如经验、技术、专长、直觉、预见性、心智模式等。它包括技能知识和人际知识。

A1.2.1 技能知识（Technical knowledge，know-how）

指标描述：关于个体在实践活动中运用规则和创造规则的知识，它包括动作技能和智力技能两个方面的知识。

A1.2.2 人际知识（Interpersonal knowledge，know-who）

指标描述：是指关于人们在生产或生活活动过程中建立起的社会关系中的知识。

A2 能力存量（Capability stock）

指标描述：特定时刻或阶段人力资本个体或组织具备的所有能完成目标任务的本领、能量、素质与心理特征总和。能力总是和人完成一定的实践相联系在一起的。离开了具体实践既不能表现人的能力，也不能发展人的能力。

A2.1 智能（Intelligence）

指标描述：是指个体对客观事物进行合理分析、判断及有目的地行动和有效地处理周围环境事宜的综合能力。

A2.1.1 认知能力（Cognitive ability）

指标描述：人脑加工、储存和提取信息的能力，即人们对事物的构成、性能与他物的关系、发展的动力、发展方向以及基本规律的把握能力。

A2.1.1.1 观察能力（Observation）

指标描述：大脑对事物的观察能力，如通过观察发现新奇的事物等，在观察过程中对声音、气味、温度等有一个新的认识。

A2.1.1.2 记忆能力（Memory capacity）

指标描述：记忆力是识记、保持、再认识和重现客观事物所反映的内容和经验的能力。

A2.1.1.3 想象能力（Imagination）

指标描述：人在已有形象的基础上，在头脑中创造出新形象的能力。想象力是在你头脑中创造一个念头或思想画面的能力。

A2.1.1.4 创造能力（Innovation）

指标描述：是指产生新思想、发现和创造新事物的能力。它是成功地完成某种创造性活动所必需的心理品质。

A2.1.2 社交能力（Social ability）

指标描述：社会上人与人的交际往来，是人们运用一定的方式（工具）传递信息、交流思想，以达到某种目的的社会活动的能力。

A2.1.2.1 组织能力（Organizational capacity）

指标描述：为了有效地实现目标，灵活地运用各种方法，把各种力量合理地组织和有效地协调起来的能力。包括协调关系的能力和善于用人的能力。

A2.1.2.2 表达能力（Expression capacity）

指标描述：表达能力又叫作表现能力或显示能力，是指一个人善于把自己的思想、情感、想法和意图等，用语言、文字、图形、表情和动作等清晰、明确地表达出来，并善于让他人理解、体会和掌握。

A2.1.2.3 决策能力（Decision-making capacity）

指标描述：是一种领导能力，是决策者所具有的参与决策活动、进行方案选择的技能和本领。决策者在重大问题面前，能够保持冷静，思维缜密地考虑问题，做出果断而准确的判断。决策能力是一个多层面的能力体系，它主要包括调查研究能力、科学判断能力、辩证思维能力。

A2.1.2.4 管理能力（Management capabilities）

指标描述：管理能力，是指一系统组织管理技能、领导能力等的总称，从根本上说是提高组织效率的能力。

A2.1.2.5 社会资源运用能力（Ability to use social resources）

指标描述：能够运用为了应对需要，满足需求，所有能提供且可转化为具体服务内涵的客体的能力。

A2.1.3 操作能力（Operational ability）

指标描述：能够按规范和要领操纵动作的能力。

A2.1.3.1 模仿能力（Imitation ability）

指标描述：模仿能力指通过观察别人的行为、活动来学习各种知识，然后以相同的方式做出反应的能力。

A2.1.3.2 艺术表演能力（Performing Arts Ability）

指标描述：在戏剧、舞蹈、杂技等演出中，把其中的各个细节或人物特性表现出来。

A2.1.3.3 实验操作能力（Experimental operation Ability）

指标描述：从事科学研究工作的基本技能。

A2.2 体能（Physical ability）

指标描述：体能是通过力量、速度、耐力、协调、柔韧、灵敏等运动素质表现出来的人体基本的运动能力，是运动员竞技能力的重要构成因素。

A2.2.1 运动素质（Exercise Quality）

指标描述：运动能力（EQ）是指人参加运动和训练所具备的素质，是人的身体形态、素质、机能、技能和心理能力等因素的综合表现。

A2.2.1.1 力量（Strength）

指标描述：表现在外在方面，体现在由身体直接表现出来的一种能量或破坏力，主要是由肌肉传达出来的。

A2.2.1.2 速度（Speed）

指标描述：人体进行快速运动的能力或在最短时间而完成某种运动的能力。

A2.2.1.3 耐力（Endurance）

指标描述：耐力是衡量一个人长期地做某一件事或者某一个动作能坚持多久的一个指标，一般可以从身体素质和意志方面来讲的。

A2.2.1.4 柔韧性（Flexibility）

指标描述：指人体关节活动幅度以及关节韧带、肌腱、肌肉、皮肤和其他组织的弹性和伸展能力，即关节和关节系统的活动范围。

A2.2.1.5 灵活性（Agility）

指标描述：是指具有灵活的能力，敏捷，不呆板。

A2.2.2 身体形态（Posture）

指标描述：身体的姿势、形态。

A2.2.2.1 高度（Height）

指标描述：身高、坐高、足弓高。

A2.2.2.2 宽度（Breadth）

指标描述：头宽、肩宽、髋宽。

A2.2.2.3 围度（Body Circle）

指标描述：胸围、臂围、腿围、腰围、臀围。

A2.2.2.4 长度（Length）

指标描述：腿长、臂长、手长、头长、颈长、足长。

A2.2.2.5 充实度（Plumpness）

指标描述：是指人的体重和皮脂厚度。

A3 健康存量（Health Stock）

指标描述：指人的身体健康状况或身体素质，包括身体健康、心理健康、社会适应良好和道德健康四个方面。

A3.1 生理健康（Physical Health）

指标描述：生理健康就是人体生理上的健康状态。

A3.2 心理健康（Mental Health）

指标描述：心理健康是指人们对于环境及相互间具有最高效率及快乐的适应情况。不仅是要有效率，也不仅是要能有满足之感，或是能愉快地接受生活的规范，而是需要三者具备。心理健康的人应能保持平静的情绪，敏锐的智能，适于社会环境的行为和愉快的气质。

A3.3 社会健康（Social Health）

指标描述：指个体与他人及社会环境相互作用并具有良好的人际关系和实现社会角色的能力。

A3.3.1 社会适应（Social Adaptation）

指标描述：社会适应是指人适应自然和社会环境的能力，包括生活、学习、劳动、人际交往能力独立思考判断问题和解决问题的能力。

A3.3.2 道德健康（Moral Health）

指标描述：道德健康是平衡健康的第一要素，健康应"以道德为本"。"道"，既是指人在自然界及社会生活中待人处世应当遵循的一定规律、规则、规范等，也是指社会政治生活和做人的最高准则。"德"是指个人的品德和思想情操。

根据研究的实际需要，本书首先需要构建人力资本存量微观评价指标体系，从而为之后的人力资本存量微观评价奠定基础。

第七章

问卷调查与数据整理

第一节 问卷调查的设计与实施

一 评价指标权重确定方法

目前国内对于评价指标体系权重确定的方法可以大致分为两类：一类是主观赋权法；另一类是客观赋权法。主观赋权法指的是由分析决策者根据各项指标的主观重视程度而进行赋权确定权重方法。它主要包括专家调查法、二项系数法、两两赋值法、最小二乘法、相邻比较法和层次分析法6种方法。由于主观赋权法引进了人为的干预，所以这些方法难以摆脱受到人为因素和模糊随机性的影响。客观赋权法是指根据选择指标的实际信息形成决策矩阵，进而在所形成矩阵的基础上通过客观运算形成权重。客观赋权法能尽量避免主观赋权法的人为因素，但是其权值的计算求取却相对的具有一定难度，常用的是熵值法等方法。

根据以上分析和本书的实际情况，本书决定以问卷的形式进行调查，然后采用层次分析法（AHP）、结构熵权法（Structure Entropy Weight Method）与德尔斐（Delphi）法相结合的方法对调查数据进行分析研究，最终确定评价指标体系各项指标的权重。

研究首先需要进行广泛的调查。问卷调查共分为问卷设计、确定问卷对象和调查者、问卷预调查和正式问卷调查四个主要步骤。

（一）问卷设计

为实现从微观角度对个体人力资本存量进行评价，根据前六章已开展的研究调查将对"知识存量""能力存量""健康存量"3个一级指标及其关联的 7 个二级指标 13 个三级指标 34 个四级指标的相互权重关系进行调查。问卷设计分为四大部分：引言部分、指标含义解释部分、主体部分、调查记录部分（见附录）。

表 7-1　　　　　　　　　微观人力资本存量评价体系

体系指标	一级指标（3个）	二级指标（7个）	三级指标（13个）	四级指标（34个）
微观人力资本存量评价体系	A1　知识存量	A1.1　显性知识	A1.1.1　事实知识	A1.1.1.1　专业事实知识
				A1.1.1.2　一般事实知识
			A1.1.2　理论知识	A1.1.2.3　专业理论知识
				A1.1.2.4　一般理论知识
		A1.2　隐性知识	A1.2.1　技能知识	A1.2.1.1　专业技能知识
				A1.2.1.2　一般技能知识
			A1.2.2　人际知识	A1.2.2.1　专业人际知识
				A1.2.2.2　一般人际知识
	A2　能力存量	A2.1　智能	A2.1.1　认知能力	A2.1.1.1　观察能力
				A2.1.1.2　记忆能力
				A2.1.1.3　想象能力
				A2.1.1.4　创造能力
			A2.1.2　社交能力	A2.1.2.1　组织能力
				A2.1.2.2　表达能力
				A2.1.2.3　决策能力
				A2.1.2.4　管理能力
				A2.1.2.5　社会资源运用能力
			A2.1.3　操作能力	A2.1.3.1　模仿能力
				A2.1.3.2　艺术表演能力
				A2.1.3.3　实验操作能力
		A2.2　体能	A2.2.1　运动素质	A2.2.1.1　力量
				A2.2.1.2　速度
				A2.2.1.3　耐力
				A2.2.1.4　柔韧性
				A2.2.1.5　灵活性

续表

体系指标	一级指标 （3个）	二级指标 （7个）	三级指标 （13个）	四级指标 （34个）
微观人力资本存量评价体系	A2 能力存量	A2.2 体能	A2.2.2 身体形态	A2.2.2.1 高度
				A2.2.2.2 宽度
				A2.2.2.3 围度
				A2.2.2.4 长度
				A2.2.2.5 充实度
	A3 健康存量	A3.1 生理健康	A3.1.1 生理健康	A3.1.1.1 生理健康
		A3.2 心理健康	A3.2.1 心理健康	A3.2.1.1 心理健康
		A3.3 社会健康	A3.3.1 社会适应	A3.3.1.1 社会适应
			A3.3.2 道德健康	A3.3.2.1 道德健康

表7-2　　人力资本存量微观评价体系指标基本含义

指标名称	基本含义
A1 知识存量	
A1.1 显性知识	是指可以编码并且可用正式语言进行传递的知识，如书本语言、图表、数学公式等，它包括事实知识和理论知识
A1.1.1 事实知识	是指解决"是什么"的知识
A1.1.1.1 专业事实知识	是指涉及国家（地区）间解决"是什么"的知识
A1.1.1.2 一般事实知识	是指一国（地区）内解决"是什么"的知识
A1.1.2 理论知识	是指解决"为什么"的知识
A1.1.2.1 专业理论知识	是指涉及国家（地区）间解决"为什么"的知识
A1.1.2.2 一般理论知识	是指一国（地区）内解决"为什么"的知识
A1.2 隐性知识	是指很难用正式语言传达的知识，如经验、技术、专长、直觉、预见性、心智模式等，它包括技能知识和人际知识
A1.2.1 技能知识	是指解决"怎么做"的知识
A1.2.1.1 专业技能知识	是指涉及国家（地区）间解决"怎么做"的知识
A1.2.1.2 一般技能知识	是指一国（地区）内解决"怎么做"的知识
A1.2.2 人际知识	是指人与人之间的交际与交往的知识
A1.2.2.1 专业人际知识	是指涉及国家（地区）间、人与人之间的交际与交往的知识

续表

指标名称	基本含义
A1.2.2.2 一般人际知识	是指一国（地区）内人与人之间的交际与交往的知识
A2 能力存量	
A2.1 智能	
A2.1.1 认知能力	是指人脑加工、储存和提取信息的能力
A2.1.1.1 观察能力	是指大脑对事物的观察能力
A2.1.1.2 记忆能力	是指认识、保持、再认识和重现客观事物所反映的内容和经验的能力
A2.1.1.3 想象能力	是指在已有形象的基础上，在头脑中创造出新形象的能力
A2.1.1.4 创造能力	是指运用一切已有信息，创造出某种新颖、独特、有社会或个人价值产品的能力
A2.1.2 社交能力	是指在社会交往活动中表现出来的能力
A2.1.2.1 组织能力	是指组织活动的能力
A2.1.2.2 表达能力	是指通过语言、文字、表情和动作来表现个人思想、情感的能力
A2.1.2.3 决策能力	是指综合分析、判断和决定的能力
A2.1.2.4 管理能力	是指领导能力
A2.1.2.5 社会资源运用能力	是指运用社会关系和平台的能力
A2.1.3 操作能力	是指能够按规范和要领操纵动作的能力
A2.1.3.1 模仿能力	是指通过观察别人的行为、活动来学习各种知识，然后以相同的方式做出反应的能力
A2.1.3.2 艺术表演能力	是指在戏剧、舞蹈、杂技等表演出中，把其中的各个细节或人物特性表现出来的能力
A2.1.3.3 实验操作能力	是指从事科学研究工作的操作技能
A2.2 体能	
A2.2.1 运动素质	是指个人在力量、耐力、速度、柔韧性和灵活性等方面的能力
A2.2.1.1 力量	
A2.2.1.2 速度	
A2.2.1.3 耐力	
A2.2.1.4 柔韧性	
A2.2.1.5 灵活性	
A2.2.2 身体形态	是指人的高度、宽度、围度、长度和充实度

续表

指标名称	基本含义
A2.2.2.1 高度	是指人的身高、坐高和足弓高
A2.2.2.2 宽度	是指人的头宽、肩宽和髋宽
A2.2.2.3 围度	是指人的胸围、臂围、腿围、腰围和臀围
A2.2.2.4 长度	是指人的腿长、臂长、手长、头长、颈长和足长
A2.2.2.5 充实度	是指人的体重和皮脂厚度
A3 健康存量	
A3.1 生理健康	是指人的生理上的健康状态
A3.1.1 生理健康	同上
A3.1.1.1 生理健康	同上
A3.2 心理健康	是指人的基本心理活动的过程和内容完整、协调一致,即认识、情感、意志、行为、人格的完整和协调
A3.2.1 心理健康	同上
A3.2.1.1 心理健康	同上
A3.3 社会健康	分为社会适应和道德健康
A3.3.1 社会适应	是否能够适应不同环境,与人交往是否被大多数人接受
A3.3.1.1 社会适应	同上
A3.3.2 道德健康	是指言行举止是否符合道德标准
A3.3.2.1 道德健康	同上

本书以问卷形式进行调查,问卷是人力资本研究中"微观人力资本存量评价体系"研究的重要组成部分。所构建的"微观人力资本存量评价体系"是在对经济学和社会学已有研究成果的基础上整理得到的。本问卷需要对体系中各项评价指标权重做出判断。采用九标度的层次分析法制作调查表,比较尺度的含义如表7-3所示。

表7-3　　　　　　　　调查表比较尺度的含义

尺度	含义:纵列中的因素与横行中的因素重要性
1	相同
3	稍强
5	强

续表

尺度	含义：纵列中的因素与横行中的因素重要性
7	明显强
9	绝对强
1/3	稍弱
1/5	弱
1/7	明显弱
1/9	绝对弱

2、4、6、8 及 1/2、1/4、1/6、1/8 表示第 i 个因素相对于第 j 个因素（或反过来）的重要性介于上述两个相邻等级之间（下同）

（二）问卷预调查

1. 问卷初稿预调查

为保证调查质量，调查组在在校大学生、教授专家、机关企业人员和外国专家留学生四类人群随机抽取共 25 名对象实施了预调查。预调查进行的过程中坚持 3 个基本原则。

（1）选取的样本要有海外工作或学习经验，对于跨文化和人力资本的构成要素有自己的理解。

（2）问卷采用一对一分区域进行，以保证互不干扰。

（3）调查人员在调查前作前期的背景知识介绍，并且在做问卷的过程中，对其中的个别不明白的问题进行了解答。

2. 问卷的讨论修改

经过对 25 人的预调查，发现问卷的设计上并无出现重大纰漏之处。根据调查员的反馈，做出如下修改。

（1）针对问卷主题部分个人信息模块中的"累计海外经历时间""参加工作年限"填写要求改为精确到半年。

（2）去掉问卷主题部分个人信息收集中"外教、留学生"的"职称"一项。

（3）对英文问卷进行了修正，如指标"柔韧性""灵活性"等翻译错误。

（4）重新修订解释部分指标的含义。如知识存量等没有解释，问卷者不易懂的含义。

（5）对原问卷调查对象的四大分类名称做出调整。将"学生""教授""涉外机关""外教留学生"分别改为"在校大学生""教授专家""机关企业人员""外国专家留学生"。

3. 问卷定稿

根据预调查得到的反馈，将涉及的地方修改后，调查组又进行了一次预调查，没有发生纰漏，问卷正式定稿。正式问卷分为三个语言版本：中文、英文和韩国语，以方便外国专家、留学生做答。

（三）确定问卷对象和调查者

1. 调查对象

科学选择调查对象对指标进行明确初步评判是进行指标权重研究的基础。根据研究需要和条件，本书选取了企业与机关行政单位员工、教授专家、高校学生和外籍人员四类人群作为调查对象，实际发放问卷350份，回收有效问卷336份。按问卷调研对象数量分别为：在校大学生187人、教授专家52人、机关企业人员60人、外国专家留学生37人。

调查对象选取时兼顾单位属性、职业、职称、教育程度、国籍、性别和年龄结构分布等因素。调查对象中既有企业单位和机关行政单位，又有事业单位（高校）；企业中既有中资企业（包括世界500强、其他国有大型企业和民营中小型企业），又有外资企业（包括跨国公司、其他独资企业和合资企业）；事业单位（高校）中既有教师，又有学生；行政单位中既有行政机关，又有司法执法机关；调查对象既有国内人员，又有外籍人员。高校学生是重要的、值得深入研究的具有投资价值的人力资本。调查对象中适当增加了高校学生数量，以弥补部分学生能力不足，修正偏差，降低单个学生所占权重。

表7-4　　　　　　　　评价体系问卷对象分布

类型（数量）	构成分布
教授专家（52份）	81%都具有教授（副教授）高级职称，其余19%为该领域研究专家；67%具有海外留学教育经历，17%还获得海外学位

续表

类型（数量）	构成分布
机关企业人员（60份）	68%为企业单位员工，32%为行政单位员工；企业单位员工中，61%为中资企业（包含国有和民营企业）人员，39%为外资企业（包含外国跨国公司和合资企业）员工；行政单位员工中53%为行政机关人员，47%为司法执法机关人员
在校大学生（187份）	主要选取博士研究生、硕士研究生和具有较高素质本科生；学生选取时考虑了年级、学科、专业、生源地和性别分布
外国专家留学生（37份）	27%为在华工作外籍专家，73%为外籍留学生；外籍人士分别来自美国、英国、澳大利亚、印度、巴基斯坦和韩国6个国家

2. 调查员构成

为保证研究活动的顺利进行，在调查小组成员选择的构成上，制定了如下原则和标准：

（1）要有责任感。调查员应对自己的任务认真负责、有责任意识并对学术研究工作有深刻的认识和愿望。最终确定的调查员其中3名为青岛大学教师，1名为同济大学博士研究生（在读），另外2名为青岛大学硕士研究生（在读）。以上人员都具有强烈的责任感并且对学术研究具有浓厚兴趣。

（2）要有基础的统计学知识。为保证问卷的调查质量，在调查员的选用过程中，尽量选取工商管理类专业且具有一定的统计学知识的教师、学生。确定的6名调查员全部具有工商管理类或经济类专业教育经历。

（3）具有较强的沟通能力。为保证调查的顺利进行，在调查员的选择上，尽量选择性格外向、善于与陌生人沟通的人员。

（4）具有较高的外语水平。为了保证数据的真实性、信息传达的准确性，选择的6名调查员都具有较强的英文表达和理解能力，其中1名长期在韩国学习、生活，对韩语有较为深刻的理解。

（四）正式问卷调查

为保证调查的顺利进行，调查小组对被调查人员采用一对一分区域进行，以保证互不干扰。同时为保证问卷调查的质量和有效性，小组成员通过找熟人、亲自打电话、赠送小礼物、选择合适的地点和场所等多种手段开展调查。

第二节　指标重要性判断矩阵

在以往文献综述、著作等大量研究的基础上，按照层次分析法中的指标分层原理构建评价指标体系，提出了3个一级指标、7个二级指标、13个三级指标、34个四级指标。数据的处理采用德尔斐法，权重的计算采用层次分析法。

一　德尔斐法数据整理

在此次调查研究中选用德尔斐法对资料数据进行整理，具体方法步骤如下。

（1）将调查研究的人员分为四大类：在校大学生、教授专家、机关企业人员、外国专家留学生；分别对上述各类被调研的人员，进行访问和问卷调查、填写调查资料。

（2）按分类分别对调查资料进行统计分析，将概率论原理引入统计处理资料中，对调研资料中的同一类型的数据进行整合，并将整合后的数据按从大到小的顺序进行排序，统计相同数值在整体中出现的次数，用该数值出现的次数与该组数据的总数做比值，从而计算该数值在资料中出现的概率，以出现概率最高的数值作为代表数值。按此方法将资料统计整合，得出统计结果。

（3）将统计得出的结果按分类反馈给调研人员，征求意见，将第二轮调研资料整合、处理、统计，再将结果反馈给调研人员。经多次循环、反馈，使各类人群内的意见趋于一致，得出能够代表各类人群的代表性数据。

依据上述所介绍的德尔斐法的方法原理与计算步骤对调研资料进行整合、排序、统计、求取频数，再经循环反馈专家意见，计算各分类的代表矩阵。为清晰说明其计算过程，现举例分析如下：

以调查问卷中"4.7操作能力分类评价指标"的判断矩阵为例，本书在教授专家的人群中选取了52名教授专家进行调研得到初步的数据资料。在矩阵中按指标的不同对52份问卷进行分类整合、排序和统计资料中各数值出现的次数。在4.7矩阵中对于"模仿能力"这一指标来说，"模仿能力"与自身的重要性对比时相同，因此其数值为1，出现次数为52次，对应的概率为100%；而"模仿能力"对于"艺术表演能力"指标的重要程度，通过整合统计后频数最大的是数值1/3，出现了19次，概率为36.54%；然而"模仿能力"对于"实验操作能力"指标的重要程度，统计结果中数值1的概率最大为44.23%，一共出现了23次（见表7-5）。由表7-6可以看出，对于4-7矩阵中的第一行"模仿能力"对各指标的重要比值为1、1/3、1（见表7-6）。

表7-5　　操作能力分类评价指标（模仿能力）调查统计

4.7 操作能力分类评价指标	模仿能力		
	数据数值	出现次数（次）	频数（%）
模仿能力	1	52	100
艺术表演能力	1/3	19	36.54
	1	15	28.85
	1/5	7	13.46
	3	7	13.46
	1/9	1	1.92
	1/6	1	1.92
	1/4	1	1.92
	5	1	1.92
实验操作能力	1	23	44.23
	1/3	10	19.23
	1/5	5	9.62
	3	4	7.69
	1/7	2	3.85
	1/2	2	3.85
	5	2	3.85
	1/9	1	1.92
	1/8	1	1.92
	1/6	1	1.92
	6	1	1.92

表 7-6　　　　　　　　　　模仿能力的重要比值

4.7操作能力分类评价指标	模仿能力	艺术表演能力	实验操作能力
模仿能力	1	1/3	1
艺术表演能力	—	—	—
实验操作能力	—	—	—

注：本书中的数据为四舍五入的100%。下同。

在4.7矩阵中对于"艺术表演能力"这一指标来说，"艺术表演能力"对于"模仿能力"指标的重要程度，通过整合统计后频数最大的是数值3，出现了19次，频数为36.54%；而"艺术表演能力"与自身的重要性对比时相同，因此其数值为1，出现次数为52次，对应的频数为100%；然而"艺术表演能力"对于"实验操作能力"指标的重要程度，统计结果中数值1的频数最大为38.46%，一共出现了20次（见表7-7）。

表 7-7　　操作能力分类评价指标（艺术表演能力）调查统计

4.7操作能力分类评价指标	艺术表演能力		
	数据数值	出现次数（次）	频数（%）
模仿能力	3	19	36.54
	1	15	28.85
	5	7	13.46
	1/3	7	13.46
	9	1	1.92
	6	1	1.92
	4	1	1.92
	1/5	1	1.92
艺术表演能力	1	52	100
实验操作能力	1	20	38.46
	3	14	26.92
	1/3	4	7.69
	1/5	3	5.77
	1/2	3	5.77
	1/6	2	3.85

续表

4.7 操作能力分类评价指标	艺术表演能力		
	数据数值	出现次数（次）	频数（%）
实验操作能力	5	2	3.85
	1/4	1	1.92
	2	1	1.92
	6	1	1.92
	7	1	1.92

由表7-7可以看出，4.7矩阵中的"艺术表演能力"对各指标的重要比值为3、1、1（见表7-8）。"实验操作能力"指标对各指标的重要比值为表7-8中第三列的倒数。

表7-8　　　　操作能力分类评价指标的重要比值

4.7 操作能力分类评价指标	模仿能力	艺术表演能力	实验操作能力
模仿能力	1	1/3	1
艺术表演能力	3	1	1
实验操作能力	1	1	1

按照最大概率确定判断矩阵的数值，然后再对判断矩阵的逻辑性进行判断，如上述判断矩阵中，"模仿能力""实验操作能力"的重要性是一致的，而"艺术表演能力"要比"模仿能力"重要，重要程度为3，因此"艺术表演能力"也要比"实验操作能力"重要，重要程度为3。由此可以看出，上述判断矩阵存在问题，需要进行调整，调整后的判断矩阵如表7-9所示。

表7-9　　　操作能力分类评价指标调整后的判断矩阵

4.7 操作能力分类评价指标	模仿能力	艺术表演能力	实验操作能力
模仿能力	1	1/3	1
艺术表演能力	3	1	3
实验操作能力	1	1/3	1

将统计得出的判断矩阵反馈给52位专家教授，征求各方意见，将第二轮反馈回来的资料整合、排序、统计处理，再将结果反馈给专家教授。经多次循环、反馈，使各位专家教授的意见趋于一致，最后得出能够代表52位专家教授意见的打分矩阵。

二 确定判断矩阵

其他判断矩阵的求解域与上述方法步骤一致，以下是经多次循环统计具有代表性的指标重要性判断矩阵（以教授专家为例）：

教授专家给出的人力资本一级指标相对重要性判断矩阵如表7-10所示。

表7-10　　　　　人力资本一级指标相对重要性判断矩阵

1人力资本	知识存量	能力存量	健康存量
知识存量	1	1/3	1/3
能力存量	3	1	1
健康存量	3	1	1

教授专家给出的人力资本二级指标相对重要性判断矩阵如表7-11至表7-13所示。

表7-11　　　　　人力资本知识分类相对重要性判断矩阵

2.1 知识分类评价指标	显性知识	隐性知识
显性知识	1	1/3
隐性知识	3	1

表7-12　　　　　人力资本能力分类相对重要性判断矩阵

2.2 能力分类评价指标	智能	体能
智能	1	1
体能	1	1

表 7-13　　　　人力资本健康分类相对重要性判断矩阵

2.3 健康分类评价指标	生理健康	心理健康	社会健康
生理健康	1	1	1
心理健康	1	1	1
社会健康	1	1	1

教授专家给出的人力资本三级指标相对重要性判断矩阵如表 7-14 至表 7-18 所示。

表 7-14　　　　人力资本显性知识分类相对重要性判断矩阵

3.1 显性知识分类评价指标	事实知识	理论知识
事实知识	1	1
理论知识	1	1

表 7-15　　　　人力资本隐性知识分类相对重要性判断矩阵

3.2 隐性知识分类评价指标	技能知识	人际知识
技能知识	1	1
人际知识	1	1

表 7-16　　　　人力资本智能分类相对重要性判断矩阵

3.3 智能分类评价指标	认知能力	社交能力	操作能力
认知能力	1	1/3	1
社交能力	3	1	3
操作能力	1	1/3	1

表 7-17　　　　人力资本体能分类相对重要性判断矩阵

3.4 体能分类评价指标	运动素质	身体形态
运动素质	1	1
身体形态	1	1

表 7-18　　　人力资本社会健康分类相对重要性判断矩阵

3.5 社会健康分类评价指标	社会适应	道德健康
社会适应	1	1
道德健康	1	1

教授专家给出的人力资本四级指标相对重要性判断矩阵如表 7-19 至表 7-27 所示。

表 7-19　　　人力资本事实知识分类相对重要性判断矩阵

4.1 事实知识分类评价指标	专业事实知识	一般事实知识
专业事实知识	1	1
一般事实知识	1	1

表 7-20　　　人力资本理论知识分类相对重要性判断矩阵

4.2 理论知识分类评价指标	专业理论知识	一般理论知识
专业理论知识	1	3
一般理论知识	1/3	1

表 7-21　　　人力资本技能知识分类相对重要性判断矩阵

4.3 技能知识分类评价指标	专业技能知识	一般技能知识
专业技能知识	1	5
一般技能知识	1/5	1

表 7-22　　　人力资本人际知识分类相对重要性判断矩阵

4.4 人际知识分类评价指标	专业人际知识	一般人际知识
专业人际知识	1	5
一般人际知识	1/5	1

表 7-23　　　人力资本认知能力分类相对重要性判断矩阵

4.5 认知能力分类评价指标	观察能力	记忆能力	想象能力	创造能力
观察能力	1	1	2	1/3

续表

4.5 认知能力分类评价指标	观察能力	记忆能力	想象能力	创造能力
记忆能力	1	1	3	1/3
想象能力	1/2	1/3	1	1/5
创造能力	3	3	5	1

表7-24　人力资本社交能力分类相对重要性判断矩阵

4.6 社交能力分类评价指标	组织能力	表达能力	决策能力	管理能力	社会资源运用能力
组织能力	1	1	1/3	1	1
表达能力	1	1	1/3	1	1
决策能力	3	3	1	3	3
管理能力	1	1	1/3	1	1
社会资源运用能力	1	1	1/3	1	1

表7-25　人力资本操作能力分类相对重要性判断矩阵

4.7 操作能力分类评价指标	模仿能力	艺术表演能力	实验操作能力
模仿能力	1	1/3	1
艺术表演能力	3	1	3
实验操作能力	1	1/3	1

表7-26　人力资本运动素质分类相对重要性判断矩阵

4.8 运动素质分类评价指标	力量	速度	耐力	柔韧性	灵活性
力量	1	1	1	1	1
速度	1	1	1	1	1
耐力	1	1	1	1	1
柔韧性	1	1	1	1	1
灵活性	1	1	1	1	1

表7-27　人力资本身体形态分类相对重要性判断矩阵

4.9 身体形态分类评价指标	高度	宽度	围度	长度	充实度
高度	1	1	1	1	1

续表

4.9身体形态分类评价指标	高度	宽度	围度	长度	充实度
宽度	1	1	1	1	1
围度	1	1	1	1	1
长度	1	1	1	1	1
充实度	1	1	1	1	1

在校大学生、机关企业人员及外国专家留学生给出的指标判断矩阵见附录。

第八章

综合赋权确定指标权重

第一节 层次分析法求解指标权重

层次分析法的优点是对决策人的思维过程和主观判断进行数学化处理，定量化以主观判断为主的定性分析，并且思路清晰、方法简便、适用面广、系统性强①。

一 层次分析法的步骤

层次分析法确定指标权重的一般步骤②③④如下。

（1）分层。按照所研究的实际情况将有关元素分解成目标层、准则层和方案层。

（2）构造判断矩阵。以 A 表示目标，u_i、$u_j(i,j=1,2,\cdots,n)$ 表示因素，u_{ij} 表示 u_i 对 u_j 的相对重要性数值，并由 u_{ij} 组成 A-U 判断矩阵 P。

$$P = \begin{bmatrix} u_{11} & u_{12} & \cdots & u_{1n} \\ u_{21} & u_{22} & \cdots & u_{2n} \\ \vdots & \cdots & \cdots & \cdots \\ u_{n1} & u_{n2} & \cdots & u_{nn} \end{bmatrix}$$

---

① 房宏君、刘凤霞：《国际人力资本研究的图谱可视化分析》，《科技管理研究》2010年第18期。

② 丁锋、孟欣：《人力资本的特征》，《商业研究》2004年第15期。

③ [英] 阿尔弗雷德·马歇尔：《经济学原理》，朱志泰译，北京商务印书馆1983年版。

④ Krugman P., "Trade Accumulation and Uneven Development", *Journal of Development Economics*, Vol. 149, 1991, p. 149.

(3) 计算重要性排序。根据判断矩阵 P，利用求根法：$\overline{w_i} = \sqrt[n]{\prod_{i=1}^{n} u_{ij}}$ 求得特征向量 $\overline{W} = (\overline{w_1}, \overline{w_2}, \cdots, \overline{w_n})^T$。在此基础上，利用几何平均法 $w_i = \dfrac{\overline{w_i}}{\overline{w_1} + \overline{w_2} + \cdots + \overline{w_n}}$ 对特征向量 $\overline{W}$ 进行归一化，得特征向量 $W = (w_1, w_2, \cdots, w_n)^T$。

由而，可得判断矩阵 P 的最大特征根 λ_{max} 的值为：

$$\lambda_{max} = \sum_{i=1}^{n} \frac{(PW)_i}{n \cdot w_i} \tag{8-1}$$

(4) 一致性检验。由 λ_{max} 可得一致性指标：

$$CI = \frac{\lambda_{max} - n}{n - 1} \tag{8-2}$$

以上得到的权重分配是否合理，还需使用以下公式对判断矩阵进行一致性检验：

$$CR = CI/RI \tag{8-3}$$

式（8-3）中，CR 为判断矩阵的随机一致性比率，RI 为判断矩阵的平均随即一致性指标。1—9 阶判断矩阵的 RI 值如表 8-1 所示。

表 8-1　　　　　　　平均随机一致性指标 RI 的值

n	1	2	3	4	5	6	7	8	9
RI	0	0	0.58	0.90	1.12	1.24	1.32	1.41	1.45

当判断矩阵 P 的 $CR<0.1$ 时或 $\lambda_{max}=n$、$CI=0$ 时，认为 P 具有满意的一致性，否则需要调整 P 中的元素以使其具有满意的一致性。

二　C#程序语言计算人力资本存量权重

利用 C#程序语言计算人力资本存量权重。C#是一种简单、安全且较为稳定的面向对象的编程语言，C#是依据 C 语言和 C++衍生而得的，在继承 C 语言和 C++的强大功能的同时，剔除了两者的复杂特性，综合 Visual Studio 的可视化和 C++高运行效率的优点，是 Microsoft 专门为使用 .NET 平台而创建的一门程序语言。利用 C#程序语言，根据层次分析法的计算方法，编写程序计算指标权重值。

表 8-2　在校大学生人力资本存量各级指标权重

名称	权重	一级指标	权重	二级指标	权重	三级指标	权重	四级指标	权重
人力资本存量	1	A1 知识存量	0.2	A1.1 显性知识	0.1	A1.1.1 事实知识	0.075	A1.1.1.1 专业事实知识	0.05625
								A1.1.1.2 一般事实知识	0.01875
						A1.1.2 理论知识	0.025	A1.1.2.1 专业理论知识	0.01875
								A1.1.2.2 一般理论知识	0.00625
				A1.2 隐性知识	0.1	A1.2.1 技能知识	0.05	A1.2.1.1 专业技能知识	0.0375
								A1.2.1.2 一般技能知识	0.0125
						A1.2.2 人际知识	0.05	A1.2.2.1 专业人际知识	0.041666667
								A1.2.2.2 一般人际知识	0.008333333
		A2 能力存量	0.2	A2.1 智能	0.1	A2.1.1 认知能力	0.02	A2.1.1.1 观察能力	0.004215198
								A2.1.1.2 记忆能力	0.001554961
								A2.1.1.3 想象能力	0.005547513
								A2.1.1.4 创造能力	0.008682327
						A2.1.2 社交能力	0.06	A2.1.2.1 组织能力	0.012
								A2.1.2.2 表达能力	0.012
								A2.1.2.3 决策能力	0.012
								A2.1.2.4 管理能力	0.012
								A2.1.2.5 社会资源运用能力	0.012

续表

名称	权重	一级指标	权重	二级指标	权重	三级指标	权重	四级指标	权重
人力资本存量	1	A2 能力存量	0.2	A2.1 智能	0.1	A2.1.3 操作能力	0.02	A2.1.3.1 模仿能力	0.004
								A2.1.3.2 艺术表演能力	0.012
								A2.1.3.3 实验操作能力	0.004
				A2.2 体能	0.1	A2.2.1 运动素质	0.05	A2.2.1.1 力量	0.01
								A2.2.1.2 速度	0.01
								A2.2.1.3 耐力	0.01
								A2.2.1.4 柔韧性	0.01
								A2.2.1.5 灵活性	0.01
						A2.2.2 身体形态	0.05	A2.2.2.1 高度	0.01
								A2.2.2.2 宽度	0.01
								A2.2.2.3 围度	0.01
								A2.2.2.4 长度	0.01
								A2.2.2.5 充实度	0.01
		A3 健康存量	0.6	A3.1 生理健康	0.2	A3.1.1 生理健康	0.2	A3.1.1.1 生理健康	0.2
				A3.2 心理健康	0.2	A3.2.1 心理健康	0.2	A3.2.1.1 心理健康	0.2
				A3.3 社会健康	0.2	A3.3.1 社会适应	0.1	A3.3.1.1 社会适应	0.1
						A3.3.2 道德健康	0.1	A3.3.2.1 道德健康	0.1

表8-3 教授专家人力资本存量各级指标权重

名称	权重	一级指标	权重	二级指标	权重	三级指标	权重	四级指标	权重
人力资本存量	1	A1 知识存量	0.142857	A1.1 显性知识	0.035714286	A1.1.1 事实知识	0.017857143	A1.1.1.1 专业事实知识	0.008928571
								A1.1.1.2 一般事实知识	0.008928571
						A1.1.2 理论知识	0.017857143	A1.1.2.1 专业理论知识	0.013392857
								A1.1.2.2 一般理论知识	0.004464286
				A1.2 隐性知识	0.107142857	A1.2.1 技能知识	0.053571429	A1.2.1.1 专业技能知识	0.044642857
								A1.2.1.2 一般技能知识	0.008928571
						A1.2.2 人际知识	0.053571429	A1.2.2.1 专业人际知识	0.044642857
								A1.2.2.2 一般人际知识	0.008928571
		A2 能力存量	0.428571	A2.1 智能	0.214285714	A2.1.1 认知能力	0.042857143	A2.1.1.1 观察能力	0.007869644
								A2.1.1.2 记忆能力	0.008709192
								A2.1.1.3 想象能力	0.003721325
								A2.1.1.4 创造能力	0.022556983
						A2.1.2 社交能力	0.128571429	A2.1.2.1 组织能力	0.018367347
								A2.1.2.2 表达能力	0.018367347
								A2.1.2.3 决策能力	0.055102041
								A2.1.2.4 管理能力	0.018367347
								A2.1.2.5 社会资源运用能力	0.018367347

续表

名称	权重	一级指标	权重	二级指标	权重	三级指标	权重	四级指标	权重
人力资本存量	1	A2 能力存量	0.428571	A2.1 智能	0.214285714	A2.1.3 操作能力	0.042857143	A2.1.3.1 模仿能力	0.008571429
								A2.1.3.2 艺术表演能力	0.025714286
								A2.1.3.3 实验操作能力	0.008571429
				A2.2 体能	0.214285714	A2.2.1 运动素质	0.107142857	A2.2.1.1 力量	0.021428571
								A2.2.1.2 速度	0.021428571
								A2.2.1.3 耐力	0.021428571
								A2.2.1.4 柔韧性	0.021428571
								A2.2.1.5 灵活性	0.021428571
						A2.2.2 身体形态	0.107142857	A2.2.2.1 高度	0.021428571
								A2.2.2.2 宽度	0.021428571
								A2.2.2.3 围度	0.021428571
								A2.2.2.4 长度	0.021428571
								A2.2.2.5 充实度	0.021428571
		A3 健康存量	0.428571	A3.1 生理健康	0.142857143	A3.1.1 生理健康	0.142857143	A3.1.1.1 生理健康	0.142857143
				A3.2 心理健康	0.142857143	A3.2.1 心理适应	0.142857143	A3.2.1.1 心理健康	0.142857143
				A3.3 社会健康	0.142857143	A3.3.1 社会适应	0.071428571	A3.3.1.1 社会适应	0.071428571
						A3.3.2 道德健康	0.071428571	A3.3.2.1 道德健康	0.071428571

表 8-4　机关企业人员人力资本存量各级指标权重

名称	权重	一级指标	权重	二级指标	权重	三级指标	权重	四级指标	权重
人力资本存量	1	A1 知识存量	0.2	A1.1 显性知识	0.05	A1.1.1 事实知识	0.025	A1.1.1.1 专业事实知识	0.0125
								A1.1.1.2 一般事实知识	0.0125
						A1.1.2 理论知识	0.025	A1.1.2.1 专业理论知识	0.016666667
								A1.1.2.2 一般理论知识	0.008333333
				A1.2 隐性知识	0.15	A1.2.1 技能知识	0.075	A1.2.1.1 专业技能知识	0.0375
								A1.2.1.2 一般技能知识	0.0375
						A1.2.2 人际知识	0.075	A1.2.2.1 专业人际知识	0.05
								A1.2.2.2 一般人际知识	0.025
		A2 能力存量	0.2	A2.1 智能	0.133333333	A2.1.1 认知能力	0.026667	A2.1.1.1 观察能力	0.004848485
								A2.1.1.2 记忆能力	0.004848485
								A2.1.1.3 想象能力	0.002424242
								A2.1.1.4 创造能力	0.014545455
				A2.1.2 社交能力			0.08	A2.1.2.1 组织能力	0.011428571
								A2.1.2.2 表达能力	0.011428571
								A2.1.2.3 决策能力	0.034285714
								A2.1.2.4 管理能力	0.011428571
								A2.1.2.5 社会资源运用能力	0.011428571

续表

名称	权重	一级指标	权重	二级指标	权重	三级指标	权重	四级指标	权重
人力资本存量	1	A2 能力存量	0.2	A2.1 智能	0.133333333	A2.1.3 操作能力	0.026667	A2.1.3.1 模仿能力	0.007772795
								A2.1.3.2 艺术表演能力	0.002750374
								A2.1.3.3 实验操作能力	0.016143498
				A2.2 体能	0.066666667	A2.2.1 运动素质	0.022222	A2.2.1.1 力量	0.004444444
								A2.2.1.2 速度	0.004444444
								A2.2.1.3 耐力	0.004444444
								A2.2.1.4 柔韧性	0.004444444
								A2.2.1.5 灵活性	0.004444444
						A2.2.2 身体形态	0.044444	A2.2.2.1 高度	0.008888889
								A2.2.2.2 宽度	0.008888889
								A2.2.2.3 围度	0.008888889
								A2.2.2.4 长度	0.008888889
								A2.2.2.5 充实度	0.008888889
		A3 健康存量	0.6	A3.1 生理健康	0.2	A3.1.1 生理健康	0.2	A3.1.1.1 生理健康	0.2
				A3.2 心理健康	0.2	A3.2.1 心理健康	0.2	A3.2.1.1 心理健康	0.2
				A3.3 社会健康	0.2	A3.3.1 社会适应	0.133333	A3.3.1.1 社会适应	0.133333333
						A3.3.2 道德健康	0.066667	A3.3.1 道德健康	0.066666667

表 8-5　外国专家留学生人力资本存量各级指标权重

名称	权重	一级指标	权重	二级指标	权重	三级指标	权重	四级指标	权重
人力资本存量	1	A1 知识存量	0.648329	A1.1 显性知识	0.48624676	A1.1.1 事实知识	0.36448507	A1.1.1.1 专业事实知识	0.273513803
								A1.1.1.2 一般事实知识	0.091171268
						A1.1.2 理论知识	0.12156169	A1.1.2.1 专业理论知识	0.091171268
								A1.1.2.2 一般理论知识	0.030390423
				A1.2 隐性知识	0.162082253	A1.2.1 技能知识	0.12156169	A1.2.1.1 专业技能知识	0.091171268
								A1.2.1.2 一般技能知识	0.030390423
						A1.2.2 人际知识	0.040520563	A1.2.2.1 专业人际知识	0.033767136
								A1.2.2.2 一般人际知识	0.006753427
		A2 能力存量	0.229651	A2.1 智能	0.172238096	A2.1.1 认知能力	0.073816327	A2.1.1.1 观察能力	0.010807882
								A2.1.1.2 记忆能力	0.004412299
								A2.1.1.3 想象能力	0.029298072
								A2.1.1.4 创造能力	0.029298072
						A2.1.2 社交能力	0.024605442	A2.1.2.1 组织能力	0.005678179
								A2.1.2.2 表达能力	0.001892726
								A2.1.2.3 决策能力	0.005678179
								A2.1.2.4 管理能力	0.005678179
								A2.1.2.5 社会资源运用能力	0.005678179

第八章 综合赋权确定指标权重

续表

名称	权重	一级指标	权重	二级指标	权重	三级指标	权重	四级指标	权重
人力资本存量	1	A2 能力存量	0.229651	A2.1 智能	0.172238096	A2.1.3 操作能力	0.073816327	A2.1.3.1 模仿能力	0.04857266
								A2.1.3.2 艺术表演能力	0.016951978
								A2.1.3.3 实验操作能力	0.009007082
				A2.2 体能	0.057412699	A2.2.1 运动素质	0.043059524	A2.2.1.1 力量	0.008611905
								A2.2.1.2 速度	0.008611905
								A2.2.1.3 耐力	0.008611905
								A2.2.1.4 柔韧性	0.008611905
								A2.2.1.5 灵活性	0.008611905
						A2.2.2 身体形态	0.014353175	A2.2.2.1 高度	0.002870635
								A2.2.2.2 宽度	0.002870635
								A2.2.2.3 围度	0.002870635
								A2.2.2.4 长度	0.002870635
								A2.2.2.5 充实度	0.002870635
		A3 健康存量	0.12202	A3.1 生理健康	0.040673397	A3.1.1 生理健康	0.040673397	A3.1.1.1 生理健康	0.040673397
				A3.2 心理健康	0.040673397	A3.2.1 心理健康	0.040673397	A3.2.1.1 心理健康	0.040673397
				A3.3 社会健康	0.040673397	A3.3.1 社会适应	0.030505048	A3.3.1.1 社会适应	0.030505048
						A3.3.2 道德健康	0.010168349	A3.3.2.1 道德健康	0.010168349

三 各类调查群体给出的指标权重

各类调查群体给出的指标权重值如表8-2至表8-5所示。

四 各类调查群体权重赋权与结果

针对在校大学生、教授专家、机关企业人员、外国专家留学生四类人群，选取13位专家针对四类人群给出的汇总结果的影响程度进行打分（见附录），得出四类人群给出的权重结果在研究中所占的重要性比重，其结果为，在校大学生为：0.13，教授专家为：0.42，机关企业人员为：0.24，外国专家留学生为：0.21。将这四类人群各自的指标权重与其在整体研究中所占的比例相乘后再相加，即可得到四级指标最终的权重值。

（一）一级指标权重

一级评价指标的最终权重值如表8-6所示。

表8-6　　　　　　　　　一级评价指标权重值

一级评价指标权重	在校大学生	教授专家	机关企业人员	外国专家留学生	最终权重
A1 知识存量	0.2	0.142857	0.2	0.648329014	0.276632
A2 能力存量	0.2	0.428571	0.2	0.229650794	0.304523
A3 健康存量	0.6	0.428571	0.6	0.122020192	0.428844

（二）二级指标权重

二级评价指标的最终权重值如表8-7所示。

表8-7　　　　　　　　　二级评价指标权重值

二级评价指标权重	在校大学生	教授专家	机关企业人员	外国专家留学生	最终权重
A1.1 显性知识	0.1	0.035714	0.05	0.486247	0.146974
A1.2 隐性知识	0.1	0.107143	0.15	0.162082	0.129658
A2.1 智能	0.1	0.214286	0.133333	0.172238	0.172892
A2.2 体能	0.1	0.214286	0.066667	0.057413	0.131631
A3.1 生理健康	0.2	0.142857	0.2	0.040673	0.142948
A3.2 心理健康	0.2	0.142857	0.2	0.040673	0.142948
A3.3 社会健康	0.2	0.142857	0.2	0.040673	0.142948

（三）三级指标权重

三级评价指标的最终权重值如表 8-8 所示。

表 8-8　　　　　　　　　三级评价指标权重值

三级评价指标权重	在校大学生	教授专家	机关企业人员	外国专家留学生	最终权重
A1.1.1 事实知识	0.075	0.017857	0.025	0.364685	0.103481
A1.1.2 理论知识	0.025	0.017857	0.025	0.121562	0.043494
A1.2.1 技能知识	0.05	0.053571	0.075	0.121562	0.073744
A1.2.2 人际知识	0.05	0.053571	0.075	0.040521	0.055915
A2.1.1 认知能力	0.02	0.042857	0.026667	0.073816	0.04324
A2.1.2 社交能力	0.06	0.128571	0.08	0.024605	0.086413
A2.1.3 操作能力	0.02	0.042857	0.026667	0.073816	0.04324
A2.2.1 运动素质	0.05	0.107143	0.022222	0.04306	0.066306
A2.2.2 身体形态	0.05	0.107143	0.044444	0.014353	0.065324
A3.1.1 生理健康	0.2	0.142857	0.2	0.040673	0.142948
A3.2.1 心理健康	0.2	0.142857	0.2	0.040673	0.142948
A3.3.1 社会适应	0.1	0.071429	0.133333	0.030505	0.081711
A3.3.2 道德健康	0.1	0.071429	0.066667	0.010168	0.061237

（四）四级指标权重

四级评价指标的最终权重值如表 8-9 所示，权重对比如图 8-1 所示。

表 8-9　　　　　　　　　四级评价指标权重值

四级评价指标权重	在校大学生	教授专家	机关企业人员	外国专家留学生	最终权重
A1.1.1.1 专业事实知识	0.05625	0.008929	0.0125	0.273513803	0.074236
A1.1.1.2 一般事实知识	0.01875	0.008929	0.0125	0.091171268	0.029245
A1.1.2.1 专业理论知识	0.01875	0.013393	0.016667	0.091171268	0.03212
A1.1.2.2 一般理论知识	0.00625	0.004464	0.008333	0.030390423	0.011373
A1.2.1.1 专业技能知识	0.0375	0.044643	0.0375	0.091171268	0.052683
A1.2.1.2 一般技能知识	0.0125	0.008929	0.0375	0.030390423	0.021061
A1.2.2.1 专业人际知识	0.041667	0.044643	0.05	0.033767136	0.043595

续表

四级评价指标权重	在校大学生	教授专家	机关企业人员	外国专家留学生	最终权重
A1.2.2.2 一般人际知识	0.008333	0.008929	0.025	0.006753427	0.012319
A2.1.1.1 观察能力	0.004215	0.00787	0.004848	0.010807882	0.007395
A2.1.1.2 记忆能力	0.001555	0.008709	0.004848	0.004412299	0.005994
A2.1.1.3 想象能力	0.005548	0.003721	0.002424	0.029298072	0.009312
A2.1.1.4 创造能力	0.008682	0.022557	0.014545	0.029298072	0.020539
A2.1.2.1 组织能力	0.012	0.018367	0.011429	0.005678179	0.013266
A2.1.2.2 表达能力	0.012	0.018367	0.011429	0.001892726	0.012434
A2.1.2.3 决策能力	0.012	0.055102	0.034286	0.005678179	0.034181
A2.1.2.4 管理能力	0.012	0.018367	0.011429	0.005678179	0.013266
A2.1.2.5 社会资源运用能力	0.012	0.018367	0.011429	0.005678179	0.013266
A2.1.3.1 模仿能力	0.004	0.008571	0.007773	0.047857266	0.016514
A2.1.3.2 艺术表演能力	0.012	0.025714	0.00275	0.016951978	0.01675
A2.1.3.3 实验操作能力	0.004	0.008571	0.016143	0.009007082	0.009976
A2.2.1.1 力量	0.01	0.021429	0.004444	0.008611905	0.013261
A2.2.1.2 速度	0.01	0.021429	0.004444	0.008611905	0.013261
A2.2.1.3 耐力	0.01	0.021429	0.004444	0.008611905	0.013261
A2.2.1.4 柔韧性	0.01	0.021429	0.004444	0.008611905	0.013261
A2.2.1.5 灵活性	0.01	0.021429	0.004444	0.008611905	0.013261
A2.2.2.1 高度	0.01	0.021429	0.008889	0.002870635	0.013065
A2.2.2.2 宽度	0.01	0.021429	0.008889	0.002870635	0.013065
A2.2.2.3 围度	0.01	0.021429	0.008889	0.002870635	0.013065
A2.2.2.4 长度	0.01	0.021429	0.008889	0.002870635	0.013065
A2.2.2.5 充实度	0.01	0.021429	0.008889	0.002870635	0.013065
A3.1.1.1 生理健康	0.2	0.142857	0.2	0.040673397	0.142948
A3.2.1.1 心理健康	0.2	0.142857	0.2	0.040673397	0.142948
A3.3.1.1 社会适应	0.1	0.071429	0.133333	0.030505048	0.081711
A3.3.2.1 道德健康	0.1	0.071429	0.066667	0.010168349	0.061237

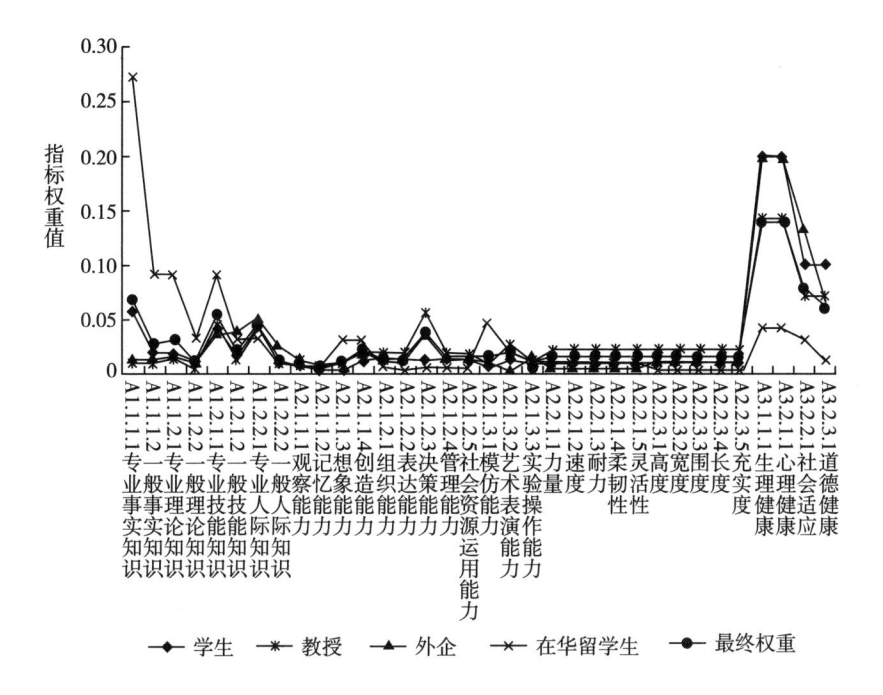

图 8-1 四级指标权重对比

第二节 结构熵权法求解指标权重

一 调查问卷原始数据的处理

在上文中利用已经构建好的微观人力资本存量评价指标体系，并用层次分析法为各级指标赋予了权重。本节在之前层次分析法得到的最原始的调查问卷数据基础之上，对之前的调查问卷进行一定的处理，采用德尔斐法和结构熵权法，对3个一级指标，7个二级指标，13个三级指标以及34个四级指标分别赋予权重。

（一）原始数据的排序

由于之前层次分析法得到的是专家对于某两个指标间的相对重要性，而本节所做的结构熵权法所需要的数据是指标间的重要性排序。因此，需要对原始的调查问卷得到的数据进行一定的处理，将指标间的相对重要性转化为指标的排序。下面先举例说明对每份原始问卷的处理方法。

表 8-10 是四个调查群体中教授专家群体中某位教授对于四级评价指标的重要性判断矩阵，表中的数字"1""1/5"等的含义见九标度调查表。

表 8-10　　　　　　　　操作能力分类评价指标

操作能力	模仿能力	艺术表演力	实验操作能力
模仿能力	1	1	1/5
艺术表演力		1	1/5
实验操作力			1

表 8-10 可解释为：由于模仿能力与艺术表演能力比较的标度是 1，说明参与调查的这位专家认为人力资本评价三级指标操作能力中的模仿能力和艺术表演能力重要性是相同的；而模仿能力和实验操作能力比较的标度是 1/5，说明该被调查教授认为模仿能力与实验操作能力比较结果是"弱"；而艺术表演能力与实验操作能力的比较标度依然是 1/5，说明该被调查教授认为艺术表演能力与实验操作能力相比较也是"弱"，这又从另一个角度说明了该被调查教授认为模仿能力和艺术表演能力的重要程度是相同的。综上所述，可以给模仿能力，艺术表演力和实验操作能力这三个指标排出次序。并用数字 1、2、3 表示这几个指标的排序，数字越小表示排序越靠前，即该指标越重要，数字相同表示这两个指标的重要性程度相同。表 8-11 是根据上述例子得出的由该教授调查问卷处理得到的关于模仿能力、艺术表演能力和实验操作能力这三个指标的排序。

如表 8-11 所示，根据上述对数据处理的分析得出的结果，我们可以得出该教授对于操作能力评价指标中的三个指标的排序，分别为：实验操作能力最重要，排在第一位用数字 1 表示；模仿能力和艺术表演能力比实验操作能力重要程度弱，且它们的重要性程度相同，排在第二位，都用数字 2 表示。这样我们就完成了对一位被调查者对于一组四级评价指标的处理，该处理将原始调查问卷中的被调查者对指标间的相对重要性比较转化为几个指标的排序，并且用数字表示该排序。

表 8-11　　　　　　　　操作能力评价指标排序

操作能力	模仿能力	艺术表演力	实验操作能力
排序	2	2	1

用同样的方法处理教授专家这一群体中的 38 份有效调查问卷，得出每一位被调查者对三级分类评价指标操作能力中的模仿能力、艺术表演能力和实验操作能力这三个四级分类评价指标的排序。结果如表 8-12 所示。

表 8-12　　　　　　　　操作能力分类评价指标排序

操作能力	模仿能力	艺术表演能力	实验操作能力
排序 1	3	2	1
排序 2	2	1	2
排序 3	3	2	1
排序 4	3	1	2
排序 5	1	2	2
排序 6	1	1	1
排序 7	1	1	1
排序 8	3	1	1
排序 9	1	1	1
排序 10	3	2	1
排序 11	3	1	1
排序 12	1	1	1
排序 13	1	2	3
排序 14	1	1	3
排序 15	1	1	3
排序 16	3	1	1
排序 17	3	1	1
排序 18	1	1	1
排序 19	3	1	1
排序 20	1	1	1
排序 21	3	1	2

续表

操作能力	模仿能力	艺术表演能力	实验操作能力
排序22	1	1	1
排序23	1	1	1
排序24	3	2	1
排序25	3	1	1
排序26	3	2	1
排序27	3	2	1
排序28	1	1	1
排序29	3	1	1
排序30	3	2	1
排序31	1	2	3
排序32	3	1	1
排序33	3	2	1
排序34	3	1	1
排序35	1	2	3
排序36	1	2	2
排序37	2	1	2
排序38	1	1	1

（二）德尔斐法处理数据

在此次调查研究中选用德尔斐法对资料数据进行整理，具体方法步骤如下。

（1）将表8-12中的数据随机分为5组，每组7—8人，由于之前的调查问卷是随机排序的，因此在这里不再重新随机排序。表8-12中排序1到排序8为组一；排序9到排序16为组二；排序17到排序24为组三；排序25到排序31为组四；排序32到排序38为组五。然后将每组排序中的数字累加得到每个指标的累加数值，最后按照数值大小确定每组的排序，数值越小排序越靠前，依然使用1、2、3等数字表示该排序。表8-13至表8-17表示此过程的结果。

表 8-13　　　　　　　操作能力分类评价指标组一排序汇总

操作能力	模仿能力	艺术表演能力	实验操作能力
排序 1	3	2	1
排序 2	2	1	2
排序 3	3	2	1
排序 4	3	1	2
排序 5	1	2	2
排序 6	1	1	1
排序 7	1	1	1
排序 8	3	1	1
累加值	17	11	11
最终排序	3	1	1

表 8-14　　　　　　　操作能力分类评价指标组二排序汇总

操作能力	模仿能力	艺术表演能力	实验操作能力
排序 9	1	1	1
排序 10	3	2	1
排序 11	3	1	1
排序 12	1	1	1
排序 13	1	2	3
排序 14	1	1	3
排序 15	1	1	3
排序 16	3	1	1
累加值	14	10	14
最终排序	2	1	2

表 8-15　　　　　　　操作能力分类评价指标组三排序汇总

操作能力	模仿能力	艺术表演能力	实验操作能力
排序 17	3	1	1
排序 18	1	1	1
排序 19	3	1	1

续表

操作能力	模仿能力	艺术表演能力	实验操作能力
排序 20	1	1	1
排序 21	3	1	2
排序 22	1	1	1
排序 23	1	1	1
排序 24	3	2	1
累加值	16	9	9
最终排序	3	1	1

表 8-16　操作能力分类评价指标组四排序汇总

操作能力	模仿能力	艺术表演能力	实验操作能力
排序 25	3	1	1
排序 26	3	2	1
排序 27	3	2	1
排序 28	1	1	1
排序 29	3	1	1
排序 30	3	2	1
排序 31	1	2	3
累加值	17	11	9
最终排序	3	2	1

表 8-17　操作能力分类评价指标组五排序汇总

操作能力	模仿能力	艺术表演能力	实验操作能力
排序 32	3	1	1
排序 33	3	2	1
排序 34	3	1	1
排序 35	1	2	3
排序 36	1	2	2
排序 37	2	1	2
排序 38	1	1	1
累加值	14	10	11
最终排序	3	1	2

（2）将从表8-13到表8-17中每组的最终排序反馈给该组被调查者，征求意见，询问被调查者是否修改自己的意见，然后将第二轮调研资料经过整合、处理、统计，再将结果反馈给参与调查的人员。如此经过多次反复的循环、反馈，使每组内的各位被调查者对于自己排序的确认，得到该组的"典型排序"，构成该群体对于该分类评价指标的典型性排序矩阵。

表8-18是上述经过数据的转换和德尔斐法处理得到的教授专家群体对于操作能力分类评价指标的典型排序矩阵。

表8-18　　　　　操作能力分类评价指标典型排序矩阵

操作能力	模仿能力	艺术表演能力	实验操作能力
组一	3	1	1
组二	2	1	2
组三	3	1	1
组四	3	2	1
组五	3	1	2

（三）数据处理的结果

其他典型排序矩阵的求解与上述例子一致，表8-19是经过多次循环统计具有代表性的指标典型排序矩阵（以教授专家为例），其他群体典型排序矩阵见附录。

教授专家给出的人力资本一级指标典型排序矩阵如表8-19所示。

表8-19　　　　　人力资本一级指标典型排序矩阵

人力资本分类评价指标	知识	能力	健康
组一	3	1	2
组二	3	1	1
组三	3	1	2
组四	3	2	1
组五	3	1	2

教授专家给出的人力资本二级指标典型排序矩阵如表 8-20 至表 8-22 所示。

表 8-20　　　　　人力资本知识分类指标典型排序矩阵

知识分类评价指标	显性知识	隐形知识
组一	2	1
组二	2	1
组三	2	1
组四	1	1
组五	2	1

表 8-21　　　　　人力资本能力分类指标典型排序矩阵

能力分类评价指标	智能	体能
组一	1	2
组二	1	2
组三	1	2
组四	1	2
组五	1	2

表 8-22　　　　　人力资本健康分类指标典型排序矩阵

健康分类评价标	生理健康	心理健康	社会健康
组一	1	2	2
组二	3	2	1
组三	3	1	2
组四	3	1	1
组五	3	1	1

教授专家给出的人力资本三级指标典型排序矩阵如表 8-23 至表 8-27 所示。

表 8-23　　　　人力资本显性知识分类指标典型排序矩阵

显性知识分类评价指标	事实知识	理论知识
组一	1	1
组二	1	2
组三	1	2
组四	1	2
组五	2	1

表 8-24　　　　人力资本隐性知识分类指标典型排序矩阵

隐性知识分类评价指标	技能知识	人际知识
组一	2	1
组二	2	1
组三	1	2
组四	1	1
组五	2	1

表 8-25　　　　人力资本智能分类指标典型排序矩阵

智能分类评价标	认知能力	社交能力	操作能力
组一	2	1	3
组二	2	1	2
组三	2	1	3
组四	1	2	2
组五	2	1	3

表 8-26　　　　人力资本体能分类指标典型排序矩阵

体能分类评价指标	运动素质	身体形态
组一	2	1
组二	2	1
组三	2	1
组四	2	1
组五	2	1

表 8-27　　　人力资本社会健康分类指标典型排序矩阵

社会健康分类评价指标	社会适应	道德健康
组一	1	2
组二	1	1
组三	1	2
组四	1	2
组五	2	1

教授专家给出的人力资本四级指标典型排序矩阵如表 8-28 至表 8-36 所示。

表 8-28　　　人力资本事实知识分类指标典型排序矩阵

事实知识	专业事实知识	一般事实知识
组一	2	1
组二	1	2
组三	1	2
组四	1	2
组五	1	2

表 8-29　　　人力资本理论知识分类指标典型排序矩阵

理论知识	专业理论知识	一般理论知识
组一	1	2
组二	1	2
组三	1	1
组四	1	2
组五	1	2

表 8-30　　　人力资本技能知识分类指标典型排序矩阵

技能知识	专业技能知识	一般技能知识
组一	1	2
组二	1	2

续表

技能知识	专业技能知识	一般技能知识
组三	1	2
组四	1	2
组五	1	2

表 8-31　　人力资本人际知识分类指标典型排序矩阵

人际知识	专业人际知识	一般人际知识
组一	1	2
组二	2	1
组三	1	2
组四	1	2
组五	1	2

表 8-32　　人力资本认知能力分类指标典型排序矩阵

认知能力	观察能力	记忆能力	想象能力	创造能力
组一	3	3	1	1
组二	3	3	2	1
组三	3	3	2	1
组四	3	3	2	1
组五	3	4	1	1

表 8-33　　人力资本社交能力分类指标典型排序矩阵

社交能力	组织能力	表达能力	决策能力	管理能力	社会资源运用能力
组一	4	5	3	1	1
组二	4	5	1	2	3
组三	4	5	2	1	3
组四	4	5	1	3	1
组五	4	5	1	1	3

表 8-34　　人力资本操作能力分类指标典型排序矩阵

操作能力	模仿能力	艺术表演能力	实验操作能力
组一	3	1	1
组二	2	1	2
组三	3	1	1
组四	3	2	1
组五	3	1	2

表 8-35　　人力资本运动素质分类指标典型排序矩阵

运动素质	力量	速度	耐力	柔韧性	灵活性
组一	1	3	4	5	1
组二	5	3	2	3	1
组三	5	2	3	3	1
组四	5	3	2	4	1
组五	4	2	2	5	1

表 8-36　　人力资本身体形态分类指标典型排序矩阵

身体形态	高度	宽度	围度	长度	充实度
组一	2	5	4	3	1
组二	3	4	5	2	1
组三	1	5	4	3	2
组四	2	5	2	4	1
组五	2	5	4	2	1

二　结构熵权法的步骤

采用结构熵权法计算人力资本评价指标权重的步骤依次是：

第一步：由德尔斐法得到典型排序。

由于本次用结构熵权法给指标确定权重是在层次分析法之后，所用的原始数据是层次分析法得到的调查数据，因此需要用一定的方法对数据进行转化处理。前文已经详细举例说明了数据的处理方法，并得到了数据处理的结果，即得到了以教授专家群体为例的各级评价指标的典型排序矩阵。

第二步：对第一步得到的典型排序矩阵进行盲度分析。

第一步中得到的"典型排序"通常会由于数据的"噪声"，产生一定的偏差和源数据的不确定性，为了消除这种"噪声"和源数据的不确定性，需要对第一步中得到的典型排序矩阵进行统计分析与处理。也就是利用热力学中的熵理论计算其熵值，以减少典型排序矩阵的不确定性。在本章的例子中，教授专家这一群体中有38份有效调查问卷经过转化处理，并经过随机分组和德尔斐法的统计处理得到了五组典型排序，构成了典型排序矩阵。在本节中，再次以三级分类评价指标操作能力（见表8-7）为例，来具体说明结构上结构熵权法确定权重的步骤。

每一组指标对应一个指标集，记为 $U=\{u_1, u_2, \cdots, u_n\}$。指标集对应的典型排序数组，记为 $(a_{i1}, a_{i2}, \cdots, a_{in})$。由 k 组典型排序得到的典型排序矩阵，记为 $A=(A=(a_{ij})_{k\times n}, i=1, 2, \cdots, n)$，成为指标的典型排序矩阵。其中，$a_{ij}$ 表示第 i 组专家对第 j 个指标 u_j 的评价。由 $a_{i1}, a_{i2}, \cdots, a_{in}$ 取 $\{1, 2, \cdots, n\}$ 中的任意一个数。比如，在此例中操作能力分类评价指标里有三个四级分类评价指标，则典型排序数组 $(a_{i1}, a_{i2}, \cdots, a_{in})$ 中的 $n=3$，可以取 $\{1, 2, 3\}$ 中任意一个数。

对上述的典型排序矩阵，根据熵理论定义定性排序转化的隶属函数为：

$$\chi(I) = -\lambda p_n(I) \ln p_n(I) \tag{8-4}$$

其中，令 $p_n(I) = \dfrac{m-I}{m-1}$，取 $\lambda = \dfrac{1}{\ln(m-1)}$，代入得：

$$\chi(I) = \dfrac{1}{\ln(m-1)} \left(\dfrac{m-I}{m-1}\right) \ln\left(\dfrac{m-I}{m-1}\right) \tag{8-5}$$

化简为：

$$\chi(I) = -\dfrac{(m-I)\ln(m-I)}{(m-1)\ln(m-1)} + \dfrac{(m-I)}{(m-1)} \tag{8-6}$$

两边同时除以 $\dfrac{m-I}{m-1}$，令

$$\left| \chi(I) \Big/ \left(\dfrac{m-I}{m-1}\right) - 1 \right| = \mu(I) \tag{8-7}$$

则，

$$\mu(I) = \frac{\ln(m-I)}{\ln(m-1)} \qquad (8-8)$$

上述所有公式中 I 表示每组"典型排序"中通过德尔斐法得到的定性排序数，如上例中，若某组认为实验操作能力在模仿能力、艺术表演能力和实验操作能力三个指标中为最重要的，则 I 取值为 1；若该组认为实验操作能力为次重要的，则 I 取值为 2；同样，若该组认为实验操作能力为最不重要的，则 I 取值为 3。其中，μ 是定义在 [0, 1] 上的一个变量，$\mu(I)$ 为 I 所对应的隶属函数值，$I=1, 2, \cdots, j, j+1$，j 为实际最大排序号，比如本例中有 3 个指标参加排序，所以 $j=3$，最大排序号为 3。m 为转化参数量，$m=j+2$，即 $m=5$。

当 $I=j+1$ 取最大排序号时，$p_n(j+1) = \dfrac{(j+2)-(j+1)}{(j+2)-1} = \dfrac{1}{j+1} > 0$。将顺序数 $I=a_{ij}$ 代入 (8-8) 公式中，可以得到 a_{ij} 的定量转化值 $b_{ij}(\mu(a_{ij}) = b_{ij})$，$b_{ij}$ 称为顺序数 I 的隶属度。矩阵 $B=(b_{ij})_{k \times n}$ 称为该指标隶属度矩阵。假设 k 组专家对指标 u_j 的"一致看法"，即平均认识度，记作 b_j，令

$$b_j = (b_{1j} + b_{2j} + \cdots + b_{kj}) / k \qquad (8-9)$$

定义某组专家 z_i 对指标 u_j 由于认识而产生的不确定性，叫作"认识盲度"，记作 Q_j，令

$$Q_j = \left| \left\{ [\max(b_{1j} + b_{2j} + \cdots + b_{kj}) - b_j] + [\min(b_{1j} + b_{2j} + \cdots + b_{kj}) - b_j] \right\} / 2 \right| \qquad (8-10)$$

显然 $Q_j \geq 0$。

对于每一个指标 u_j，定义第 k（典型排序的组数）个组对于 u_j 的总体认识度为 x_j，

$$x_j = b_j \times (1 - Q_j), \quad x_j > 0 \qquad (8-11)$$

由 x_j 便得到 k 组专家对于指标 u_j 的评价向量 $X = (x_1, x_2, \cdots, x_n)$。

第三步：归一化处理。

为得到指标 u_j 的权重，需要对 $x_j = b_j \times (1-Q_j)$ 进行归一化处理。令

$$\alpha_j = x_j \bigg/ \sum_{i=1}^{m} x_j \qquad (8-12)$$

显然 $\alpha_j > 0$，所以 $W = \{\alpha_1, \alpha_2, \cdots, \alpha_n\}$ 为权重向量。

在本例中，表 8-12 是通过德尔斐法得到的典型排序矩阵，在这个典型矩阵中 $i = 5$，$n = 3$，$m = 5$。首先，将矩阵中的每一个排序数代入公式（8-8）可以得到表 8-12 的隶属度矩阵 $B = (b_{ij})_{k \times n}$；其次，将隶属度矩阵中每一列的隶属度 b_{ij} 代入公式（8-9）计算出五组的平均认识度 b_j；再次，利用公式（8-10）计算出五组对于该指标的"认识盲度" Q_j；再其次，根据公式（8-11）计算出总体认识度 x_i；最后，将 x_i 代入公式（8-12）计算出每个指标的权重值。利用 Excel 公式及函数计算得到结果如表 8-37 所示。

表 8-37　　操作能力分类评价指标隶属度矩阵及权重的计算

操作能力	模仿能力	艺术表演能力	实验操作能力
组一	0.5	1	1
组二	0.5	1	0.5
组三	0.5	1	1
组四	0.5	0.792481	1
组五	0.5	1	0.792481
5 轮均值 b_j	0.5	0.958496	0.858496
认识盲度 Q_j	0	0.062256	0.108496
总体认识度 x_i	0.5	0.898824	0.765353
权重 α_j	0.231035	0.415319	0.353646

按照结构熵权法的步骤可以求出各级评价指标的权重值，下面给出各级指标的隶属度矩阵及权重的求解表格（以教授专家群体为例），其他三个群体的计算在附表 4 中给出。

教授专家给出的一级指标的隶属度矩阵以及权重计算结果如表 8-38 所示。

表 8-38 人力资本一级评价指标隶属度矩阵及权重计算

人力资本分类评价指标	知识	能力	健康
组一	0.5	1	0.79248125
组二	0.5	1	1
组三	0.5	1	0.79248125
组四	0.5	0.79248125	1
组五	0.5	1	0.79248125
5轮均值	0.5	0.95849625	0.87548875
认识盲度	0	0.06225562	0.020751875
总体认识度	0.5	0.89882447	0.857320717
权重	0.22161694	0.39838946	0.379993594

教授专家给出的二级评价指标隶属度矩阵及权重计算结果如表 8-39 至表 8-41 所示。

表 8-39 人力资本知识分类指标隶属度矩阵及权重计算

知识分类评价指标	显性知识	隐形知识
组一	0.63093	1
组二	0.63093	1
组三	0.63093	1
组四	1	1
组五	0.63093	1
5轮均值	0.704744	1
认识盲度	0.110721	0
总体认识度	0.626714	1
权重	0.385264	0.614736

表 8-40 人力资本能力分类指标隶属度矩阵及权重计算

能力分类评价指标	智能	体能
组一	1	0.63093
组二	1	0.63093
组三	1	0.63093

续表

能力分类评价指标	智能	体能
组四	1	0.63093
组五	1	0.63093
5轮均值	1	0.63093
认识盲度	0	0
总体认识度	1	0.63093
权重	0.613147	0.386853

表8-41　人力资本健康分类指标隶属度矩阵及权重计算

健康分类评价指标	生理健康	心理健康	社会健康
组一	1	0.792481	0.792481
组二	0.5	0.792481	1
组三	0.5	1	0.792481
组四	0.792481	1	1
组五	0.792481	1	1
5轮均值	0.716993	0.916993	0.916993
认识盲度	0.033007	0.020752	0.020752
总体认识度	0.693326	0.897963	0.897963
权重	0.278528	0.360736	0.360736

教授专家给出的三级分类评价指标隶属度矩阵以及权重的计算结果如表8-42至表8-45所示。

表8-42　人力资本显性知识分类评价指标隶属度矩阵及权重计算

显性知识分类评价指标	事实知识	理论知识
组一	1	1
组二	1	0.63093
组三	1	0.63093
组四	1	0.63093
组五	0.63093	1
5轮均值	0.926186	0.778558

续表

显性知识分类评价指标	事实知识	理论知识
认识盲度	0.110721	0.036907
总体认识度	0.823638	0.749824
权重	0.523456	0.476544

表 8-43　人力资本隐性知识分类评价指标隶属度矩阵及权重计算

隐性知识分类评价指标	技能知识	人际知识
组一	0.63093	1
组二	0.63093	1
组三	1	0.63093
组四	1	1
组五	0.63093	1
5轮均值	0.778558	0.926186
认识盲度	0.036907	0.110721
总体认识度	0.749824	0.823638
权重	0.476544	0.523456

表 8-44　人力资本智能分类评价指标隶属度矩阵及权重计算

智能分类评价指标	认知能力	社交能力	操作能力
组一	0.792481	1	0.5
组二	0.792481	1	0.792481
组三	0.792481	1	0.5
组四	1	0.792481	0.792481
组五	0.792481	1	0.5
5轮均值	0.833985	0.958496	0.616993
认识盲度	0.062256	0.062256	0.029248
总体认识度	0.782065	0.898824	0.598947
权重	0.343036	0.39425	0.262715

表 8-45　人力资本体能分类评价指标隶属度矩阵及权重计算

体能分类评价指标	运动素质	身体形态
组一	0.63093	1
组二	0.63093	1
组三	0.63093	1
组四	0.63093	1
组五	0.63093	1
5轮均值	0.63093	1
认识盲度	0	0
总体认识度	0.63093	1
权重	0.386853	0.613147

表 8-46　人力资本社会健康分类评价指标隶属度矩阵及权重计算

社会健康分类评价指标	社会适应	道德健康
组一	1	0.63093
组二	1	1
组三	1	0.63093
组四	1	0.63093
组五	0.63093	1
5轮均值	0.926186	0.778558
认识盲度	0.110721	0.036907
总体认识度	0.823638	0.749824
权重	0.523456	0.476544

教授专家给出的四级分类评价指标的隶属度矩阵及权重的计算结果如表 8-47 至表 8-55 所示。

表 8-47　人力资本事实知识分类评价指标隶属度矩阵及权重计算

事实知识	专业事实知识	一般事实知识
组一	0.63093	1
组二	1	0.63093
组三	1	0.63093

续表

事实知识	专业事实知识	一般事实知识
组四	1	0.63093
组五	1	0.63093
5轮均值	0.926186	0.704744
认识盲度	0.110721	0.110721
总体认识度	0.823638	0.626714
权重	0.567888	0.432112

表8-48　人力资本理论知识分类评价指标隶属度矩阵及权重计算

理论知识	专业理论知识	一般理论知识
组一	1	0.63093
组二	1	0.63093
组三	1	1
组四	1	0.63093
组五	1	0.63093
5轮均值	1	0.704744
认识盲度	0	0.110721
总体认识度	1	0.626714
权重	0.614736	0.385264

表8-49　人力资本技能知识分类评价指标隶属度矩阵及权重计算

技能知识	专业技能知识	一般技能知识
组一	1	0.63093
组二	1	0.63093
组三	1	0.63093
组四	1	0.63093
组五	1	0.63093
5轮均值	1	0.63093
认识盲度	0	0
总体认识度	1	0.63093
权重	0.613147	0.386853

表 8-50　人力资本人际知识分类评价指标隶属度矩阵及权重计算

人际知识	专业人际知识	一般人际知识
组一	1	0.63093
组二	0.63093	1
组三	1	0.63093
组四	1	0.63093
组五	1	0.63093
5轮均值	0.926186	0.704744
认识盲度	0.110721	0.110721
总体认识度	0.823638	0.626714
权重	0.567888	0.432112

表 8-51　人力资本认知能力分类评价指标隶属度矩阵及权重计算

认知能力	观察能力	记忆能力	想象能力	创造能力
组一	0.682606194	0.68260619	1	1
组二	0.682606194	0.68260619	0.86135312	1
组三	0.682606194	0.68260619	0.86135312	1
组四	0.682606194	0.68260619	0.86135312	1
组五	0.682606194	0.43067656	1	1
5轮均值	0.682606194	0.63222027	0.91681187	1
认识盲度	0	0.07557889	0.01386469	0
总体认识度	0.682606194	0.58443776	0.90410056	1
权重	0.215255467	0.18429868	0.28510229	0.315344

表 8-52　人力资本社交能力评价指标隶属度矩阵及权重计算

社交能力	组织能力	表达能力	决策能力	管理能力	社会资源运用能力
组一	0.613147	0.386853	0.773706	1	1
组二	0.613147	0.386853	1	0.898244	0.773706
组三	0.613147	0.386853	0.898244	1	0.773706

续表

社交能力	组织能力	表达能力	决策能力	管理能力	社会资源运用能力
组四	0.613147	0.386853	1	0.773706	1
组五	0.613147	0.386853	1	1	0.773706
5轮均值	0.613147	0.386853	0.93439	0.93439	0.864223
认识盲度	0	0	0.047537	0.047537	0.022629
总体认识度	0.613147	0.386853	0.889972	0.889972	0.844666
权重	0.169162	0.10673	0.245536	0.245536	0.233037

表8-53　人力资本操作能力分类评价指标隶属度矩阵及权重计算

操作能力	模仿能力	艺术表演能力	实验操作能力
组一	0.5	1	1
组二	0.5	1	0.5
组三	0.5	1	1
组四	0.5	0.792481	1
组五	0.5	1	0.792481
5轮均值	0.5	0.958496	0.858496
认识盲度	0	0.062256	0.108496
总体认识度	0.5	0.898824	0.765353
权重	0.231035	0.415319	0.353646

表8-54　人力资本运动素质分类评价指标隶属度矩阵及权重计算

运动素质	力量	速度	耐力	柔韧性	灵活性
组一	1	0.773706	0.613147	0.386853	1
组二	0.386853	0.773706	0.898244	0.773706	1
组三	0.386853	0.898244	0.773706	0.773706	1
组四	0.386853	0.773706	0.898244	0.613147	1
组五	0.613147	0.898244	0.898244	0.386853	1

续表

运动素质	力量	速度	耐力	柔韧性	灵活性
5轮均值	0.554741	0.823521	0.816317	0.586853	1
认识盲度	0.138685	0.012454	0.060621	0.006574	0
总体认识度	0.477807	0.813265	0.766831	0.582995	1
权重	0.131233	0.223369	0.210616	0.160124	0.274658

表8-55 人力资本身体形态分类评价指标隶属度矩阵及权重计算

身体形态	高度	宽度	围度	长度	充实度
组一	0.898244	0.386853	0.613147	0.773706	1
组二	0.773706	0.613147	0.386853	0.898244	1
组三	1	0.386853	0.613147	0.773706	0.898244
组四	0.898244	0.613147	0.898244	0.773706	1
组五	0.898244	0.386853	0.613147	0.898244	1
5轮均值	0.893688	0.477371	0.624908	0.823521	0.979649
认识盲度	0.006835	0.022629	0.017641	0.012454	0.030527
总体认识度	0.887579	0.466568	0.613884	0.813265	0.949743
权重	0.237891	0.12505	0.164534	0.217973	0.254552

三 各类调查群体给出的指标权重结果

由前两章的举例，利用这种结构熵权法可以计算出各类调查群体的指标权重值，如表8-56至表8-59所示。

四 结构熵权法求解指标权重最终结果

根据前文，四类人群给出的权重结果在研究中所占的重要性比重，在校大学生为：0.13，教授专家为：0.42，机关企业人员为：0.24，外国专家留学生为：0.21。由此可得最终的指标权重值。

表 8-56　在校大学生评定的人力资本存量各级指标权重

名称	权重	一级指标	权重	二级指标	权重	三级指标	权重	四级指标	权重
人力资本存量	1	A1 知识存量	0.218104	A1.1 显性知识	0.103936	A1.1.1 事实知识	0.063728	A1.1.1.1 专业事实知识	0.039176
								A1.1.1.2 一般事实知识	0.024552
						A1.1.2 理论知识	0.040208	A1.1.2.1 专业理论知识	0.024653
								A1.1.2.2 一般理论知识	0.015555
				A1.2 隐性知识	0.114168	A1.2.1 技能知识	0.043985	A1.2.1.1 专业技能知识	0.026969
								A1.2.1.2 一般技能知识	0.017016
						A1.2.2 人际知识	0.070183	A1.2.2.1 专业人际知识	0.043033
								A1.2.2.2 一般人际知识	0.027151
		A2 能力存量	0.345687	A2.1 智能	0.211957	A2.1.1 认知能力	0.046229	A2.1.1.1 观察能力	0.012169
								A2.1.1.2 记忆能力	0.006756
								A2.1.1.3 想象能力	0.011618
								A2.1.1.4 创造能力	0.015687
						A2.1.2 社交能力	0.092458	A2.1.2.1 组织能力	0.012027
								A2.1.2.2 表达能力	0.013167
								A2.1.2.3 决策能力	0.021671
								A2.1.2.4 管理能力	0.025777
								A2.1.2.5 社会资源运用能力	0.019817

续表

名称	权重	一级指标	权重	二级指标	权重	三级指标	权重	四级指标	权重
人力资本存量	1	A2 能力存量	0.345687	A2.1 智能	0.211957	A2.1.3 操作能力	0.073271	A2.1.3.1 模仿能力	0.015981
								A2.1.3.2 艺术表演能力	0.025329
								A2.1.3.3 实验操作能力	0.031961
				A2.2 体能	0.13373	A2.2.1 运动素质	0.081996	A2.2.1.1 力量	0.013657
								A2.2.1.2 速度	0.009178
								A2.2.1.3 耐力	0.022786
								A2.2.1.4 柔韧性	0.015907
								A2.2.1.5 灵活性	0.020468
						A2.2.2 身体形态	0.051734	A2.2.2.1 高度	0.012114
								A2.2.2.2 宽度	0.005548
								A2.2.2.3 围度	0.008789
								A2.2.2.4 长度	0.011664
								A2.2.2.5 充实度	0.012114
		A3 健康存量	0.436209	A3.1 生理健康	0.095139	A3.1.1 生理健康	0.095139	A3.1.1.1 生理健康	0.095139
				A3.2 心理健康	0.190278	A3.2.1 心理健康	0.190278	A3.2.1.1 心理健康	0.190278
				A3.3 社会健康	0.150792	A3.3.1 社会适应	0.065159	A3.3.1.1 社会适应	0.065159
						A3.3.2 道德健康	0.085633	A3.3.2.1 道德健康	0.085633

表 8-57 教授专家评定的人力资本存量指标权重

名称	权重	一级指标	权重	二级指标	权重	三级指标	权重	四级指标	权重
人力资本存量	1	A1 知识存量	0.221617	A1.1 显性知识	0.085381	A1.1.1 事实知识	0.044693	A1.1.1.1 专业事实知识	0.025381
								A1.1.1.2 一般事实知识	0.019312
						A1.1.2 理论知识	0.040688	A1.1.2.1 专业理论知识	0.025012
								A1.1.2.2 一般理论知识	0.015676
				A1.2 隐性知识	0.136236	A1.2.1 技能知识	0.064922	A1.2.1.1 专业技能知识	0.039807
								A1.2.1.2 一般技能知识	0.025115
						A1.2.2 人际知识	0.071314	A1.2.2.1 专业人际知识	0.040498
								A1.2.2.2 一般人际知识	0.030815
		A2 能力存量	0.398389	A2.1 智能	0.244271	A2.1.1 认知能力	0.083794	A2.1.1.1 观察能力	0.018037
								A2.1.1.2 记忆能力	0.015443
								A2.1.1.3 想象能力	0.02389
								A2.1.1.4 创造能力	0.026424
						A2.1.2 社交能力	0.096304	A2.1.2.1 组织能力	0.016291
								A2.1.2.2 表达能力	0.010278
								A2.1.2.3 决策能力	0.023646
								A2.1.2.4 管理能力	0.023646
								A2.1.2.5 社会资源运用能力	0.022442

续表

名称	权重	一级指标	权重	二级指标	权重	三级指标	权重	四级指标	权重
人力资本存量	1	A2 能力存量	0.398389	A2.1 智能	0.244271	A2.1.3 操作能力	0.064174	A2.1.3.1 模仿能力	0.014826
								A2.1.3.2 艺术表演能力	0.026653
								A2.1.3.3 实验操作能力	0.022695
				A2.2 体能	0.154118	A2.2.1 运动素质	0.059621	A2.2.1.1 力量	0.007824
								A2.2.1.2 速度	0.013318
								A2.2.1.3 耐力	0.012557
								A2.2.1.4 柔韧性	0.009547
								A2.2.1.5 灵活性	0.016375
						A2.2.2 身体形态	0.094497	A2.2.2.1 高度	0.02248
								A2.2.2.2 宽度	0.011817
								A2.2.2.3 围度	0.015548
								A2.2.2.4 长度	0.020598
								A2.2.2.5 充实度	0.024054
		A3 健康存量	0.379994	A3.1 生理健康	0.105839	A3.1.1 生理健康	0.105839	A3.1.1.1 生理健康	0.105839
				A3.2 心理健康	0.137077	A3.2.1 心理健康	0.137077	A3.2.1.1 心理健康	0.137077
				A3.3 社会健康	0.137077	A3.3.1 社会适应	0.071754	A3.3.1.1 社会适应	0.071754
						A3.3.2 道德健康	0.065323	A3.3.2.1 道德健康	0.065323

表 8-58 机关企业人员评定的人力资本存量权重

名称	权重	一级指标	权重	二级指标	权重	三级指标	权重	四级指标	权重
人力资本存量	1	A1 知识存量	0.224963	A1.1 显性知识	0.107205	A1.1.1 事实知识	0.065732	A1.1.1.1 专业事实知识	0.034354
								A1.1.1.2 一般事实知识	0.031379
						A1.1.2 理论知识	0.041473	A1.1.2.1 专业理论知识	0.021709
								A1.1.2.2 一般理论知识	0.019763
				A1.2 隐性知识	0.117758	A1.2.1 技能知识	0.050461	A1.2.1.1 专业技能知识	0.028656
								A1.2.1.2 一般技能知识	0.021805
						A1.2.2 人际知识	0.067297	A1.2.2.1 专业人际知识	0.033649
								A1.2.2.2 一般人际知识	0.033649
		A2 能力存量	0.378546	A2.1 智能	0.232104	A2.1.1 认知能力	0.077435	A2.1.1.1 观察能力	0.023029
								A2.1.1.2 记忆能力	0.012084
								A2.1.1.3 想象能力	0.017753
								A2.1.1.4 创造能力	0.024568
						A2.1.2 社交能力	0.102465	A2.1.2.1 组织能力	0.019316
								A2.1.2.2 表达能力	0.019944
								A2.1.2.3 决策能力	0.019801
								A2.1.2.4 管理能力	0.018333
								A2.1.2.5 社会资源运用能力	0.02507

续表

名称	权重	一级指标	权重	二级指标	权重	三级指标	权重	四级指标	权重
人力资本存量	1	A2 能力存量	0.378546	A2.1 智能	0.232104	A2.1.3 操作能力	0.052205	A2.1.3.1 模仿能力	0.017972
								A2.1.3.2 艺术表演能力	0.011554
								A2.1.3.3 实验操作能力	0.022678
				A2.2 体能	0.146441	A2.2.1 运动素质	0.083162	A2.2.1.1 力量	0.018187
								A2.2.1.2 速度	0.014179
								A2.2.1.3 耐力	0.023657
								A2.2.1.4 柔韧性	0.011199
								A2.2.1.5 灵活性	0.015941
						A2.2.2 身体形态	0.063279	A2.2.2.1 高度	0.01541
								A2.2.2.2 宽度	0.008086
								A2.2.2.3 围度	0.010103
								A2.2.2.4 长度	0.013225
								A2.2.2.5 充实度	0.016455
		A3 健康存量	0.379994	A3.1 生理健康	0.138462	A3.1.1 生理健康	0.138462	A3.1.1.1 生理健康	0.138462
				A3.2 心理健康	0.164681	A3.2.1 心理健康	0.164681	A3.2.1.1 心理健康	0.164681
				A3.3 社会健康	0.093348	A3.3.1 社会适应	0.046751	A3.3.1.1 社会适应	0.046751
						A3.3.2 道德健康	0.046597	A3.3.2.1 道德健康	0.046597

表 8-59　外教留学生评定的人力资本存量权重

名称	权重	一级指标	权重	二级指标	权重	三级指标	权重	四级指标	权重
人力资本存量	1	A1 知识存量	0.37189	A1.1 显性知识	0.212529	A1.1.1 事实知识	0.111074	A1.1.1.1 专业事实知识	0.068105
								A1.1.1.2 一般事实知识	0.042969
						A1.1.2 理论知识	0.101455	A1.1.2.1 专业理论知识	0.053024
								A1.1.2.2 一般理论知识	0.048432
				A1.2 隐性知识	0.15936	A1.2.1 技能知识	0.07968	A1.2.1.1 专业技能知识	0.041643
								A1.2.1.2 一般技能知识	0.038037
						A1.2.2 人际知识	0.07968	A1.2.2.1 专业人际知识	0.041709
								A1.2.2.2 一般人际知识	0.037971
		A2 能力存量	0.38018	A2.1 智能	0.233109	A2.1.1 认知能力	0.092684	A2.1.1.1 观察能力	0.023369
								A2.1.1.2 记忆能力	0.023313
								A2.1.1.3 想象能力	0.0231
								A2.1.1.4 创造能力	0.022902
						A2.1.2 社交能力	0.078677	A2.1.2.1 组织能力	0.019353
								A2.1.2.2 表达能力	0.015588
								A2.1.2.3 决策能力	0.014305
								A2.1.2.4 管理能力	0.013784
								A2.1.2.5 社会资源运用能力	0.015648

第八章 综合赋权确定指标权重

续表

名称	权重	一级指标	权重	二级指标	权重	三级指标	权重	四级指标	权重
人力资本存量	1	A2 能力存量	0.38018	A2.1 智能	0.233109	A2.1.3 操作能力	0.061748	A2.1.3.1 模仿能力	0.021747
								A2.1.3.2 艺术表演能力	0.018632
								A2.1.3.3 实验操作能力	0.021369
				A2.2 体能	0.146441	A2.2.1 运动素质	0.083162	A2.2.1.1 力量	0.018187
								A2.2.1.2 速度	0.014179
								A2.2.1.3 耐力	0.023657
								A2.2.1.4 柔韧性	0.011199
								A2.2.1.5 灵活性	0.015941
						A2.2.2 身体形态	0.063279	A2.2.2.1 高度	0.01541
								A2.2.2.2 宽度	0.008086
								A2.2.2.3 围度	0.010103
								A2.2.2.4 长度	0.013225
								A2.2.2.5 充实度	0.016455
		A3 健康存量	0.24793	A3.1 生理健康	0.082713	A3.1.1 生理健康	0.082713	A3.1.1.1 生理健康	0.082713
				A3.2 心理健康	0.109449	A3.2.1 心理健康	0.109449	A3.2.1.1 心理健康	0.109449
				A3.3 社会健康	0.055763	A3.3.1 社会适应	0.02662	A3.3.1.1 社会适应	0.02662
						A3.3.2 道德健康	0.029144	A3.3.2.1 道德健康	0.029144

（1）一级指标权重如表 8-60 所示。

表 8-60　　　　　　　　一级指标权重值

一级评价指标权重	在校大学生	机关企业人员	教授专家	外国专家留学生	最终权重
A1 知识存量	0.218104	0.224963	0.221617	0.371889	0.257239
A2 能力存量	0.345687	0.378546	0.398389	0.380185	0.386755
A3 健康存量	0.436209	0.396491	0.379994	0.247926	0.366006

（2）二级指标权重如表 8-61 所示。

表 8-61　　　　　　　　二级指标权重

二级评价指标权重	在校大学生	教授专家	机关企业人员	外国专家留学生	最终权重
A1.1 显性知识	0.103936	0.085381	0.107205	0.212529	0.121857
A1.2 隐性知识	0.114168	0.136236	0.117758	0.15936	0.135382
A2.1 智能	0.211957	0.244271	0.232104	0.233109	0.237137
A2.2 体能	0.13373	0.154118	0.146441	0.147076	0.149617
A3.1 生理健康	0.095139	0.105839	0.138462	0.082713	0.108248
A3.2 心理健康	0.190278	0.137077	0.164681	0.109449	0.145911
A3.3 社会健康	0.150792	0.137077	0.093348	0.055763	0.111847

（3）三级指标权重如表 8-62 所示。

表 8-62　　　　　　　　三级指标权重

三级评价指标权重	在校大学生	教授专家	机关企业人员	外教留学生	最终权重
A1.1.1 事实知识	0.063728	0.044693	0.065732	0.111074	0.0672679
A1.1.2 理论知识	0.040208	0.040688	0.041473	0.101455	0.0545895
A1.2.1 技能知识	0.043985	0.064922	0.050461	0.07968	0.0626257
A1.2.2 人际知识	0.070183	0.071314	0.067297	0.07968	0.0727564
A2.1.1 认知能力	0.046229	0.083794	0.077435	0.092684	0.0801779
A2.1.2 社交能力	0.092458	0.096304	0.102465	0.078677	0.0943676
A2.1.3 操作能力	0.073271	0.064174	0.052205	0.061748	0.0625919
A2.2.1 运动素质	0.081996	0.059621	0.083162	0.083522	0.0740342
A2.2.2 身体形态	0.051734	0.094497	0.063279	0.063553	0.0755828

续表

三级评价指标权重	在校大学生	教授专家	机关企业人员	外教留学生	最终权重
A3.1.1 生理健康	0.095139	0.105839	0.138462	0.082713	0.1082482
A3.2.1 心理健康	0.190278	0.137077	0.164681	0.109449	0.1459109
A3.3.1 社会适应	0.065159	0.071754	0.046751	0.02662	0.055684
A3.3.2 道德健康	0.085633	0.065323	0.046597	0.029144	0.0561629

（4）四级指标权重如表 8-63 所示。

表 8-63　　　　　　　　　四级指标权重

四级评价指标	教授专家	在校大学生	外教留学生	外企政府	最终权重
A1.1.1.1 专业事实知识	0.025381	0.039176	0.068105	0.034354	0.038981
A1.1.1.2 一般事实知识	0.019312	0.024552	0.042969	0.031379	0.028287
A1.1.2.1 专业理论知识	0.025012	0.024653	0.053024	0.021709	0.030585
A1.1.2.2 一般理论知识	0.015676	0.015555	0.048432	0.019763	0.024004
A1.2.1.1 专业技能知识	0.039807	0.026969	0.041643	0.028656	0.036264
A1.2.1.2 一般技能知识	0.025115	0.017016	0.038037	0.021805	0.026362
A1.2.2.1 专业人际知识	0.040498	0.043033	0.041709	0.033649	0.039855
A1.2.2.2 一般人际知识	0.030815	0.027151	0.037971	0.033649	0.032901
A2.1.1.1 观察能力	0.018037	0.012169	0.023369	0.023029	0.019826
A2.1.1.2 记忆能力	0.015443	0.006756	0.023313	0.012084	0.015394
A2.1.1.3 想象能力	0.02389	0.011618	0.0231	0.017753	0.020887
A2.1.1.4 创造能力	0.026424	0.015687	0.022902	0.024568	0.024072
A2.1.2.1 组织能力	0.016291	0.012027	0.019353	0.019316	0.017299
A2.1.2.2 表达能力	0.010278	0.013167	0.015588	0.019944	0.014245
A2.1.2.3 决策能力	0.023646	0.021671	0.014305	0.019801	0.020648
A2.1.2.4 管理能力	0.023646	0.025777	0.013784	0.018333	0.020715
A2.1.2.5 社会资源运用能力	0.022442	0.019817	0.015648	0.02507	0.021461
A2.1.3.1 模仿能力	0.014826	0.015981	0.021747	0.017972	0.017402
A2.1.3.2 艺术表演能力	0.026653	0.025329	0.018632	0.011554	0.021359
A2.1.3.3 实验操作能力	0.022695	0.031961	0.021369	0.022678	0.023831
A2.2.1.1 力量	0.007824	0.013657	0.016086	0.018187	0.012965
A2.2.1.2 速度	0.013318	0.009178	0.019509	0.014179	0.014481

续表

四级评价指标	教授专家	在校大学生	外教留学生	外企政府	最终权重
A2.2.1.3 耐力	0.012557	0.022786	0.020353	0.023657	0.018392
A2.2.1.4 柔韧性	0.009547	0.015907	0.009211	0.011199	0.010792
A2.2.1.5 灵活性	0.016375	0.020468	0.018363	0.015941	0.017404
A2.2.3.1 高度	0.02248	0.012114	0.016038	0.01541	0.018243
A2.2.3.2 宽度	0.011817	0.005548	0.012908	0.008086	0.010465
A2.2.3.3 围度	0.015548	0.008789	0.012929	0.010103	0.012942
A2.2.3.4 长度	0.020598	0.011664	0.010702	0.013225	0.015696
A2.2.3.5 充实度	0.024054	0.013618	0.010975	0.016455	0.018237
A3.1.1.1 生理健康	0.105839	0.095139	0.082713	0.138462	0.108248
A3.2.1.1 心理健康	0.137077	0.190278	0.109449	0.164681	0.145911
A3.2.2.1 社会适应	0.071754	0.065159	0.02662	0.046751	0.055684
A3.2.3.1 道德健康	0.065323	0.085633	0.029144	0.046597	0.056163

通过对四级指标权重对比（见图8-2）分析可以看出，中外专家和学生们对于健康存量指标和事实指标权重存在较大差异，对于其他指标基本持相同倾向与看法。

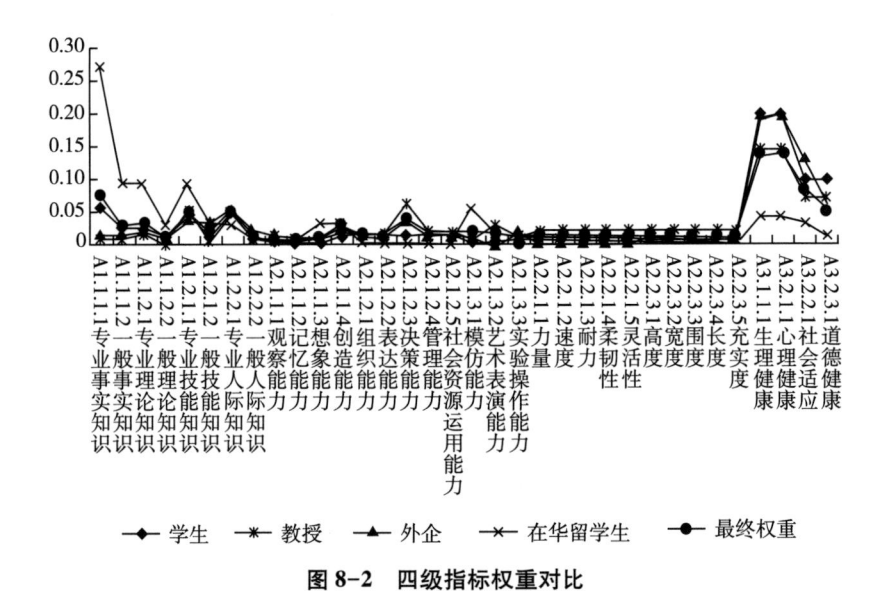

图 8-2 四级指标权重对比

第三节 综合确定指标权重

一 两种方法获得权重结果比较

通过对层次分析法和结构熵权法获得的人力资本存量微观评价体系各项指标权重结果进行比较分析，可以得到以下结论：两种方法所获得的人力资本存量微观评价体系各项指标权重结果基本一致，只是中间存在小幅差异，见图8-3。

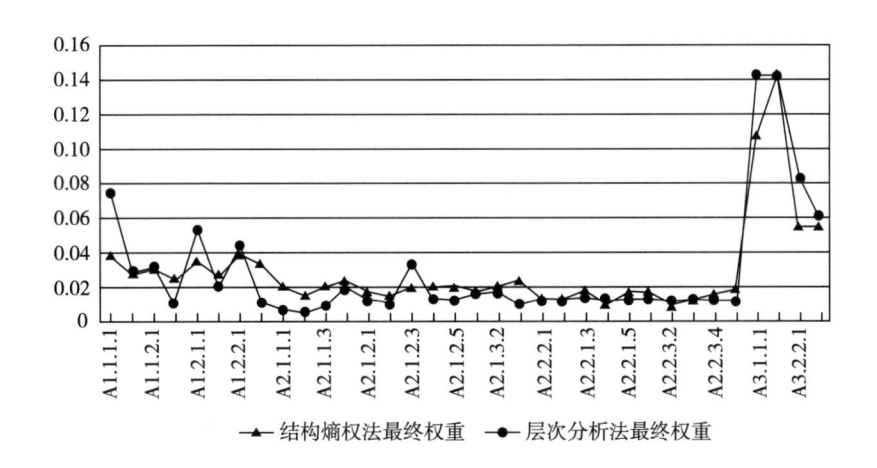

图 8-3 层次分析法与结构熵权法权重结果比较

（一）总体一致性

两种方法所获得的人力资本存量微观评价体系中各项指标权重基本一致。具体表现在：

（1）在一级指标权重中，在"校大学生""教授专家""机关企业人员"三类人群都认为"健康"存量最重要，要比"能力""知识"更重要。而在"外国专家和留学生"却认为"健康"最不重要，没有"知识""能力"重要。中国和国外对于"健康"存量有着截然不同的态度和看法。

（2）在二级指标体系中，"教授专家""机关企业人员"都认为"智能"在所有7个二级指标中最重要；"在校大学生""教授专家"

"机关企业人员"认为,"显性知识"这一指标最不重要。而"外国专家和留学生"却认为,"显性知识""智能"最重要,"健康"(包括"生理健康""心理健康""社会健康")最不重要,中外两种人群在"显性知识"方面仍然持有两种截然不同的看法。

(3)在三级指标权重中,"在校大学生""教授专家""机关企业人员"三类群体都认为,"生理健康""心理健康"非常重要,是最重要的三项指标之二,"理论知识"是最不重要的三项指标之一;而"外国专家和留学生"却认为,"知识"(包括"事实知识""理论知识")最为重要,"社交能力""道德健康"是最不重要的两项指标。

(4)在四级指标权重中,"在校大学生""教授专家""机关企业人员"三类群体还是认为"生理健康""心理健康""社会适应""道德健康"在所有指标中最重要;而"外国专家和留学生"都认为"专业事实知识""专业理论知识"最重要,"宽度""长度"等身体形态指标最不重要。

(二)结果的差异性

通过图8-4可知,两种方法所获得的人力资本存量微观评价体系各项指标权重结果还是存在小幅差异,差异幅度在-0.02—0.04。鉴于两种方法属性侧重点不同,层次分析法侧重于主观赋权,结构熵权法侧重于客观赋权,为了兼顾赋权结果的主观性和客观性,就有必要对这两份结果进行综合赋权来获得人力资本微观评价体系的最终权重结果。

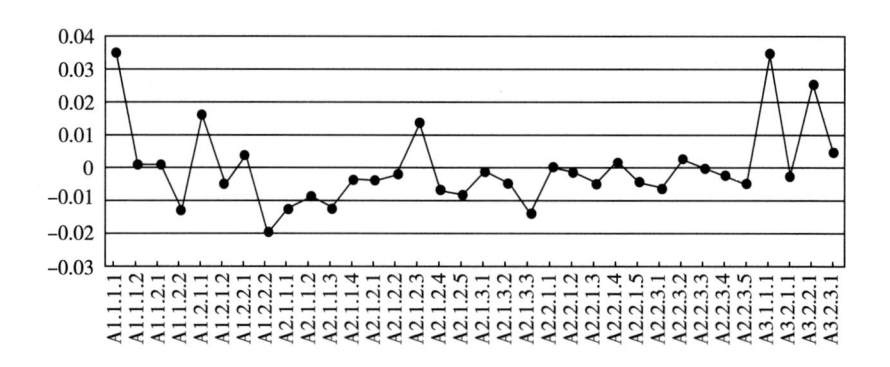

图8-4 层次分析法与结构熵权法权重结果差异比较

二　综合赋权确定指标最终权重

目前，权重确定的方法主要有两种：一是主观赋权法，如层次分析法（AHP）、循环打分法、偏好比率法、二项系数法等[1][2][3][4][5]，主观赋权法是专家根据经验判断而得到指标的权重，因而其结果具有较强的主观随意性，其中 AHP 由于能将定性问题定量化，复杂问题层次化，是一种应用较为广泛的主观赋权方法；二是客观赋权法，如熵值法、主成分分析法、拉开档次法、离差最大化法等[6][7][8][9]，客观赋权法是根据原始数据之间的内在规律来确定权重，因而具有较强的数学理论依据，注重指标本身的信息量，但有时会与各指标的实际重要程度相悖，解释性较差，其中熵值法应用较多，它依据指标数据序列的变异程度来确定指标权重，变异程度越大，则相对应的权系数就越大。然而，只使用主观赋权或客观赋权，要么过分依赖人的主观经验，要么过分注重数学理论，会使得到的权重往往与实际有较大的偏差[10]。事实上，合理的赋权

---

[1]　程平、刘伟：《多属性群决策中一种基于主观偏好确定属性权重的方法》，《控制与决策》2010 年第 11 期。
[2]　曾雪兰等：《基于相容性指标的聚类分析专家赋权法》，《广西大学学报》2005 年第 4 期。
[3]　曾建权：《层次分析法在确定企业家评价指标权重中的应用》，《南京理工大学学报》2004 年第 1 期。
[4]　陈伟、夏建华：《综合主、客观权重信息的最优组合赋权方法》，《数学的实践与认识》2007 年第 1 期。
[5]　香赵政等：《基于序关系确定成熟度评价指标权重的简易法》，《广西大学学报》2009 年第 6 期。
[6]　章穗等：《基于熵权法的科学技术评价模型及其实证研究》，《管理学报》2010 年第 4 期。
[7]　马永红等：《基于离差最大化的决策者权重的确定方法》，《北京化工大学学报》2007 年第 2 期。
[8]　金国华等：《主成分分析法在武器装备管理中的应用》，《装备指挥技术学院学报》2006 年第 2 期。
[9]　陈明生：《矿井通风优化评价指标体系权重确定》，《中国安全生产科学技术》2011 年第 3 期。
[10]　巴宁等：《基于组合赋权保障性评价指标权重确定》，《现代电子技术》2010 年第 17 期。

方法应该同时基于指标数据之间的内在规律和专家的经验判断[1][2]，为此，本书引入综合赋权对传统的逼近理想解排序进行拓展，提出了一种基于综合赋权的逼近理想解排序方法。

在综合赋权方案优选过程中，由于考虑的因素数目往往比较多，并且各评价指标之间的权重相差甚微，为了防止权重失真，本书采用平均法对评价指标进行组合赋权，即将前面的主、客观权重系数相加后取平均，通过综合赋权的最终权重结果如下：

（1）一级评价指标权重如表8-64所示。

表8-64　　　　　　　一级指标权重值

一级评价指标权重	结构熵权法最终权重	层次分析法最终权重	综合权重	综合权重归一化
A1 知识存量	0.257239477	0.276632	0.266935738	0.264
A2 能力存量	0.386754501	0.304523	0.34563875	0.342
A3 健康存量	0.366006023	0.428844	0.397425011	0.394

（2）二级指标权重如表8-65所示。

表8-65　　　　　　　二级指标权重

二级评价指标权重	结构熵权法最终权重	层次分析法最终权重	综合权重	综合权重归一化
A1.1 显性知识	0.121857397	0.146974	0.134415699	0.504
A1.2 隐性知识	0.135382079	0.129658	0.13252004	0.496
A2.1 智能	0.237137437	0.172892	0.205014718	0.593
A2.2 体能	0.149617064	0.131631	0.140624032	0.407
A3.1 生理健康	0.108248195	0.142948	0.125598098	0.316
A3.2 心理健康	0.145910907	0.142948	0.144429454	0.363
A3.3 社会健康	0.11184692	0.142948	0.12739746	0.321

---

[1] Wang Chunyi, et al., "A Combined Weighting Method for Power System Restoration Decision Making", Paper Delivered to Seventh International Conference on Natural Computation (ICNC), Sponsored by the Piscataway, NJ, US, A: IEEE, 2011.

[2] Zhang Tianyun, Chen Kui, "Determination of the Weights of Evaluation Indices with Combined Weighting Model for Engineering Materials", *Advanced Materials Research*, 2011, pp. 199-200.

(3) 三级指标权重如表 8-66 所示。

表 8-66　　　　　　　　　三级指标权重

三级评价指标权重	结构熵权法最终权重	层次分析法最终权重	综合权重	综合权重归一化
A1.1.1 事实知识	0.0672679	0.103481	0.08537445	0.635
A1.1.2 理论知识	0.054589497	0.043494	0.049041749	0.365
A1.2.1 技能知识	0.062625671	0.073744	0.068184835	0.515
A1.2.2 人际知识	0.072756409	0.055915	0.064335704	0.485
A2.1.1 认知能力	0.080177946	0.04324	0.061708973	0.301
A2.1.2 社交能力	0.094367617	0.086413	0.090390308	0.441
A2.1.3 操作能力	0.062591873	0.04324	0.052915937	0.258
A2.2.1 运动素质	0.074034249	0.066306	0.070170124	0.499
A2.2.2 身体形态	0.075582815	0.065324	0.070453408	0.501
A3.1.1 生理健康	0.108248195	0.142948	0.125598098	1
A3.2.1 心理健康	0.145910907	0.142948	0.144429454	1
A3.3.1 社会适应	0.055684007	0.081711	0.068697504	0.539
A3.3.2 道德健康	0.056162913	0.061237	0.058699956	0.461

(4) 四级指标权重如表 8-67 所示。

表 8-67　　　　　　　　　四级指标权重

四级评价指标	结构熵权法最终权重	层次分析法最终权重	综合权重	综合权重归一化
A1.1.1.1 专业事实知识	0.038980741	0.074235537	0.056608139	0.663
A1.1.1.2 一般事实知识	0.028287159	0.029245179	0.028766169	0.337
A1.1.2.1 专业理论知识	0.030585447	0.032120179	0.031352813	0.639
A1.1.2.2 一般理论知识	0.02400405	0.011373393	0.017688721	0.361
A1.2.1.1 专业技能知识	0.036263903	0.052682679	0.044473291	0.652
A1.2.1.2 一般技能知识	0.026361768	0.021060893	0.02371133	0.348
A1.2.2.1 专业人际知识	0.03985508	0.043595437	0.041725258	0.649
A1.2.2.2 一般人际知识	0.032901328	0.012319087	0.022610208	0.351

续表

四级评价指标	结构熵权法最终权重	层次分析法最终权重	综合权重	综合权重归一化
A2.1.1.1 观察能力	0.019825737	0.007394597	0.013610167	0.221
A2.1.1.2 记忆能力	0.015393532	0.005994348	0.01069394	0.173
A2.1.1.3 想象能力	0.020886717	0.009311527	0.015099122	0.245
A2.1.1.4 创造能力	0.024071959	0.02053912	0.02230554	0.361
A2.1.2.1 组织能力	0.017299194	0.013266342	0.015282768	0.169
A2.1.2.2 表达能力	0.014244631	0.012433543	0.013339087	0.148
A2.1.2.3 决策能力	0.020647896	0.034180628	0.027414262	0.303
A2.1.2.4 管理能力	0.020714602	0.013266342	0.016990472	0.188
A2.1.2.5 社会资源运用能力	0.021461294	0.013266342	0.017363818	0.192
A2.1.3.1 模仿能力	0.017402183	0.016514069	0.016958126	0.32
A2.1.3.2 艺术表演能力	0.021358943	0.016749525	0.019054234	0.36
A2.1.3.3 实验操作能力	0.023830747	0.009975998	0.016903372	0.32
A2.2.1.1 力量	0.01296541	0.013261286	0.013113348	0.187
A2.2.1.2 速度	0.014481382	0.013261286	0.013871334	0.198
A2.2.1.3 耐力	0.018391507	0.013261286	0.015826396	0.226
A2.2.1.4 柔韧性	0.010791865	0.013261286	0.012026576	0.171
A2.2.1.5 灵活性	0.017404084	0.013261286	0.015332685	0.218
A2.2.3.1 高度	0.018243194	0.013064873	0.015654033	0.222
A2.2.3.2 宽度	0.010464618	0.013064873	0.011764745	0.167
A2.2.3.3 围度	0.012942029	0.013064873	0.013003451	0.185
A2.2.3.4 长度	0.01569596	0.013064873	0.014380417	0.204
A2.2.3.5 充实度	0.018237014	0.013064873	0.015650944	0.222
A3.1.1.1 生理健康	0.108248195	0.142948147	0.125598171	1
A3.2.1.1 心理健康	0.145910907	0.142948147	0.144429527	1
A3.2.2.1 社会适应	0.055684007	0.081711111	0.068697559	1
A3.2.3.1 道德健康	0.056162913	0.061237037	0.058699975	1

层次法、结构熵权法、综合赋权法权重对比如图 8-5 所示。

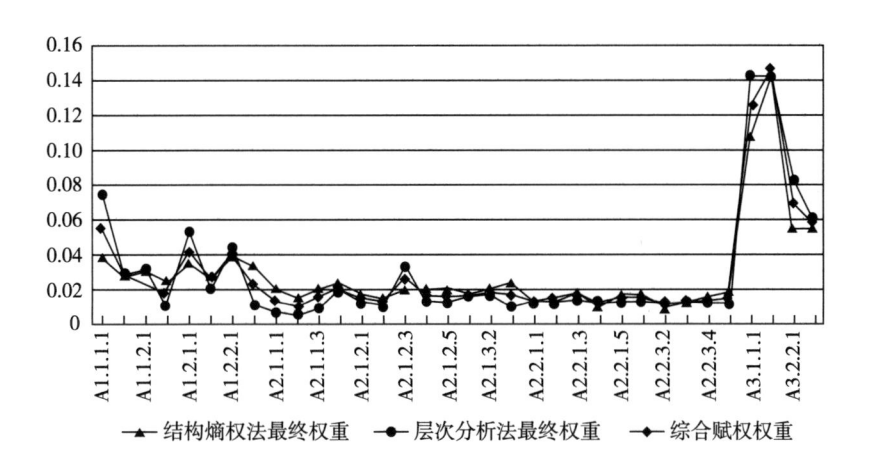

图8-5　层次法、结构熵权法、综合赋权法权重对比

本章在前期对四类336位代表问卷调查处理的基础上，为了力求权重结果的科学性和客观性，分别采用层次分析法和结构熵权法对问卷初步结果进行了评价处理。

两种方法处理结果显示，这两类方法确定的人力资本微观评价体系指标结果走向趋势基本一致，但是部分指标仍存在小幅差异（-2%—4%）。这些小幅差异主要是由于这两种方法优势和特点各不相同造成的：层次分析法属于主观赋权法，侧重于主观定性；结构熵权法属于客观赋权法，根据原始数据之间的内在规律来确定权重，侧重于客观数据。

本书采用主客观综合赋权的方法最终确定人力资本微观评价体系指标权重结果，从而使权重结果更加合理。

第三篇

实践验证

第九章

评价指标量化与验证

第一节 指标量化测评方法

在建立人力资本存量评价指标体系和确定各项指标权重后,最为重要的是对各项指标进行科学的计量核算,特别是对第四级34项指标的量化。

一 指标量化评价的可行性

事实上,对于人力资本存量微观评价体系中的各项评价指标,其中绝大部分目前都已经有了较为成熟的评价量化方法,如表9-1所示。

表9-1 对人力资本存量微观评价体系指标量化可采用的测评方法

评价体系	一级指标（3个）	二级指标（7个）	三级指标（13个）	已有较为成熟的测评方法	
				方法	备注
人力资本微观存量评价	知识存量	显性知识	事实知识	1. 书面测试 2. 专家打分（根据个人知识的学习时间、学习态度和质量等）	1. 知识存量评价以书面测试为主,专家打分为辅 2. 学习时间包括接受全日制教育、继续教育、企业培训和"干中学"等时间；学习态度和质量包括个人努力程度、学校教育质量、培训质量等
			理论知识		
		隐性知识	技能知识		
			人际知识		

201

续表

评价体系	一级指标（3个）	二级指标（7个）	三级指标（13个）	已有较为成熟的测评方法	
				方法	备注
人力资本微观存量评价	能力存量	智能	认知能力	1. 专家测试打分（根据实际表现） 2. 书面测试	1. 智能存量评价以专家测试打分为主，书面测试为辅 2. 对于智能评价，无论是专家测评还是书面测试，国内外已经有了比较成熟的方法和理论
			社交能力		
			操作能力		
		体能	运动素质	专家根据运动测试指标打分	国内外已经有很多较为成熟的方法（如运动员测试等）和理论
			身体形态	专家根据个人体态指标打分	根据个人实际体态指标与表现
	健康存量	生理健康	身体健康	专家根据体检结果打分	生理健康和心理健康都以客观的体检指标或心理测试指标为基础，专家进行综合评价
		心理健康	心理健康	自我评价	
		社会健康	社会适应	问卷调查	社会适应和道德健康都是社会指标，突出周围人员问卷评价
		道德健康	自我评价		

对于知识（事实知识和理论知识）的评价，目前通常采用的是客观的书面测试的方法。为了避免由于专家出题的偏颇造成评价的误差，部分研究会辅助采用专家打分给予修正，客观与主观相结合，使评价更加全面、科学；而对于技能知识和人际知识，则主要采用提问和被测试者实地操作，专家考官打分的方法给予评价。同时，也会采用书面测试的方法对于该领域的知识予以考核打分。同显性知识（事实知识和理论知识）相比较，隐性知识（技能知识和人际知识）因为难以用语言表达，所以更多地采用主观专家打分的方法。

对于能力的评价方法，智能和体能也略有不同。对于智能（认知能力、社交能力和操作能力）的评价，目前已经有了比较成熟的智力测试方法，更多地采用专家提问来观察受测试者反应和情境操作相结合、主客观相结合的方法进行打分评价，在评价时已经有了较为细致的评价标准；而体能（运动素质和身体形态）则更多地需要以受测试者表现的一系列客观数据（如百米跑速度、立定跳远等运动测试和身高等客观指标）为依据，专家根据评分标准给予打分量化，主观需以客观为基础，主客观相结合进行评价的方法。

为了保证测评结果的全面准确，除体能测评采用主观（专家打分）方式外，其他指标测评均采用书面测试（客观）和专家打分（主观）相结合以客观评价为主的方法进行，专家打分时也强调以客观事实（学习时间、体检数据、运动测试等）为依据进行。

对于健康存量，除专家打分和问卷调查外，评价系统采用自测健康的自我评价方式。自测健康这一概念最早在 1958 年由苏克曼（Suchman）等提出。随着大量的实证研究显示自测健康与客观健康之间存在关联，它成了目前国际上比较通用的健康测量的一种方法[1]。1999 年，世界卫生组织公布了"五快三好"的 8 条健康新标准（见表 9-2）[2]，为个人自测健康提供了非常实用、快捷、简单的自评指标。

表 9-2　　1999 年世界卫生组织公布的健康新标准（自评指标）

"五快三好"	含义	评价体系对应指标
1. 吃得快	吃饭不挑食、不偏食，主餐吃时感觉津津有味	身体健康
2. 走得快	行动自如、协调，迈步轻松、有力，转体敏捷，反应快速，动作流畅	
3. 睡得快	上床后能较快入睡，睡眠舒畅，醒后头脑清醒，精神饱满，睡眠质量好	
4. 说得快	说话流利，头脑清楚，思维敏捷，没有词不达意现象，且中气充足，心肺功能正常	
5. 便得快	能快速畅快地排泄大小便，且感觉轻松自如	
6. 个性好	目标坚定，意志持衡，感情丰富，热爱生活和人生，乐观豁达，胸襟坦荡；能够很好地适应不同环境，没有经常性的压抑和冲动感；不孤芳自赏寂寞独处，看问题、办事情都能以现实为基础	心理健康（狭义）
7. 处世能力好	自控能力强，适应变化；与人交往能被大多数人接受。不管人际风云如何变幻，都能保持稳定、永久的适应性；具有交际广、知心朋友多的特点。众人都乐于向他倾诉心中的喜与乐	社会适应

---

[1]　冯宏鹏等：《关于我国健康评价指标体系建设的几点建议》，《成都体育学院学报》2010 年第 10 期。

[2]　健人：《健康新标准》，《大众科技》2001 年第 2 期。

续表

"五快三好"	含义	评价体系对应指标
8. 人际关系好	心地善良，性格柔和；言行举止得到公众认可，恰到好处，与人相处自然融洽，助人为乐	道德健康

另外，在实际操作过程中，由于人力资本存量微观评价体系较为庞大，涉及广泛，既有定量指标，也有定性指标，无法全部一概量化。因此，在具体实证评测与核算时，可以依据以下三项原则进行分类处理。

首先，如果国内外已有文献和统计出版物进行相同的研究，则可依据数据来源将指标尽可能量化。

其次，如果无法从统计出版物中寻得数据而又需要量化的指标，可以选择专业打分法或其他带有主观性，但不失权威性的方法，将其处理为权重化指标或指数化指标。

最后，如果完全无法或无必要量化的少量指标，可以将其视为制度化的标准列出。在人力资本核算时，其不作为标志性指导，而仅作为参照物。

如果能采用上述三类方法进行处理，不但能最大限度、有效地核算出人力资本水平，而且还具有制度化约束的边界，从而形成较为严谨而科学的核算与评价体系。

二 研究选定的指标量化评价方法

综上所述，对于人力资本存量微观评价体系中的各项评价指标，完全可以依据已有研究得出较为客观科学的量化结果。但是由于人力资本存量微观评价体系指标众多，很多指标在评价时程序相当复杂、烦琐，需要花费大量的时间和精力才能完成。对于本项研究来说，重要的是通过对各项指标的量化来验证本书建立起来的人力资本存量微观评价体系的可行性和科学性，需要探索建立起一种更为简便、容易操作和可行的量化方法。

经过反复比较目前的研究方法，本书决定采用专家会议评价法对人力资本存量微观评价体系的各项指标进行量化。

三 量化评价前期准备与预测试

（一）前期准备

1. 确定量化评价对象

根据项目研究需要和特点，本书选取了来自同一所高校的 54 名教师和学生作为评价对象（见表 9-3）。选取这些人作为研究对象的原因是：①这些对象都接受过或者正在接受着高等教育，人力资本存量和质量高。②易做同类比较。这些教师和学生在同一环境下接受教育或者工作，学历相同，教育环境基本相同。在宏观评价方法中，这些人基本被评价为相同的人力资本存量。通过本研究，可以探索即使在同样的教育环境下的同类比较，从微观角度其人力资本存量是否相同。③易于组织和采集数据。研究需要采用专家会议评分法，可以利用周末等空余时间集中进行。④便于验证。本书作者与很多评价对象熟悉，了解其基本情况。在经过专家评价和综合评价处理后，可以对评价方法和结果进行验证。

表 9-3　　　　　　被评价对象（样本 54 人）信息类型分布

序号	项目	分类	人数（人）	所占比例（%）
1	学生	硕士	15	28
		本科	19	34
2	教师	中青年教师	10	19
		教授专家	10	19
3	性别	男	29	54
		女	24	46

2. 确定评价专家

鉴于部分指标较难通过问卷书面表达，而且在此领域也不权威，所以根据设计的"人力资本存量微观评价指标体系"特点和研究需要，邀请了 13 位教授作为评价专家对评价对象进行打分。为了追求评价结果的科学性和权威性，所有专家都具有教授和副教授职称，13 位专家分别来自本评价体系所涉及的 10 个不同领域。专家的具体研究领域和分布构成分别见表 9-4 和表 9-5。

表 9-4　　　　　专家研究领域分布（13 人）

序号	研究领域	专家人数（人）
1	经济学领域	2
2	管理学领域	2
3	国际交流合作领域	1
4	国际关系和社会学领域	1
5	医学领域	1
6	理工学领域	1
7	体育科学领域	1
8	艺术领域	1
9	外语和语言领域	1
10	心理学领域	1
11	文学领域	1

表 9-5　　　　　专家基本情况分布（13 人）

序号	项目	分类	人数（人）	所占比例（%）
1	职称	教授	10	77
		副教授	3	23
2	学历	博士	9	69
		硕士	1	8
		本科	3	23
3	从事专业领域研究时间	<10 年	1	8
		10—20 年	3	23
		>20 年	9	69
4	性别	男	10	77
		女	3	23
5	年龄	30—40 岁	1	8
		41—50 岁	4	30
		>50 岁	8	62

3. 答卷、场地等会议准备

为了保证评价质量，本书项目组需提前准备安静且相对封闭的会议场地，提前准备好问卷、评价表等必备资料。

（二）预测试

为了保证评价的科学性，项目组提前对调查对象做了问卷和评价预测试，以测试问卷设计、会议程序和打分评价的合理性、可行性和科学性。根据预测试结果，本书项目组对问卷调查和打分程序做了修正。

第二节　自我评价与专家评价

一　基本信息问卷

在专家会议前，先设计了"被评价人个人基本信息问卷"。此问卷经过部分专家审阅丰富和补充，基本能涵盖问卷评价体系中各项评价指标。

经过补充修改后的个人基本信息问卷主要分为三个部分。第一部分是被评价人的教育和培训经历信息，主要反映人力资本知识存量；第二部分是被评价人参加社会实践、社会活动和比赛竞赛的信息，主要反映人力资本能力存量；第三部分是个人自测自评健康。根据1999年世界卫生组织公布的健康新标准（自评指标）把"五快三好"分解为生理健康、心理健康、社会适应和道德健康四个部分，个人对照指标和说明进行评价。信息表中部分为客观信息，部分需要个人结合自己实际情况作出判断和评价。

二　自我评价

在个人基本信息问卷中，很多内容是被评价人对自己的先行自我评价。如在第一部分"教育、培训信息"中的第3题为：

你的学习成绩在各学习阶段总体排名为：

□前10%；□11%—30%；□31%—50%；□51%—80%；□后20%

自我评价设计为较为流行常用的五分度评价法。自我评价结果直接为后面的专家评价提供依据。通过后面的13位专家的评价，可以对自我评价进行修正，自我评价和专家评价自然地结合在一起。

三　填写个人基本信息问卷

在问卷设计好后，54名被评价对象根据问卷要求逐一填写问卷和自我评价。问卷填写采用集中和分散相结合的方式进行，避免相互干扰，保证填写和自我评价质量。

所有被评价对象的问卷填写需在专家会议前一天结束，本书项目组对问卷填写情况进行审核，确保信息填写准确。

四 专家会议打分评价

（一）评价步骤与过程

1. 专家了解研究内容、会议目的和阅读个人基本信息问卷

会议首先确认了专家组长，领导本次专家会议，并对会议期间程序和相关事宜做出决定。

由研究小组分别对本书研究的内容、进展和本次会议的程序、目的向各位专家做了汇报。本次会议的目的是：①通过专家们的评价打分，采用专家会议打分法来验证所建立的人力资本评价体系的可行性和实用性，可为其他学者类似研究提供方法和模式的借鉴；②通过专家们评价打分，对人力资本个体各项指标做出量化评价，为个体的全面系统性评价提供数据参考，从而发现自己的长处与不足，为今后的学习和提升指明方向。作者特别重点逐项介绍说明了人力资本存量微观评价体系各项指标的含义，对各位专家提出的疑问做了进一步阐释，以便让各位专家更加清楚地了解相关研究背景和目的要求，为下一步更加客观地、公正地打分奠定基础。

第二项是请各位专家仔细阅读54名评价对象做的个人基本信息问卷，专家在会议评价打分前对被评价人就个人基本信息问卷进行提问式交谈，让被评价人现场回答，进一步做解释说明。

2. 提问面试

各位专家首先对基本信息问卷内容进行分析，了解问卷是否能够反映学生在自己研究领域的存量内容，然后对个人填写的基本信息问卷所不能涵盖、或无法涵盖、或需要进一步了解的内容对被评价的学生逐一进行提问。各不同领域的专家可以选择自己的研究领域提问，也可以不限领域。在实际进行过程中，专家们踊跃提问，提问质量较高。

3. 分组评价

在提问和评价打分环节都采用分组的形式进行。分组的目的是：①有利于专家对学生相互比较评价；②节省时间；③如果时间过长容易导致专家疲劳增大评价判断误差。

评价打分采用 10 分制。通常 10 分制与 5 级评分制的换算为：9 分≤优秀≤10 分；8 分≤良好<9 分；7 分≤中等<8 分；6 分≤及格<7 分；不及格<6 分。对于各项评价指标的评分由专家进行打分。

在提问面试环节，专家们可以相互交流讨论。专家对各位学生没有疑问时，学生退场。在打分环节，要求专家们不能再进行讨论，相互影响。专家需要对每位学生一一逐项打分，建议在学生退场后进行打分评价。在学生回答期间可以做些标记。

（二）评价结果统计

会议后对 13 位专家们的评价打分进行统计。表 9-6 为 13 位专家对学生 1 各项指标的评价汇总结果。表 9-7 和表 9-8 为专家评价 19 位学生（本科）受访者平均分统计汇总。

表 9-6　　专家评价受访者样表：学生 1 专家打分统计汇总

序号	四级指标	专家	1	2	3	4	5	6	7	8	9	10	11	12	13
1	A1.1.1.1	专业事实知识	8	7	8	8	8	7	8	8	8	8	8	8	8
2	A1.1.1.2	一般事实知识	8	8	7	8	8	8	7	7	8	8	8	8	7
3	A1.1.1.3	专业理论知识	8	9	8	8	8	8	7	8	8	8	8	9	7
4	A1.1.1.4	一般理论知识	7	6	7	8	8	7	7	7	8	7	8	8	8
5	A1.2.1.1	专业技能知识	8	7	8	8	8	8	7	7	8	8	9	8	8
6	A1.2.1.2	一般技能知识	7	9	6	7	7	8	7	7	8	7	7	8	7
7	A1.2.2.1	专业人际知识	8	8	7	7	6	8	7	7	8	8	6	7	8
8	A1.2.2.2	一般人际知识	8	8	7	7	7	8	6	8	8	7	8	7	7
9	A2.1.1.1	观察能力	8	10	6	7	7	8	7	8	8	7	8	9	8
10	A2.1.1.2	记忆能力	8	8	7	7	7	8	7	7	8	7	8	8	8
11	A2.1.1.3	想象能力	8	6	7	7	8	8	7	7	7	8	9	8	8
12	A2.1.1.4	创造能力	8	7	7	7	7	7	6	8	8	7	7	8	7
13	A2.1.2.1	组织能力	8	9	7	7	6	8	7	7	8	8	6	8	7
14	A2.1.2.2	表达能力	8	8	7	6	7	7	6	7	8	8	7	9	7
15	A2.1.2.3	决策能力	8	8	7	7	7	7	7	7	8	7	7	7	8
16	A2.1.2.4	管理能力	8	7	6	7	6	7	7	7	6	8	6	8	7
17	A2.1.2.5	社会资源运用能力	8	6	6	7	6	8	7	7	8	7	6	9	7

续表

序号	四级指标	专家 1	2	3	4	5	6	7	8	9	10	11	12	13
18	A2.1.3.1 模仿能力	8	6	6	7	6	7	7	7	6	7	7	7	8
19	A2.1.3.2 艺术表演能力	8	6	6	7	7	7	7	7	6	7	6	8	8
20	A2.1.3.3 实验操作能力	8	8	8	8	9	9	7	8	8	8	9	9	6
21	A2.2.1.1 力量	8	6	7	7	8	8	8	9	6	8	8	7	7
22	A2.2.1.2 速度	8	7	7	9	7	8	8	9	8	8	8	8	6
23	A2.2.1.3 耐力	8	10	9	9	9	8	7	9	8	8	9	9	6
24	A2.2.1.4 柔韧性	8	7	7	8	7	8	7	9	7	7	6	7	7
25	A2.2.1.5 灵活性	8	7	7	9	7	8	7	9	8	8	7	9	8
26	A2.2.2.1 高度	8	8	8	9	7	7	7	8	7	8	8	9	8
27	A2.2.2.2 宽度	9	7	7	9	7	7	7	8	7	7	8	9	7
28	A2.2.2.3 围度	9	6	7	8	8	7	8	8	7	7	9	9	7
29	A2.2.2.4 长度	9	7	8	8	7	8	7	8	7	7	7	9	7
30	A2.2.2.5 充实度	9	9	8	8	8	7	8	8	6	8	8	9	7
31	A3.1.1.1 生理健康	9	7	8	8	10	9	9	9	8	9	8	9	8
32	A3.2.1.1 心理健康	9	8	7	8	9	7	8	9	7	8	9	8	8
33	A3.2.2.1 社会适应	9	8	7	9	7	9	7	9	7	6	8	9	8
34	A3.2.3.1 道德健康	9	9	8	9	8	9	9	9	8	9	10	9	8

表9-7　专家评价1—10位学生平均统计汇总

序号	四级指标	学生 1	2	3	4	5	6	7	8	9	10
1	A1.1.1.1 专业事实知识	7.85	7.15	8.38	8.23	8.38	8.69	8.38	8.54	8.38	7.46
2	A1.1.1.2 一般事实知识	7.69	7.31	7.69	7.46	7.38	8.31	7.92	7.85	8.15	7.69
3	A1.1.1.3 专业理论知识	8.00	7.38	8.15	8.08	8.08	8.54	8.15	7.92	8.46	7.62
4	A1.1.1.4 一般理论知识	7.62	7.31	7.85	7.62	7.15	8.08	8.08	7.77	8.31	7.54
5	A1.2.1.1 专业技能知识	7.85	7.00	8.08	8.23	8.00	8.38	8.23	8.00	8.31	7.69
6	A1.2.1.2 一般技能知识	7.54	7.15	8.00	7.92	7.08	8.23	8.23	7.85	7.92	7.15
7	A1.2.2.1 专业人际知识	7.31	7.62	8.15	8.08	7.77	8.38	7.92	7.69	8.15	7.62
8	A1.2.2.2 一般人际知识	7.08	7.54	8.00	7.85	8.00	7.38	7.77	8.00	8.23	7.54

210

续表

序号	四级指标	学生 1	2	3	4	5	6	7	8	9	10
9	A2.1.1.1 观察能力	7.77	7.54	7.85	8.08	8.08	7.92	7.38	7.92	8.23	8.00
10	A2.1.1.2 记忆能力	7.23	8.00	7.69	8.46	9.08	7.92	8.08	8.00	8.38	7.69
11	A2.1.1.3 想象能力	7.62	8.00	7.38	8.08	8.31	7.92	8.08	7.85	8.23	7.92
12	A2.1.1.4 创造能力	7.62	7.69	8.00	8.23	7.69	7.62	7.46	7.54	8.00	7.46
13	A2.1.2.1 组织能力	7.23	7.31	8.77	8.15	8.23	7.38	8.38	8.00	8.46	8.08
14	A2.1.2.2 表达能力	6.85	8.08	8.62	8.54	8.54	7.69	8.15	8.15	8.38	8.08
15	A2.1.2.3 决策能力	7.31	7.46	8.15	7.85	7.62	7.38	7.92	7.46	8.23	7.77
16	A2.1.2.4 管理能力	7.00	7.38	8.46	8.08	7.77	7.38	7.92	7.85	8.08	8.08
17	A2.1.2 社会资源运用能力	7.08	7.46	8.15	8.08	8.15	7.46	7.62	7.31	8.23	7.46
18	A2.1.3.1 模仿能力	6.85	7.85	7.92	7.69	7.92	7.54	7.62	7.69	7.85	7.23
19	A2.1.3.2 艺术表演能力	6.92	7.15	7.85	8.46	8.46	7.23	7.85	7.62	8.08	7.69
20	A2.1.3.3 实验操作能力	8.08	7.62	7.62	7.31	7.38	7.69	7.38	7.00	7.62	7.62
21	A2.2.1.1 力量	7.46	7.77	8.31	8.38	7.92	7.54	7.77	7.38	7.85	7.77
22	A2.2.1.2 速度	7.77	8.23	7.38	8.85	7.23	8.54	7.46	7.62	7.77	8.38
23	A2.2.1.3 耐力	8.38	7.85	8.15	8.23	7.54	7.54	8.23	7.69	8.15	7.92
24	A2.2.1.4 柔韧性	7.38	7.77	7.69	8.23	7.92	7.69	7.85	7.69	8.00	8.08
25	A2.2.1.5 灵活性	7.85	8.15	7.85	8.31	8.00	7.23	8.15	7.54	8.08	8.54
26	A2.2.2.1 高度	7.85	8.00	8.85	8.62	8.62	8.54	8.23	7.69	8.23	8.62
27	A2.2.2.2 宽度	7.62	7.77	8.15	8.38	8.15	8.08	8.38	7.62	7.85	8.31
28	A2.2.2.3 围度	7.69	8.00	8.08	8.38	8.15	8.00	7.69	7.77	8.08	8.31
29	A2.2.2.4 长度	7.54	7.77	8.38	8.62	8.23	8.15	8.15	7.69	7.92	8.54
30	A2.2.2.5 充实度	7.92	8.31	8.23	8.46	8.15	7.92	8.15	7.92	8.54	8.46
31	A3.1.1.1 生理健康	8.46	8.62	8.69	8.92	8.92	8.62	8.46	8.54	8.69	8.85
32	A3.2.1.1 心理健康	8.23	8.62	8.85	8.92	8.77	8.54	8.54	8.46	8.85	8.54
33	A3.2.2.1 社会适应	8.00	8.23	8.85	8.69	9.08	8.38	8.54	8.38	9.08	8.77
34	A3.2.3.1 道德健康	8.77	8.46	8.77	8.85	9.08	8.69	8.69	8.77	9.08	9.00

表 9-8　　专家评价 11—19 位学生平均统计汇总

序号	四级指标	学生 11	12	13	14	15	16	17	18	19
1	A1.1.1.1　专业事实知识	8.46	8.62	7.15	8.23	8.57	9.02	8.27	8.92	8.46
2	A1.1.1.2　一般事实知识	8.23	7.92	7.46	7.85	8.08	8.44	8.04	8.54	8.15
3	A1.1.1.3　专业理论知识	8.23	8.23	7.23	8.15	7.88	8.16	7.85	8.38	7.73
4	A1.1.1.4　一般理论知识	7.85	8.23	7.23	7.69	8.10	8.39	7.62	8.54	7.85
5	A1.2.1.1　专业技能知识	8.23	7.85	7.23	7.69	8.04	8.33	8.15	8.50	7.88
6	A1.2.1.2　一般技能知识	8.08	7.54	7.23	7.85	8.08	8.44	8.15	8.27	7.85
7	A1.2.2.1　专业人际知识	8.31	7.92	7.46	7.85	7.12	7.81	8.31	8.38	7.81
8	A1.2.2.2　一般人际知识	7.77	8.00	7.38	8.00	7.73	8.23	8.19	8.04	7.85
9	A2.1.1.1　观察能力	8.23	8.15	7.38	8.00	8.62	8.65	8.42	8.42	8.15
10	A2.1.1.2　记忆能力	7.69	8.08	7.15	7.38	6.69	7.15	7.08	7.96	7.92
11	A2.1.1.3　想象能力	7.69	7.69	6.69	7.85	7.54	8.38	8.35	8.08	8.19
12	A2.1.1.4　创造能力	7.69	7.77	7.38	8.00	7.96	7.96	8.31	7.85	7.31
13	A2.1.2.1　组织能力	8.15	8.54	8.31	8.08	8.73	9.00	7.92	8.50	8.00
14	A2.1.2.2　表达能力	8.23	8.54	7.38	8.15	8.23	9.38	7.88	8.73	7.85
15	A2.1.2.3　决策能力	7.77	7.92	7.38	7.77	7.12	7.96	8.27	7.77	7.62
16	A2.1.2.4　管理能力	8.15	8.38	7.77	8.23	8.35	8.31	8.46	8.19	8.46
17	A2.1.2.5　社会资源运用能力	7.77	7.85	7.23	8.08	8.00	8.31	7.38	7.85	7.62
18	A2.1.3.1　模仿能力	7.62	7.69	7.46	7.69	7.04	8.15	7.92	7.77	8.65
19	A2.1.3.2　艺术表演能力	7.62	7.92	8.00	7.08	7.12	9.00	8.62	7.96	8.38
20	A2.1.3.3　实验操作能力	7.23	7.85	8.00	7.38	7.08	7.46	7.08	7.77	7.31
21	A2.2.1.1　力量	8.00	7.85	7.23	7.15	7.42	8.23	8.35	8.00	8.00
22	A2.2.1.2　速度	7.54	7.92	7.69	7.62	6.77	7.77	8.77	8.85	8.69
23	A2.2.1.3　耐力	7.92	8.00	7.54	7.31	7.15	7.73	8.15	8.23	8.42
24	A2.2.1.4　柔韧性	7.54	8.08	7.62	7.23	7.88	8.38	8.42	7.73	8.65
25	A2.2.1.5　灵活性	7.77	7.77	8.08	7.69	8.50	9.46	7.77	7.73	7.88
26	A2.2.2.1　高度	7.92	7.85	8.38	7.85	7.92	8.46	8.77	7.69	8.54
27	A2.2.2.2　宽度	7.85	8.08	7.92	7.77	8.31	8.27	8.38	8.04	8.12
28	A2.2.2.3　围度	8.00	7.85	7.77	7.77	8.00	7.96	8.08	8.04	8.08
29	A2.2.2.4　长度	8.00	7.92	8.23	7.85	7.77	8.38	8.12	8.27	8.50
30	A2.2.2.5　充实度	8.54	8.15	7.62	8.23	7.81	8.31	8.46	8.38	8.54

续表

序号	四级指标	学生	11	12	13	14	15	16	17	18	19
31	A3.1.1.1 生理健康		8.62	8.54	8.46	8.69	8.69	8.69	8.62	8.73	8.58
32	A3.2.1.1 心理健康		8.85	8.85	8.31	8.69	8.62	8.69	8.54	8.58	8.42
33	A3.2.2.1 社会适应		8.85	8.77	8.46	8.54	8.62	8.77	8.81	8.31	8.46
34	A3.2.3.1 道德健康		8.92	9.08	8.85	9.08	8.85	8.46	8.88	8.50	8.31

第三节 模糊综合评价

由专家们对个体人力资本存量进行量化打分，不可避免地存在主观性、随机性和不确定性的特点。专家在打分时很难对所评价指标做出明确和精确的定量评价，专家量化打分存在模糊现象，适宜于采用模糊综合评价法对专家们的量化打分进行模糊评价，获得更加科学的评价结果。

模糊综合评价是针对现实中大量的经济现象具有模糊性而设计的一种评判模型和方法。模糊综合评价按照因素集的划分可以分为单层次和多层次模糊综合评价。考虑到运算的复杂度和可操作性，本书采用四层划分使用模糊综合评价。依据模糊综合评价方法以及以上建立的人力资本存量评价指标体系，建立评价模型。

一 多层次模糊综合评价步骤

一般来说，模糊综合评判方法的步骤有如下几步。

（一）建立评价指标集

根据已经建立的评价指标体系来确定评价指标集，指标集是影响评价对象的各种因素所组成的集合。通常设一级评价指标为 $X=(x_1, x_2, \cdots, x_n)$，其中 $x_i(i=1, 2, \cdots, n)$ 表示影响评价对象的第 i 个因素。设二级指标集为 $x_i=(x_{i1}, x_{i2}, \cdots, x_{ij}, \cdots, x_{ik})$，$j=1, 2, \cdots, k$。其中 x_{ij} 表示对应指标 x_i 的第 j 个二级指标，k 为对应 x_i 的二级指标的个数。如有更多级指标，则依照具体情况依次设定。

（二）建立评价集

评价集是评价者对评价对象可能做出的各种评价结果所组成的集

合。评价集通常用 V 表示，即 $V=(v_1, v_2, v_3, \cdots, v_j, \cdots, v_m)$，其中元素 $v_j(j=1, 2, \cdots, m)$ 代表第 j 种评价结果。

（三）确定模糊评判矩阵

根据模糊评价指标隶属度的确定，建立从指标集到评价集的模糊关系矩阵 R。设第 i 个评价因素的单因素评价集为 R_i，则 $R_i=(r_{i1}, r_{i2}, \cdots, r_{ij}, \cdots, r_{ik})$，它可以看作 V 上的一个模糊子集，其中 r_{ij} 表示第 i 个因素的评价对于第 j 个属性的隶属度 $(j=1, 2, \cdots, m)$，则 n 个评价因素的综合评价矩阵为 R，r_{ij} 等于对第 i 个因素做出第 j 种评价的专家人数除以参加评价的专家人数，建立的模糊关系矩阵如下：

$$R = \begin{bmatrix} R_1 \\ R_2 \\ \cdots \\ R_m \end{bmatrix} = \begin{bmatrix} r_{11} & r_{12} & \cdots & r_{1n} \\ r_{21} & r_{22} & \cdots & r_{2n} \\ \cdots & \cdots & & \cdots \\ r_{m1} & r_{m2} & & r_{mn} \end{bmatrix}$$

（四）确立模糊权重集

在实际评价工作中，各评价指标的重要程度往往是不相同的，因此必须确定各指标集的模糊权重，权重的确定是影响风险评价结果优劣的重要一环。实际中确定权重的方法很多，如主观经验判断法、层次分析法、专家估测法和主成分分析法等。本书选用层次分析法确定模糊权重。根据确定的权重便可得到模糊权重集，设权重集为 $W=(W_1, W_2, W_3, \cdots, W_n)$ 其中 $\sum_{i=1}^{n} W_i = 1$，W_i 为第 i 个指标的权重因子。

（五）模糊综合评价

设综合评价为 V 上的一个子集 B，即 $B = W \times R = (b_1, b_2, b_3, \cdots b_j, \cdots, b_m)$，其中元素 $b_j(j=1, 2, \cdots, m)$ 代表第 j 种评价的量化结果，反映了第 j 种评价 V_j 在综合评价中对模糊集的隶属度。因素为多层次时，要由最底层的评价开始，逐层向上推移，最终得到最顶层的综合评价结果。

二 人力资本存量的模糊综合评价分析

（一）确定评价的指标集

根据前文的"微观人力资本存量评价指标体系"，已确定的由 3 个一级评价指标、7 个二级评价指标、13 个三级评价指标和 34 个四级评价指标构成共分四个层次的评价指标体系。

（二）确定各指标层的权重集

由本书前面应用综合赋权法确定的权重，并对各指标针对上层目标指标进行归一，可得各级指标的权重如表9-9所示。

表9-9　　　　　微观人力资本存量评价指标体系权重

评价指标体系	一级指标	权重	二级指标	权重	三级指标	权重	四级指标	权重
微观人力资本存量	知识存量	0.264	显性知识	0.504	事实知识	0.635	专业事实知识	0.663
							一般事实知识	0.337
					理论知识	0.365	专业理论知识	0.639
							一般理论知识	0.361
			隐性知识	0.496	技能知识	0.515	专业技能知识	0.652
							一般技能知识	0.348
					人际知识	0.485	专业人际知识	0.649
							一般人际知识	0.351
	能力存量	0.342	智能	0.593	认知能力	0.301	观察能力	0.221
							记忆能力	0.173
							想象能力	0.245
							创造能力	0.361
					社交能力	0.441	组织能力	0.169
							表达能力	0.148
							决策能力	0.303
							管理能力	0.188
							社会资源运用能力	0.192
					操作能力	0.258	模仿能力	0.32
							艺术表演能力	0.36
							实验操作能力	0.32
			体能	0.407	运动素质	0.499	力量	0.187
							速度	0.198
							耐力	0.226
							柔韧性	0.171
							灵活性	0.218

续表

评价指标体系	一级指标	权重	二级指标	权重	三级指标	权重	四级指标	权重
微观人力资本存量	能力存量	0.342	体能	0.407	身体形态	0.501	高度	0.222
							宽度	0.167
							围度	0.185
							长度	0.204
							充实度	0.222
	健康存量	0.394	生理健康	0.316	生理健康	1	生理健康	1
			心理健康	0.363	心理健康	1	心理健康	1
			社会健康	0.321	社会适应	0.539	社会适应	1
					道德健康	0.461	道德健康	1

则各级指标权重集如下：

目标权重集为：

W = (0.264, 0.342, 0.394)

一级指标权重集为：

W_{11} = (0.504, 0.496)

W_{12} = (0.593, 0.407)

W_{13} = (0.316, 0.363, 0.321)

二级指标权重集为：

W_{21} = (0.635, 0.365)

W_{22} = (0.515, 0.485)

W_{23} = (0.301, 0.441, 0.258)

W_{24} = (0.499, 0.501)

W_{25} = (1)

W_{26} = (1)

W_{27} = (0.539, 0.461)

三级指标权重集为：

W_{31} = (0.663, 0.337)

W_{32} = (0.639, 0.361)

W_{33} = (0.652, 0.348)

$W_{34}=(0.649,0.351)$

$W_{35}=(0.221,0.173,0.245,0.361)$

$W_{36}=(0.169,0.148,0.303,0.188,0.192)$

$W_{37}=(0.32,0.36,0.32)$

$W_{38}=(0.187,0.198,0.226,0.171,0.218)$

$W_{39}=(0.222,0.167,0.185,0.204,0.222)$

$W_{310}=(1)$

$W_{311}=(1)$

$W_{312}=(1)$

$W_{313}=(1)$

(三)确定评价集

将前面指标的分组评价集表示为:$V=(v_1,v_2,v_3,v_4,v_5)=$(优秀,良好,中,及格,不及格)五个等级,采用10分制打分法,通常10分制与5级评分制的换算为:9分≤优秀≤10分;8分≤良好<9分;7分≤中等<8分;6分≤及格<7分;不及格<6分。进行指标的判定时,通过专家会议对被评价者值进行打分分级。

(四)确定评判矩阵

本书采用13位专家对各指标进行打分,得到13位专家对学生的四级指标隶属度,如表9-10所示。

表9-10　　　　　　　　四级指标隶属度

序号	四级指标	优	良	中	及格	差
1	A1.1.1.1 专业事实知识	0	0.85	0.15	0	0
2	A1.1.1.2 一般事实知识	0	0.69	0.31	0	0
3	A1.1.2.1 专业理论知识	0.15	0.69	0.15	0	0
4	A1.1.2.2 一般理论知识	0	0.69	0.23	0.08	0
5	A1.2.1.1 专业技能知识	0.08	0.69	0.23	0	0
6	A1.2.1.2 一般技能知识	0.08	0.38	0.54	0	0
7	A1.2.2.1 专业人际知识	0	0.46	0.38	0.15	0
8	A1.2.2.2 一般人际知识	0	0.38	0.38	0.15	0.08
9	A2.1.1.1 观察能力	0.15	0.46	0.31	0.08	0

续表

序号	四级指标		优	良	中	及格	差
10	A2.1.1.2	记忆能力	0	0.46	0.31	0.23	0
11	A2.1.1.3	想象能力	0.08	0.54	0.31	0.08	0
12	A2.1.1.4	创造能力	0.08	0.46	0.46	0	0
13	A2.1.2.1	组织能力	0.08	0.31	0.38	0.23	0
14	A2.1.2.2	表达能力	0	0.15	0.54	0.31	0
15	A2.1.2.3	决策能力	0.08	0.31	0.46	0.15	0
16	A2.1.2.4	管理能力	0	0.31	0.38	0.31	0
17	A2.1.2.5	社会资源运用能力	0.08	0.23	0.38	0.31	0
18	A2.1.3.1	模仿能力	0	0.15	0.54	0.31	0
19	A2.1.3.2	艺术表演能力	0	0.23	0.46	0.31	0
20	A2.1.3.3	实验操作能力	0.31	0.54	0.08	0.08	0
21	A2.2.1.1	力量	0.08	0.46	0.31	0.15	0
22	A2.2.1.2	速度	0.15	0.54	0.23	0.08	0
23	A2.2.1.3	耐力	0.54	0.31	0.08	0.08	0
24	A2.2.1.4	柔韧性	0.08	0.31	0.54	0.08	0
25	A2.2.1.5	灵活性	0.23	0.38	0.38	0	0
26	A2.2.2.1	高度	0.15	0.54	0.31	0	0
27	A2.2.2.2	宽度	0.23	0.15	0.62	0	0
28	A2.2.2.3	围度	0.23	0.31	0.38	0.08	0
29	A2.2.2.4	长度	0.15	0.23	0.62	0	0
30	A2.2.2.5	充实度	0.23	0.54	0.15	0.08	0
31	A3.1.1.1	生理健康	0.46	0.46	0.08	0	0
32	A3.2.1.1	心理健康	0.38	0.46	0.15	0	0
33	A3.3.1.1	社会适应	0.38	0.31	0.23	0.08	0
34	A3.3.2.1	道德健康	0.69	0.31	0	0	0

根据多层次模糊综合评价步骤"(3)确定模糊评判矩阵"和三级指标权重集，得到第三层指标各因素对应的评判矩阵 R_{3i}，($i=1, 2, \cdots, 13$)。

事实知识评判矩阵为：

$$R_{31} = \begin{bmatrix} 0 & 0.85 & 0.15 & 0 & 0 \\ 0 & 0.69 & 0.31 & 0 & 0 \end{bmatrix}$$

理论知识评判矩阵为：

$$R_{32} = \begin{bmatrix} 0.15 & 0.69 & 0.15 & 0 & 0 \\ 0 & 0.69 & 0.23 & 0.08 & 0 \end{bmatrix}$$

技能知识评判矩阵为：

$$R_{33} = \begin{bmatrix} 0.08 & 0.69 & 0.23 & 0 & 0 \\ 0.08 & 0.38 & 0.54 & 0 & 0 \end{bmatrix}$$

人际知识评判矩阵为：

$$R_{34} = \begin{bmatrix} 0 & 0.46 & 0.38 & 0.15 & 0 \\ 0 & 0.38 & 0.38 & 0.15 & 0.08 \end{bmatrix}$$

认知能力评判矩阵为：

$$R_{35} = \begin{bmatrix} 0.15 & 0.46 & 0.31 & 0.08 & 0 \\ 0 & 0.46 & 0.31 & 0.23 & 0 \\ 0.08 & 0.54 & 0.31 & 0.08 & 0 \\ 0.08 & 0.46 & 0.46 & 0 & 0 \end{bmatrix}$$

社交能力评判矩阵为：

$$R_{36} = \begin{bmatrix} 0.08 & 0.31 & 0.38 & 0.23 & 0 \\ 0 & 0.15 & 0.54 & 0.31 & 0 \\ 0.08 & 0.31 & 0.46 & 0.15 & 0 \\ 0 & 0.31 & 0.38 & 0.31 & 0 \\ 0.08 & 0.23 & 0.38 & 0.31 & 0 \end{bmatrix}$$

操作能力评判矩阵为：

$$R_{37} = \begin{bmatrix} 0 & 0.15 & 0.54 & 0.31 & 0 \\ 0 & 0.23 & 0.46 & 0.31 & 0 \\ 0.31 & 0.54 & 0.08 & 0.08 & 0 \end{bmatrix}$$

运动素质评判矩阵为：

$$R_{38} = \begin{bmatrix} 0.08 & 0.46 & 0.31 & 0.15 & 0 \\ 0.15 & 0.54 & 0.23 & 0.08 & 0 \\ 0.54 & 0.31 & 0.08 & 0.08 & 0 \\ 0.08 & 0.31 & 0.54 & 0.08 & 0 \\ 0.23 & 0.38 & 0.38 & 0 & 0 \end{bmatrix}$$

身体形态评判矩阵为：

$$R_{39} = \begin{bmatrix} 0.15 & 0.54 & 0.31 & 0 & 0 \\ 0.23 & 0.15 & 0.62 & 0 & 0 \\ 0.23 & 0.31 & 0.38 & 0.08 & 0 \\ 0.15 & 0.23 & 0.62 & 0 & 0 \\ 0.23 & 0.54 & 0.15 & 0.08 & 0 \end{bmatrix}$$

生理健康评判矩阵为：

$R_{310} = \begin{bmatrix} 0.46 & 0.46 & 0.08 & 0 & 0 \end{bmatrix}$

心理健康评判矩阵为：

$R_{311} = \begin{bmatrix} 0.38 & 0.46 & 0.15 & 0 & 0 \end{bmatrix}$

社会适应评判矩阵为：

$R_{312} = \begin{bmatrix} 0.38 & 0.31 & 0.23 & 0.08 & 0 \end{bmatrix}$

道德健康评判矩阵为：

$R_{313} = \begin{bmatrix} 0.69 & 0.31 & 0 & 0 & 0 \end{bmatrix}$

（五）分级模糊综合评价

1. 一级模糊评价

由于人力资本存量指标体系分为四层，因此在进行模糊综合评价的时，要由下层到上层一层一层地进行。首先，模糊评价第四层指标。根据公式（9-1）确定三级指标的模糊评价集。

$$B_{3i} = W_{3i} \times R_{3i} \quad (i=1, 2, \cdots, 13) \tag{9-1}$$

式（9-1）中，B_{3i} 为三级指标中第 i 项因素对应的模糊评价集；W_{3i} 为三级指标中第 i 项因素对应的权重集；R_{3i} 为三级指标中第 i 项因素对应的评判矩阵。

由此可得三级指标的模糊评价集。

$B_{31} = W_{31} \times R_{31} = (0, 0.796, 0.204, 0, 0)$

$B_{32} = W_{32} \times R_{32} = (0.096, 0.69, 0.179, 0.029, 0)$

$B_{33} = W_{33} \times R_{33} = (0.08, 0.582, 0.338, 0, 0)$

$B_{34} = W_{34} \times R_{34} = (0, 0.432, 0.38, 0.15, 0.028)$

$B_{35} = W_{35} \times R_{35} = (0.082, 0.48, 0.364, 0.077, 0)$

$B_{36} = W_{36} \times R_{36} = (0.053, 0.271, 0.428, 0.248, 0)$

$B_{37} = W_{37} \times R_{37} = (0.099, 0.304, 0.364, 0.236, 0)$

$B_{38} = W_{38} \times R_{38} = (0.231, 0.399, 0.297, 0.076, 0)$

$B_{39} = W_{39} \times R_{39} = (0.196, 0.369, 0.402, 0.033, 0)$
$B_{310} = W_{310} \times R_{310} = (0.46, 0.46, 0.08, 0, 0)$
$B_{311} = W_{311} \times R_{311} = (0.38, 0.46, 0.15, 0, 0)$
$B_{312} = W_{312} \times R_{312} = (0.38, 0.31, 0.23, 0.08, 0)$
$B_{313} = W_{313} \times R_{313} = (0.69, 0.31, 0, 0, 0)$

三级指标的模糊评价得分按公式（9-2）计算：

$$Y_{3i} = B_{3i} \times E^T \quad (i=1, 2, \cdots, 13) \tag{9-2}$$

式（9-2）中，Y_{3i} 为三级指标中第 i 项因素对应的模糊评价得分；B_{3i} 为三级指标中第 i 项因素对应的模糊评价集；E 为评语集的数值化结果，取 $E = (9, 8, 7, 6, 5)$。

由此可得，三级指标各因素的模糊评价结果如下：

$Y_{31} = 7.796$；$Y_{32} = 7.808$；$Y_{33} = 7.42$；$Y_{34} = 7.156$；$Y_{35} = 7.583$；

$Y_{36} = 7.129$；$Y_{37} = 7.288$；$Y_{38} = 7.797$；$Y_{39} = 7.728$；$Y_{310} = 8.38$；

$Y_{311} = 8.15$；$Y_{312} = 7.99$；$Y_{313} = 8.69$

2. 二级模糊评价

二级模糊综合评判时二级指标各因素的评判矩阵 $R_{2i}(i=1, 2, \cdots, 7)$ 为：

$$R_{21} = \begin{bmatrix} B_{31} \\ B_{32} \end{bmatrix} = \begin{bmatrix} 0 & 0.796 & 0.204 & 0 & 0 \\ 0.096 & 0.69 & 0.179 & 0.029 & 0 \end{bmatrix}$$

$$R_{22} = \begin{bmatrix} B_{33} \\ B_{34} \end{bmatrix} = \begin{bmatrix} 0.08 & 0.582 & 0.338 & 0 & 0 \\ 0 & 0.432 & 0.38 & 0.15 & 0.028 \end{bmatrix}$$

$$R_{23} = \begin{bmatrix} B_{35} \\ B_{36} \\ B_{37} \end{bmatrix} = \begin{bmatrix} 0.082 & 0.48 & 0.364 & 0.077 & 0 \\ 0.053 & 0.271 & 0.428 & 0.248 & 0 \\ 0.099 & 0.304 & 0.364 & 0.236 & 0 \end{bmatrix}$$

$$R_{24} = \begin{bmatrix} B_{38} \\ B_{39} \end{bmatrix} = \begin{bmatrix} 0.231 & 0.399 & 0.297 & 0.076 & 0 \\ 0.196 & 0.369 & 0.402 & 0.033 & 0 \end{bmatrix}$$

$$R_{25} = [B_{310}] = [0.46 \quad 0.46 \quad 0.08 \quad 0 \quad 0]$$

$$R_{26} = [B_{311}] = [0.38 \quad 0.46 \quad 0.15 \quad 0 \quad 0]$$

$$R_{27} = \begin{bmatrix} B_{312} \\ B_{313} \end{bmatrix} = \begin{bmatrix} 0.38 & 0.31 & 0.23 & 0.08 & 0 \\ 0.69 & 0.31 & 0 & 0 & 0 \end{bmatrix}$$

通过一级模糊评价的结果，根据式（9-3）计算出第二级模糊综合评价集。

$$B_{2i} = W_{2i} \times R_{2i} \quad (i=1, 2, \cdots, 7) \tag{9-3}$$

式（9-3）中，B_{2i} 为二级指标中第 i 项因素对应的模糊评价集；W_{2i} 为二级指标中第 i 项因素对应的权重集；R_{2i} 为二级指标中第 i 项因素对应的评判矩阵。

第二级模糊综合评价集为：

$B_{21} = W_{21} \times R_{21} = (0.035, 0.758, 0.195, 0.011, 0)$

$B_{22} = W_{22} \times R_{22} = (0.041, 0.509, 0.358, 0.073, 0.014)$

$B_{23} = W_{23} \times R_{23} = (0.074, 0.342, 0.392, 0.194, 0)$

$B_{24} = W_{24} \times R_{24} = (0.213, 0.384, 0.35, 0.054, 0)$

$B_{25} = W_{25} \times R_{25} = (0.46, 0.46, 0.08, 0, 0)$

$B_{26} = W_{26} \times R_{26} = (0.38, 0.46, 0.15, 0, 0)$

$B_{27} = W_{27} \times R_{27} = (0.523, 0.31, 0.124, 0.043, 0)$

三级指标的模糊评价得分按公式（9-4）计算：

$$Y_{2i} = B_{2i} \times E^T \quad (i=1, 2, \cdots, 7) \tag{9-4}$$

式（9-4）中，Y_{2i} 为二级指标中第 i 项因素对应的模糊评价得分；B_{2i} 为二级指标中第 i 项因素对应的模糊评价集；E 为评语集的数值化结果，$E = (9, 8, 7, 6, 5)$。

由此可得，三级指标各因素的模糊评价结果如下：

$Y_{21} = 7.8$；$Y_{22} = 7.458$；$Y_{23} = 7.307$；$Y_{24} = 7.762$；$Y_{25} = 8.38$；$Y_{26} = 8.15$；$Y_{27} = 8.313$。

3. 三级模糊评价

三级模糊综合评判时一级指标各因素的评判矩阵 $R_{1i}(i=1, 2, 3)$ 为：

$$R_{11} = \begin{bmatrix} B_{21} \\ B_{22} \end{bmatrix} = \begin{bmatrix} 0.035 & 0.758 & 0.195 & 0.011 & 0 \\ 0.041 & 0.509 & 0.358 & 0.073 & 0.014 \end{bmatrix}$$

$$R_{12} = \begin{bmatrix} B_{23} \\ B_{24} \end{bmatrix} = \begin{bmatrix} 0.074 & 0.342 & 0.392 & 0.194 & 0 \\ 0.213 & 0.384 & 0.35 & 0.054 & 0 \end{bmatrix}$$

$$R_{13} = \begin{bmatrix} B_{25} \\ B_{26} \\ B_{27} \end{bmatrix} = \begin{bmatrix} 0.46 & 0.46 & 0.08 & 0 & 0 \\ 0.38 & 0.46 & 0.15 & 0 & 0 \\ 0.523 & 0.31 & 0.124 & 0.043 & 0 \end{bmatrix}$$

通过二级模糊评价的结果,根据式(9-5)计算出第三级模糊综合评价集。

$$B_{1i} = W_{1i} \times R_{1i} \quad (i = 1, 2, 3) \tag{9-5}$$

式(9-5)中,B_{1i}为一级指标中第i项因素对应的模糊评价集;W_{1i}为一级指标中第i项因素对应的权重集;R_{1i}为一级指标中第i项因素对应的评判矩阵。

第三级模糊综合评价集为:

$B_{11} = W_{11} \times R_{11} = (0.038, 0.634, 0.276, 0.042, 0.007)$

$B_{12} = W_{12} \times R_{12} = (0.13, 0.359, 0.375, 0.137, 0)$

$B_{13} = W_{13} \times R_{13} = (0.451, 0.412, 0.119, 0.014, 0)$

一级指标的模糊评价得分按公式(9-6)计算:

$$Y_{1i} = B_{1i} \times E^T \quad (i = 1, 2, \cdots, 7) \tag{9-6}$$

式(9-6)中,Y_{2i}为一级指标中第i项因素对应的模糊评价得分;B_{2i}为一级指标中第i项因素对应的模糊评价集;E为评语集的数值化结果,$E = (9, 8, 7, 6, 5)$。

由此可得,三级指标各因素的模糊评价结果为:$Y_{11} = 7.63$;$Y_{12} = 7.492$;$Y_{13} = 8.275$。

4. 四级模糊评价

四级模糊综合评判时的评判矩阵为:

$$R = \begin{bmatrix} B_{11} \\ B_{12} \\ B_{13} \end{bmatrix} = \begin{bmatrix} 0.038 & 0.634 & 0.276 & 0.042 & 0.007 \\ 0.13 & 0.359 & 0.375 & 0.137 & 0 \\ 0.451 & 0.412 & 0.119 & 0.014 & 0 \end{bmatrix}$$

通过三级模糊评价的结果,计算出第四级模糊综合评价集,即综合评价集R。

$B = W \times R = (0.232, 0.453, 0.248, 0.063, 0.002)$
$\quad\quad\quad = (b_1, b_2, b_3, b_4, b_5)$

5. 计算综合评定值

学生1的评语集的数值化结果$E = (9, 8, 7, 6, 5)$,最终综合评定值为$Y = BE^T = 7.837$。其各级评价得分如表9-11所示。

表 9-11　　　　学生 1 的各级指标模糊综合评价得分

总目标	得分 Y	一级指标	得分 Y_1	二级指标	得分 Y_{2i}	三级指标	得分 Y_{3i}
人力资本存量	7.837	知识存量	7.63	显性知识	7.8	事实知识	7.796
						理论知识	7.808
				隐性知识	7.458	技能知识	7.742
						人际知识	7.156
		能力存量	7.492	智能	7.307	认知能力	7.583
						社交能力	7.129
						操作能力	7.288
				体能	7.762	运动素质	7.797
						身体形态	7.728
		健康存量	8.275	生理健康	8.38	生理健康	8.38
				心理健康	8.15	心理健康	8.15
				社会健康	8.313	社会适应	7.99
						道德健康	8.69

其他本科生被评价者的各级指标模糊综合评价得分见表 9-12 至表 9-29。

表 9-12　　　　学生 2 的各级指标模糊综合评价得分

总目标	得分 Y	一级指标	得分 Y_1	二级指标	得分 Y_{2i}	三级指标	得分 Y_{3i}
人力资本存量	7.876	知识存量	7.288	显性知识	7.26	事实知识	7.207
						理论知识	7.351
				隐性知识	7.316	技能知识	7.01
						人际知识	7.641
		能力存量	7.729	智能	7.589	认知能力	7.761
						社交能力	7.506
						操作能力	7.528
				体能	7.932	运动素质	7.913
						身体形态	7.952
		健康存量	8.398	生理健康	8.46	生理健康	8.46
				心理健康	8.46	心理健康	8.46
				社会健康	8.267	社会适应	8.23
						道德健康	8.31

表 9-13　　　　学生 3 的各级指标模糊综合评价得分

总目标	得分 Y	一级指标	得分 Y_1	二级指标	得分 Y_{2i}	三级指标	得分 Y_{3i}
人力资本存量	8.305	知识存量	8.101	显性知识	8.111	事实知识	8.147
						理论知识	8.048
				隐性知识	8.092	技能知识	8.08
						人际知识	8.104
		能力存量	8.022	智能	7.995	认知能力	7.743
						社交能力	8.318
						操作能力	7.738
				体能	8.062	运动素质	7.848
						身体形态	8.276
		健康存量	8.687	生理健康	8.62	生理健康	8.62
				心理健康	8.77	心理健康	8.77
				社会健康	8.658	社会适应	8.69
						道德健康	8.62

表 9-14　　　　学生 4 的各级指标模糊综合评价得分

总目标	得分 Y	一级指标	得分 Y_1	二级指标	得分 Y_{2i}	三级指标	得分 Y_{3i}
人力资本存量	8.337	知识存量	8.003	显性知识	7.957	事实知识	7.971
						理论知识	7.933
				隐性知识	8.049	技能知识	8.126
						人际知识	7.968
		能力存量	8.171	智能	8.003	认知能力	8.148
						社交能力	8.017
						操作能力	7.811
				体能	8.415	运动素质	8.363
						身体形态	8.466
		健康存量	8.705	生理健康	8.69	生理健康	8.69
				心理健康	8.77	心理健康	8.77
				社会健康	8.647	社会适应	8.61
						道德健康	8.69

表 9-15　　　　学生 5 的各级指标模糊综合评价得分

总目标	得分 Y	一级指标	得分 Y_1	二级指标	得分 Y_{2i}	三级指标	得分 Y_{3i}
人力资本存量	8.221	知识存量	7.832	显性知识	7.942	事实知识	8.06
						理论知识	7.737
				隐性知识	7.72	技能知识	7.645
						人际知识	7.799
		能力存量	7.971	智能	7.98	认知能力	8.109
						社交能力	7.962
						操作能力	7.862
				体能	7.957	运动素质	7.687
						身体形态	8.226
		健康存量	8.699	生理健康	8.61	生理健康	8.61
				心理健康	8.61	心理健康	8.61
				社会健康	8.888	社会适应	8.92
						道德健康	8.85

表 9-16　　　　学生 6 的各级指标模糊综合评价得分

总目标	得分 Y	一级指标	得分 Y_1	二级指标	得分 Y_{2i}	三级指标	得分 Y_{3i}
人力资本存量	8.18	知识存量	8.305	显性知识	8.462	事实知识	8.512
						理论知识	8.374
				隐性知识	8.146	技能知识	8.306
						人际知识	7.977
		能力存量	7.696	智能	7.58	认知能力	7.847
						社交能力	7.46
						操作能力	7.473
				体能	7.866	运动素质	7.599
						身体形态	8.132
		健康存量	8.515	生理健康	8.54	生理健康	8.54
				心理健康	8.62	心理健康	8.62
				社会健康	8.373	社会适应	8.23
						道德健康	8.54

表 9-17　　　　　　学生 7 的各级指标模糊综合评价得分

总目标	得分 Y	一级指标	得分 Y_1	二级指标	得分 Y_{2i}	三级指标	得分 Y_{3i}
人力资本存量	8.17	知识存量	8.121	显性知识	8.172	事实知识	8.228
						理论知识	8.074
				隐性知识	8.068	技能知识	8.254
						人际知识	7.871
		能力存量	7.857	智能	7.786	认知能力	7.675
						社交能力	7.942
						操作能力	7.648
				体能	7.962	运动素质	7.856
						身体形态	8.067
		健康存量	8.475	生理健康	8.47	生理健康	8.47
				心理健康	8.47	心理健康	8.47
				社会健康	8.487	社会适应	8.45
						道德健康	8.53

表 9-18　　　　　　学生 8 的各级指标模糊综合评价得分

总目标	得分 Y	一级指标	得分 Y_1	二级指标	得分 Y_{2i}	三级指标	得分 Y_{3i}
人力资本存量	8.075	知识存量	8.04	显性知识	8.177	事实知识	8.357
						理论知识	7.862
				隐性知识	7.9	技能知识	7.99
						人际知识	7.805
		能力存量	7.662	智能	7.652	认知能力	7.777
						社交能力	7.672
						操作能力	7.472
				体能	7.676	运动素质	7.59
						身体形态	7.76
		健康存量	8.458	生理健康	8.46	生理健康	8.46
				心理健康	8.47	心理健康	8.47
				社会健康	8.442	社会适应	8.23
						道德健康	8.69

表 9-19　　　　　学生 9 的各级指标模糊综合评价得分

总目标	得分 Y	一级指标	得分 Y_1	二级指标	得分 Y_{2i}	三级指标	得分 Y_{3i}
人力资本存量	8.336	知识存量	8.219	显性知识	8.261	事实知识	8.203
						理论知识	8.361
				隐性知识	8.178	技能知识	8.174
						人际知识	8.181
		能力存量	8.068	智能	8.069	认知能力	8.151
						社交能力	8.157
						操作能力	7.824
				体能	8.067	运动素质	7.978
						身体形态	8.156
		健康存量	8.646	生理健康	8.47	生理健康	8.47
				心理健康	8.62	心理健康	8.62
				社会健康	8.85	社会适应	8.85
						道德健康	8.85

表 9-20　　　　　学生 10 的各级指标模糊综合评价得分

总目标	得分 Y	一级指标	得分 Y_1	二级指标	得分 Y_{2i}	三级指标	得分 Y_{3i}
人力资本存量	8.09	知识存量	7.537	显性知识	7.52	事实知识	7.511
						理论知识	7.534
				隐性知识	7.554	技能知识	7.499
						人际知识	7.613
		能力存量	7.92	智能	7.697	认知能力	7.735
						社交能力	7.805
						操作能力	7.466
				体能	8.246	运动素质	8.081
						身体形态	8.41
		健康存量	8.608	生理健康	8.69	生理健康	8.69
				心理健康	8.47	心理健康	8.47
				社会健康	8.684	社会适应	8.61
						道德健康	8.77

表 9-21　　　　学生 11 的各级指标模糊综合评价得分

总目标	得分 Y	一级指标	得分 Y_1	二级指标	得分 Y_{2i}	三级指标	得分 Y_{3i}
人力资本存量	8.215	知识存量	8.153	显性知识	8.23	事实知识	8.309
						理论知识	8.093
				隐性知识	8.074	技能知识	8.088
						人际知识	8.059
		能力存量	7.773	智能	7.737	认知能力	7.823
						社交能力	7.819
						操作能力	7.495
				体能	7.827	运动素质	7.687
						身体形态	7.965
		健康存量	8.641	生理健康	8.54	生理健康	8.54
				心理健康	8.61	心理健康	8.61
				社会健康	8.776	社会适应	8.85
						道德健康	8.69

表 9-22　　　　学生 12 的各级指标模糊综合评价得分

总目标	得分 Y	一级指标	得分 Y_1	二级指标	得分 Y_{2i}	三级指标	得分 Y_{3i}
人力资本存量	8.231	知识存量	8.014	显性知识	8.201	事实知识	8.232
						理论知识	8.146
				隐性知识	7.825	技能知识	7.714
						人际知识	7.942
		能力存量	7.942	智能	7.953	认知能力	7.803
						社交能力	8.176
						操作能力	7.744
				体能	7.926	运动素质	7.918
						身体形态	7.935
		健康存量	8.627	生理健康	8.46	生理健康	8.46
				心理健康	8.69	心理健康	8.69
				社会健康	8.721	社会适应	8.61
						道德健康	8.85

表 9-23 学生 13 的各级指标模糊综合评价得分

总目标	得分 Y	一级指标	得分 Y_1	二级指标	得分 Y_{2i}	三级指标	得分 Y_{3i}
人力资本存量	7.836	知识存量	7.281	显性知识	7.263	事实知识	7.254
						理论知识	7.278
				隐性知识	7.299	技能知识	7.188
						人际知识	7.417
		能力存量	7.614	智能	7.481	认知能力	7.124
						社交能力	7.555
						操作能力	7.772
				体能	7.807	运动素质	7.627
						身体形态	7.987
		健康存量	8.4	生理健康	8.38	生理健康	8.38
				心理健康	8.31	心理健康	8.31
				社会健康	8.523	社会适应	8.38
						道德健康	8.69

表 9-24 学生 14 的各级指标模糊综合评价得分

总目标	得分 Y	一级指标	得分 Y_1	二级指标	得分 Y_{2i}	三级指标	得分 Y_{3i}
人力资本存量	8.117	知识存量	7.956	显性知识	8.093	事实知识	8.152
						理论知识	7.99
				隐性知识	7.818	技能知识	7.77
						人际知识	7.868
		能力存量	7.723	智能	7.773	认知能力	7.871
						社交能力	7.943
						操作能力	7.368
				体能	7.649	运动素质	7.391
						身体形态	7.906
		健康存量	8.567	生理健康	8.62	生理健康	8.62
				心理健康	8.46	心理健康	8.46
				社会健康	8.634	社会适应	8.45
						道德健康	8.85

表 9-25　　　　　　　学生 15 的各级指标模糊综合评价得分

总目标	得分 Y	一级指标	得分 Y_1	二级指标	得分 Y_{2i}	三级指标	得分 Y_{3i}
人力资本存量	8.036	知识存量	7.781	显性知识	8.041	事实知识	8.179
						理论知识	7.802
				隐性知识	7.517	技能知识	7.822
						人际知识	7.193
		能力存量	7.703	智能	7.759	认知能力	7.839
						社交能力	7.929
						操作能力	7.377
				体能	7.62	运动素质	7.427
						身体形态	7.812
		健康存量	8.496	生理健康	8.54	生理健康	8.54
				心理健康	8.46	心理健康	8.46
				社会健康	8.493	社会适应	8.53
						道德健康	8.45

表 9-26　　　　　　　学生 16 的各级指标模糊综合评价得分

总目标	得分 Y	一级指标	得分 Y_1	二级指标	得分 Y_{2i}	三级指标	得分 Y_{3i}
人力资本存量	8.237	知识存量	8.166	显性知识	8.332	事实知识	8.482
						理论知识	8.07
				隐性知识	7.998	技能知识	8.23
						人际知识	7.751
		能力存量	8.122	智能	8.167	认知能力	8.021
						社交能力	8.306
						操作能力	8.098
				体能	8.056	运动素质	8.102
						身体形态	8.01
		健康存量	8.384	生理健康	8.46	生理健康	8.46
				心理健康	8.31	心理健康	8.31
				社会健康	8.392	社会适应	8.53
						道德健康	8.23

表 9-27　　　　　学生 17 的各级指标模糊综合评价得分

总目标	得分 Y	一级指标	得分 Y_1	二级指标	得分 Y_{2i}	三级指标	得分 Y_{3i}
人力资本存量	8.194	知识存量	8.01	显性知识	7.915	事实知识	8.076
						理论知识	7.636
				隐性知识	8.107	技能知识	8.018
						人际知识	8.202
		能力存量	7.98	智能	7.894	认知能力	7.955
						社交能力	7.869
						操作能力	7.865
				体能	8.105	运动素质	8.084
						身体形态	8.126
		健康存量	8.504	生理健康	8.39	生理健康	8.39
				心理健康	8.47	心理健康	8.47
				社会健康	8.653	社会适应	8.69
						道德健康	8.61

表 9-28　　　　　学生 18 的各级指标模糊综合评价得分

总目标	得分 Y	一级指标	得分 Y_1	二级指标	得分 Y_{2i}	三级指标	得分 Y_{3i}
人力资本存量	8.198	知识存量	8.405	显性知识	8.591	事实知识	8.722
						理论知识	8.364
				隐性知识	8.215	技能知识	8.206
						人际知识	8.225
		能力存量	7.923	智能	7.87	认知能力	8.006
						社交能力	7.884
						操作能力	7.687
				体能	7.999	运动素质	8.024
						身体形态	7.975
		健康存量	8.299	生理健康	8.46	生理健康	8.46
				心理健康	8.23	心理健康	8.23
				社会健康	8.218	社会适应	8.07
						道德健康	8.39

表 9-29　　学生 19 的各级指标模糊综合评价得分

总目标	得分 Y	一级指标	得分 Y_1	二级指标	得分 Y_{2i}	三级指标	得分 Y_{3i}
人力资本存量	8.103	知识存量	7.898	显性知识	8.049	事实知识	8.232
						理论知识	7.729
				隐性知识	7.745	技能知识	7.76
						人际知识	7.728
		能力存量	7.967	智能	7.802	认知能力	7.809
						社交能力	7.72
						操作能力	7.936
				体能	8.207	运动素质	8.191
						身体形态	8.222
		健康存量	8.36	生理健康	8.38	生理健康	8.38
				心理健康	8.38	心理健康	8.38
				社会健康	8.316	社会适应	8.39
						道德健康	8.23

第四节　评价结果与验证

一　高校本科生量化结果分析与验证

19 名本科生的三级指标模糊综合评价得分汇总如表 9-30、表 9-31 所示，19 名本科生被评价者的结构分布与模糊评价得分如表 9-32 所示，各结构分布学生的平均模糊评价得分汇总如表 9-33 所示。

表 9-30　　学生 1—10 的各级指标模糊综合评价得分汇总

评价指标＼学生	1	2	3	4	5	6	7	8	9	10
事实知识	7.796	7.207	8.147	7.971	8.06	8.512	8.228	8.357	8.203	7.511
理论知识	7.808	7.351	8.048	7.933	7.737	8.374	8.074	7.862	8.361	7.534
技能知识	7.742	7.01	8.08	8.126	7.645	8.306	8.254	7.99	8.174	7.499
人际知识	7.156	7.641	8.104	7.968	7.799	7.977	7.871	7.805	8.181	7.613

续表

评价指标＼学生	1	2	3	4	5	6	7	8	9	10
认知能力	7.583	7.761	7.743	8.148	8.109	7.847	7.675	7.777	8.151	7.735
社交能力	7.129	7.506	8.318	8.017	7.962	7.46	7.942	7.672	8.157	7.805
操作能力	7.288	7.528	7.738	7.811	7.862	7.473	7.648	7.472	7.824	7.466
运动素质	7.797	7.913	7.848	8.363	7.687	7.599	7.856	7.59	7.978	8.081
身体形态	7.728	7.952	8.276	8.466	8.226	8.132	8.067	7.76	8.156	8.41
生理健康	8.38	8.46	8.62	8.69	8.61	8.54	8.47	8.46	8.47	8.69
心理健康	8.15	8.46	8.77	8.77	8.61	8.62	8.47	8.47	8.62	8.47
社会适应	7.99	8.23	8.69	8.61	8.92	8.23	8.45	8.23	8.85	8.61
道德健康	8.69	8.31	8.62	8.69	8.85	8.54	8.53	8.69	8.85	8.77
总体评价	7.787	7.795	8.231	8.274	8.16	8.124	8.118	8.011	8.306	8.015

表9-31 学生11—19的各级指标模糊综合评价得分汇总

评价指标＼学生	11	12	13	14	15	16	17	18	19
事实知识	8.309	8.232	7.254	8.152	8.179	8.482	8.076	8.722	8.232
理论知识	8.093	8.146	7.278	7.99	7.802	8.07	7.636	8.364	7.729
技能知识	8.088	7.714	7.188	7.77	7.822	8.23	8.018	8.206	7.76
人际知识	8.059	7.942	7.417	7.868	7.193	7.751	8.202	8.225	7.728
认知能力	7.823	7.803	7.124	7.871	7.839	8.021	7.955	8.006	7.809
社交能力	7.819	8.176	7.555	7.943	7.929	8.306	7.869	7.884	7.72
操作能力	7.495	7.744	7.772	7.368	7.377	8.098	7.865	7.687	7.936
运动素质	7.687	7.918	7.627	7.391	7.427	8.102	8.084	8.024	8.191
身体形态	7.965	7.935	7.987	7.906	7.812	8.01	8.126	7.975	8.222
生理健康	8.54	8.46	8.38	8.62	8.54	8.46	8.39	8.46	8.38
心理健康	8.61	8.69	8.31	8.46	8.46	8.31	8.47	8.23	8.38
社会适应	8.85	8.61	8.38	8.45	8.53	8.53	8.69	8.07	8.39
道德健康	8.69	8.85	8.69	8.85	8.45	8.23	8.61	8.39	8.23
总体评价	8.156	8.171	7.766	8.049	7.951	8.2	8.153	8.172	8.054

表 9-32　　19 名被评价学生结构分布与模糊评价得分

结构	专业类别1		学生年级		性别		得分
	人文	理工	一二年级	三四年级	男	女	
合计（人）	17	2	11	8	11	8	
学生 1		√	√		√		7.800
学生 2		√	√		√		7.79
学生 3	√			√	√		8.245
学生 4	√		√		√		8.294
学生 5	√			√		√	8.171
学生 6	√			√	√		8.139
学生 7	√			√	√		8.123
学生 8	√		√			√	8.012
学生 9	√			√		√	8.309
学生 10	√		√		√		8.014
学生 11	√		√		√		8.166
学生 12	√		√		√		8.169
学生 13	√		√			√	7.768
学生 14	√		√		√		8.056
学生 15	√			√		√	8.067
学生 16	√			√		√	8.374
学生 17	√		√		√		7.941
学生 18	√			√	√		8.195
学生 19	√			√	√		8.147

表 9-33　　各结构分布学生的平均模糊评价得分汇总

评价	专业类别		学生年级		性别	
	人文	理工	一二年级	三四年级	男	女
事实知识	8.646	7.502	7.915	8.32	8.065	8.114
理论知识	8.421	7.58	7.818	8.025	7.911	7.897
技能知识	8.404	7.376	7.756	8.038	7.868	7.884

续表

评价	专业类别		学生年级		性别	
	人文	理工	一二年级	三四年级	男	女
人际知识	8.311	7.398	7.805	7.831	7.874	7.736
认知能力	8.327	7.672	7.794	7.881	7.838	7.821
社交能力	8.399	7.318	7.786	7.94	7.791	7.933
操作能力	8.138	7.408	7.603	7.727	7.639	7.678
运动素质	8.308	7.855	7.857	7.841	7.955	7.707
身体形态	8.537	7.84	8.036	8.09	8.108	7.991
生理健康	9.009	8.42	8.504	8.51	8.51	8.501
心理健康	8.997	8.305	8.498	8.481	8.511	8.464
社会适应	9.019	8.11	8.5	8.476	8.452	8.543
道德健康	9.117	8.5	8.699	8.48	8.581	8.643
总体评价	8.587	7.791	8.044	8.126	8.085	8.07

结合表9-33进行分析，可以得出与基本常识相符的如下结果。

（1）三、四年级学生的人力资本存量明显高于一、二年级学生的人力资本存量。虽然在本次评价对象中，一、二年级学生的运动素质、心理健康、社会适应等的相关评价均略高于三、四年级学生，道德健康的相关评价明显高于三、四年级学生。但是，从表中我们可以清楚地发现：三四年级学生的事实知识、理论知识、技能知识、社交能力、操作能力等相关评价均明显高于一、二年级学生，三、四年级学生的人际知识、认知能力、身体形态、生理健康等也略高于一、二年级学生的相关评价，三、四年级学生有更多的指标明显高于一、二年级学生，所以，三、四年级学生的人力资本存量要高于一、二年级学生的人力资本存量，这与基本常识相符。

（2）男学生的人力资本存量略高于女学生的人力资本存量。从表9-32中我们可以发现：男学生与女学生在知识存量上没明显差异，但在认知能力、操作能力、运动素质、心理健康和社会适应等方面男学生要优于女学生，而在社交能力方面女学生优于男学生。这一结果与国内外某些学者的研究一致，也与大多数人的认识一致。

如在认知能力方面，刘红从进化论的角度分析了男女差异，提出了男性的空间记忆和想象能力强于女性，同时女性思维往往停留在表面，男性思维却能深入问题关键之处①。Ferrini Mundy 在分析大学微积分学生在成绩和空间视觉想象力的性别差异时得出男生较女生的空间能力具有一定优势的结论②。陈艳通过对高职英语学习者多元智能与语言能力在性别方面的初步调查得出，在人际交往和内省智能上男生和女生都相对突出，但女生的人际智能更具优势，男生的数理逻辑和视觉空间智能比女生强③。巴莺乔等利用克萨斯社交行为量表（TBsl）对大学生进行调查时发现，在社交能力上女生强于男生④。

余小芳等在研究性别角色类型与心理健康、社会适应性之间的关系时，通过调查得出男性在心理健康与社会适应性方面要优于女性⑤。袁钦等根据某医院心理门诊的 SCL-90 数据，进行统计分析，得出青少年中女生的躯体化、抑郁、恐怖因子高于男生的结果⑥。樊富珉等通过对北京市 23 所高校大学生进行心理素质和心理健康状况调查也得出女生的心理健康低于男生的结论⑦。

（3）在表 9-33 中，虽然人文学生的人力资本存量明显高于理工学生的人力资本存量，但因为本次研究只选择了两个理工类的学生，因此总体评价结果不具有代表性，不能断定学科专业类别会必然导致人力资本存量的差异。

二 各类群体结果比较分析与验证

表 9-34 为各类人群各级指标模糊综合评价平均得分汇总。

---

① 刘红：《从进化论的角度看男女心理差异》，《文科爱好者》2013 年第 1 期。
② Ferrini Mundy J., "Spatial Training for Caculus Students: Sex Differences in Achievement and in Visualization Ability", *Journal for Research in Mathematics Education*, 1987, pp. 126-140.
③ 陈艳：《高职英语学习者多元智能与语言能力的性别差异研究》，《河北民族师范学院学报》2012 年第 4 期。
④ 巴莺乔、张同延：《中医院校大学生社交行为分析》，《健康心理学杂志》2001 年第 3 期。
⑤ 余小芳、毛健玲：《大学生性别角色与心理健康的关系》，《中国学校卫生》2008 年第 6 期。
⑥ 袁钦、冯姗姗：《基于性别差异的青少年心理健康研究对策》，《西北医学教育》2010 年第 6 期。
⑦ 樊富珉、王建忠：《北京大学生心理素质及心理健康研究》，《清华大学教育研究》2001 年第 4 期。

表 9-34　　各类人群各级指标模糊综合评价平均得分汇总

评价	本科生	硕士研究生	学生总体	青年教师	教授	教师总体
事实知识	8.175	8.454	8.315	8.327	8.667	8.497
理论知识	7.951	8.28	8.116	8.245	8.735	8.49
技能知识	7.934	8.167	8.051	8.176	8.614	8.395
人际知识	7.861	8.054	7.958	8.302	8.506	8.404
认知能力	7.874	8.066	7.97	8.185	8.331	8.258
社交能力	7.913	8.041	7.977	8.089	8.372	8.231
操作能力	7.674	8.007	7.841	7.761	7.702	7.732
运动素质	7.864	8.022	7.943	8.007	7.883	7.945
身体形态	8.077	8.04	8.059	8.095	7.915	8.005
生理健康	8.5	8.429	8.465	8.498	8.508	8.503
心理健康	8.462	8.547	8.505	8.445	8.608	8.527
社会适应	8.439	8.51	8.475	8.451	8.7	8.576
道德健康	8.609	8.607	8.608	8.562	8.799	8.681
总体评价	8.103	8.248	8.176	8.242	8.411	8.327

通过对表9-34进行分析，可以发现如下现象。

（1）硕士研究生的人力资本存量明显高于本科生的原因在于，硕士研究生的事实知识、理论知识、技能知识、人际知识、认知能力、社交能力、操作能力、运动素质等均明显高于本科学生，虽然其生理健康和身体形态等指标比本科生差。这一结果与基本常识相符。而且，对于硕士研究生的生理健康指标可能比本科生差，国内某些学者也有过分析。例如，洪盈盈在研究新时期研究生心理健康时提出：研究生肩负着社会、家庭、个人等多方面的期待，承受比本科生更大的经济、学业、就业和婚恋等方面的压力，使其所受的心理压力更大[①]。

（2）教授的人力资本存量明显高于青年教师的原因在于，教授的事实知识、理论知识、技能知识、人际知识、认知知识、社交能力、心理健康、社会适应和道德健康等明显高于青年教师，虽然教授的运动素

---

① 洪盈盈：《新时期研究生心理健康现状分析及对策探析》，《科技资讯》2013年第14期。

质和身体形态等指标要低于青年教师。

（3）教师总体的人力资本存量明显高于学生总体的原因在于，教师总体的事实知识、理论知识、技能知识和人际知识等均明显高于学生；认知能力和社交能力等也要高于学生；运动素质、生理健康、心理健康、社会适应和道德健康等均略高于学生，虽然教师的身体形态和操作能力不一定会高于学生。

总之，通过对教授、青年教师、硕士研究生和本科生四类人群进行人力资本微观评价，结果基本符合常识，部分略有差异的现象也可分析找到依据。因此，这一结果在一定程度上验证了所建立的人力资本微观评价体系及其量化研究方法的可靠性和可行性。

第十章

培养高质量人力资本

第一节 研究发现与结果

在本书前面研究中,以下研究发现和结果可以为提高人力资本存量、培养高质量的人力资本提供支撑和依据。

一 研究观点

本书研究认为:①人力资本存量与人力资本投资密切相连,人力资本对经济增长具有显著作用,提高人力资本存量水平的核心措施是增加人力资本投资,需充分发挥各方投资主体的积极性。同时注意提高投资效率,增加人力资本存量。②对教育的投资是提高人力资本存量的主要途径,人力资本聚溢效应与人力资本存量和区域经济发展呈正相关关系。高校是高质量人力资本的重要聚集区域,应重视对高校的经费投入与政策支持,充分利用高校内人力资本聚溢效应,提高人力资本存量,推动区域经济发展。③国际型人力资本是高质量的人力资本。当今世界,经济全球化和一体化趋势日益增强,世界各国加强了对国际型人力资本的培养和争夺。中国正越来越多地参与国际事务与国际竞争,需要加大培养和引进具有全球视野和国际竞争力的国际型人力资本。

二 指标权重分析结果

基于人力资本分级指标权重列表(见表8-39至表8-41),通过选取各级指标中权重值前30%的指标可以获取人力资本微观评价体系重要指标(分级)权重排序表(见表10-1)。通过对人力资本微观评价体系重要指标(分级)权重排序表进一步整理,结合第八章人力资本分级指标权重（见表 8-39 至表 8-41）分析研究可以发现。

（一）健康存量在人力资本存量指标体系中占据绝对重要的地位

在各级体系指标中，健康存量都占有绝对重要的地位。在一级指标中，健康占据第一位（40%权重）。在重要指标表（见表 10-1）中，健康指标在二、三级指标中占据了 50%，在四级指标中占据了 40%，而且权重比例无论是单项还是合计都遥遥领先于其他类指标，研究清晰地表明了健康在人力资本存量中的基础地位和作用。

这项研究结果表明，虽然在新经济时代人们在强调知识和技术的同时，依然重视健康的基础地位和作用，没有健康就没有人力资本。当然这里所指出的健康不包括体力，也不仅仅指生理健康，还包括心理健康、道德健康和社会适应等。而且，心理健康在人力资本存量中的作用要高于生理健康（传统意义上的健康）。

（二）能力在人力资本存量指标体系中也占有比较重要地位

能力在一级指标体系中权重居第二位（35%权重），其智能（智力）在二级指标中居第一位。在各项能力中，人们认为社交能力中决策能力最重要，这在重要指标（见表 10-1）中都有体现。

表 10-1　人力资本微观评价体系重要指标（分级）权重排序

指标层次	最重要指标（从高到低排序）
第一级（1 个）	1. 健康（A3）
第二级（2 个）	1. 智能（A2.1）
	2. 心理健康（A3.2）
第三级（4 个）	1. 心理健康（A3.2.1.1）
	2. 生理健康（A3.1.1.1）
	3. 社交能力（A2.1.2）
	4. 事实知识（A1.1.1）
第四级（10 个）	1. 心理健康（A3.2.1.1）
	2. 生理健康（A3.1.1.1）
	3. 社会适应（A3.2.2.1）
	4. 道德健康（A3.2.3.1）
	5. 专业事实知识（A1.1.1.1）

续表

指标层次	最重要指标（从高到低排序）
第四级（10个）	6. 专业技能知识（A1.2.1.1）
	7. 专业人际知识（A1.2.2.1）
	8. 专业理论知识（A1.1.2.1）
	9. 一般事实知识（A1.1.1.2）
	10. 决策能力（A2.1.2.3）

（三）知识在人力资本存量中占有重要地位

虽然在一级指标中，知识的重要性低于健康和能力。但是在重要指标表（见表10-1）的四级指标中，知识的8项分类指标中有5项（包括专业人际知识、专业事实知识、专业技能知识、专业理论知识和一般事实知识）进入重要指标，占据了全部四级指标的50%的重要地位。这验证了在知识经济时代，知识在经济和社会中的重要地位和作用。

（四）专业知识越来越引起人们的重视

通过对重要指标表（见表10-1）的四级指标表进一步整理可以发现，在出现的5项知识指标中，专业知识的全部指标（包括的专业人际知识、专业事实知识、专业技能知识和专业理论知识）都进入重要指标，在四级指标体系中占据了全部指标数量的40%。

三 个体微观评价结果

建立人力资本存量微观评价体系、实现对人力资本个体量化评价的重要目的之一是使人力资本个体对自己的每项评价指标的状况有一个较为清晰、全面的了解，促使个人清楚地了解自己的劣势和努力方向，为进一步采取正确的提高人力资本存量的对策奠定基础。例如，结合表9-30、表9-31、表9-34，被评价学生可以分别得出单项分数低于8分和低于学生平均分的指标，这些指标就是今后应该努力提高的目标。

第二节 人力资本质量提升建议

一 高度重视人力资本存量的重要作用

新经济学研究证明，人力资本已成为推进世界经济发展的重要因素。郭志仪等[①]国内外大批学者已经在此领域做了大量的研究和实证。人力资本存量是一个国家和地区经济发展的重要支柱，该国（地区）技术吸收和溢出能力与人力资本存量，特别是其质量密切相关。人力资本存量越多，吸收能力就越强。提高人力资本存量和质量可以成倍地增强对区域技术的吸收能力。在制度和技术给定的情况下，对人力资本投资的边际收益会以乘数效应的方式持续递增。把人力资本转变为生产力可充分发挥技术溢出的正效应，直接影响到该地区和企业引进行业内专项技术的能力以及对该技术向现实产品的转化，进而影响该地区和企业的效益。提高人力资本存量对于推动经济增长具有显著作用。

在经济学中，提高人力资本存量必须增加对人力资本的投资。重视人力资本投资也就是重视增加人力资本存量。人力资本投资方式主要包括教育、培训、卫生保健、劳动力流动（迁徙）和"干中学"等形式。现代社会政府职能担负着四项基本职能：政治职能、经济职能、文化职能和社会保障职能。政府的文化职能（发展科学技术、教育事业、文化事业和卫生体育事业）和社会保障职能（提高人口质量和组织社会保障）都与人力资本投资和培养息息相关。因此，为了增加区域人力资本存量，各级政府应大力加强文化和社会保障职能，加强对人力资本的投资，主要包括：①加大对教育经费投入。教育目前是人力资本投资的主要形式。政府在加大对高校和科研机构投资的同时，也要注意加强基础教育的投资；在注意加大学生经费投入的同时，也应该注意加大对在职教育和国民教育的经费投入。②加大对科技研发的经费投入。科学技术是第一生产力，科技研发与创新直接会促进人力资本质量的提升，带动区域经济的快速发展。③加大对体育卫生、医疗保健和人口保障等方面的投入，强化社会服务职能。这项措施会直接影响到人力资本健康存量和人力资本质量提升。当然，由于人力资本投资溢出效应存在，人力资本投资在卫生保障方面的投资收益少量会被其他人（地区）获得，但是投资的主要收益仍会被投资人和本地区首先获得。

作为经济活动的主体，企业应特别重视人力资本的投资，特别是对

---

① 郭志仪、曹建云：《人力资本对中国区域经济增长的影响——岭估计法在多重共线性数据模型中的应用研究》，《中国人口科学》2007 年第 4 期。

科技创新人力资本的投资。科技经费和人力资本投入是技术创新的重要推动力量，以人才积累为基础的技术创新是企业生存与发展的核心要意。知识和技术是人力资本存量中最重要的组成部分和价值体现。人力资本溢出效应是创新不断发展的源泉。知识和技术具有动态性和相对性特点。随着时间的推移，曾经的高新技术都会变得落后。因此，无论是传统产业还是现代高新技术产业，都应积极投资于技术创新。因此，企业应注意加强对科技创新型人力资本的投资与培养。企业应对具有高度专业化知识储备的人力资本的投资作为企业投资的重中之重，由此可以形成企业稳定发展的长久动力保障。

二 充分发挥人力资本微观评价的作用

人力资本微观评价有利于对人力资本个体存量强弱项分布和个体差异有着更清晰、准确和全面的了解，从而可以为国家、社会、企事业单位和个人微观管理提供依据，从而可以调整投资和努力方向，提高投资效率。根据本书对人力资本存量微观评价体系指标权重的研究和对53名个体的微观评价结果，可以有针对性地采取以下措施，加大人力资本的投资，提高人力资本存量。

（一）重视对健康存量的教育投资与经济投入

健康存量在人力资本存量指标体系中占据绝对重要的地位。因此，可以相应地做好以下四个方面的健康教育：①心理健康教育。包括做好心理健康教育和心理健康引导，培养人力资本个体的环境适应力、心理耐受力、心理自控力、心理自信力和心理创造力，使其具有良好的认知能力，从而实现本我、自我、超我的转变。②提高运动和生理素质。做好体育教育，加强体育锻炼，引导全社会进行科学锻炼与运动，组织开展丰富多彩的体育活动，提供良好的体育锻炼场地和设施，做好体育保健和医疗服务。③注意培养社会适应能力和处世能力。培养人力资本个体能够适应不同环境变化，与人交往能被大多数人所接受，即使人际关系环境发生变化，都能始终保持稳定、永久的适应性，没有经常性的压抑感和冲动感，不孤芳自赏寂寞独处，看问题办事情都能以现实为基础。引导人力资本个体多结交朋友，拓展交际范围，善于且乐于与他人交流及倾诉心中感想，能够妥善处理各项事务，拥有良好的处事能力。④加强社会主义道德健康教育。培养对社会的责任感和独立精神。心地善良，助人为乐，性格柔和；与人相处自然融洽，言行举止能得到公众认可；培养独立意识和良好品格，人力资本个体能够对未来发展目标坚定，意志持衡；热爱生活和人生，乐观豁达，感情丰富，胸襟坦荡。

(二) 注意加强能力的培养与锻炼

不同的社会群体，能力培养的侧重点也各有不同。对于在校学生来说，要特别加强对实践能力的培养。具体来说，学校应该重点培养：①学生的社交能力，包括学生的组织能力、表达能力、决策能力、管理能力和社会资源运用能力。学校应出台相关政策，创造条件和机会，开设实践学分课程，鼓励学生尽量多地参加社会实践，锻炼学生的组织能力、管理能力和社会资源运用能力。②学生的独立学习能力。特别是在学习过程中对于研究能力、理解能力、概括与分析能力的培养，提高对知识的认知与探索能力，积极引进国际课程，开阔学生视野。③学生的操作能力。加强对学生的模仿能力、实验操作能力和艺术表演能力。学校可以有目的地开设实践操作课程，开展各种形式的实践操作竞赛和比赛，锻炼提高学生的操作能力。④学生的语言表达能力与沟通能力。首先要敢于表达，克服自身畏惧心理。其次要善于表达，注意语言表达的场合，不同的场合要使用不同的话语，注意语言的得体性。沟通能力是社会交往的关键，在沟通过程中，要注意沟通中双方的相互尊重，学会从对方的角度看问题，积极地在冲突和矛盾中寻找共同点，提高沟通效率。

(三) 重视健康投资，全面提高人力资本质量

人力资本投资不仅是对知识和技能的投资，还包括健康投资。健康是人力资本存在的基础。近些年来人们已经越来越意识到健康的重要性，注意锻炼身体，开展养生、健身和户外运动，保持身体的健康和旺盛的精神状态，增强记忆力和智力水平。在促进提高学习工作效率的同时，增加健康投资可以提高生活质量，改变人们生活消费方式，推动新旧动能转换，拉动经济增长。健康产业能够成为经济增长新引擎，为经济社会发展提供支撑和保障。人力资本微观评价可以使人力资本个体对自身存量优势和薄弱环节都有更清晰的认识，因而可以更加有目的地、有针对性地增加对自身的投资，提高投资效率，提高竞争力。例如对于同学2，通过对需重点加强的人力资本存量指标项（见表10-2）的分

析可以发现其在三项知识指标（理论知识、技能知识和人际知识）、三项能力（认知能力、社交能力和操作能力）和两项体能（运动素质和身体形态）指标方面分数都低于8分，人力资本存量个体评价分数偏低，低于平均水平。但是经过分析，因为同学2尚处于大学一年级学习阶段，知识存量和能力存量难免较低，主要在大学学习阶段注意加强基础理论知识学习，加强专业技能如外语、外贸函电、商务谈判等技能知识学习，加强公共礼仪课和跨文化交流等人际知识的学习和锻炼，积极参加各项实践活动，知识和能力的指标一定会大幅提高。况且目前各项指标分数与8分差距不大，经过大学四年的学习，是完全有可能高于平均水平和8分的。对于其2项体能指标，虽然低于8分但并不低于平均指标，完全可以在此方面保持自信，只需要在大学阶段加强体育锻炼，饮食进行适当调整，科学饮食，科学锻炼，关于体能的两项指标也将会大幅提高。

表 10—2　　　同学 1—4 需重点加强的人力资本存量指标项

评价指标	成绩低于 8 的指标项				成绩低于学生平均分的指标项			
	学生 1	学生 2	学生 3	学生 4	学生 1	学生 2	学生 3	学生 4
事实知识	√	√		√	√	√	√	√
理论知识	√	√		√				√
技能知识	√	√			√	√		
人际知识	√	√		√				
认知能力	√	√	√		√	√	√	
社交能力	√							
操作能力	√	√	√	√	√			
运动素质	√	√					√	
身体形态	√	√						
生理健康					√			
心理健康					√			
社会适应					√			
道德健康	√							
总体评价	√	√			√			

三 积极调动各方投资主体的积极性

政府、企业、社会团体（含事业单位）和个人是人力资本投资的四方投资主体。当前，我国人力资本投资主要由个人（家庭）承担，其他各方投资不足，因此需要积极调动各方投资主体的积极性。

（一）充分发挥政府在人力资本投资中的主体地位

由于人力资本培养具有公共物品外部性特征，所以政府应该在人力资本投资中占据主导地位。政府应该从政策引导、建立机制和经费投入三个方面做好人力资本投资工作，加大对教育、技能培训和医疗健康等方面的投入，特别是教育方面的经费投入。

在加强自身投资之外，政府还有责任、有义务切实采取措施，对于社会机构、企业和个人投资人力资本给予经济资助和政策支持，以充分调动各方积极性。具体来说，可以做好以下三个方面工作：①政策要求。政府可以加强对人力资本重要性宣传，提高社会机构、高校和企业对该项工作的认识。各单位每年必须拨出一定比例的经费，专项用于人力资本投资。人力资本投资工作是政府对单位进行考核和奖励的重要内容。②经费支持。政府每年拨付专项经费给各单位，专项用于各单位人力资本培养与投资。③财政补贴和税收等经济手段。在提高各方面对人力资本投资重要性认识的同时，政府可以通过财政补贴或减税的方式，提高社会团体、公益机构组织等投资国际型人力资本的积极性；鼓励企业加大对人力资本的投入，鼓励对员工进行国际化培训或派遣员工到国外学习，大幅提高职工的国际竞争力，企业在国际市场的利润因而会大幅增加，进而会激励企业提高投资国际型人力资本的积极性，实现企业竞争力的内生性提升与倍增性发展。

（二）充分调动企业投资人力资本的积极性

企业是市场经济的主体。一方面，政府应该创新体制，通过经济手段、政治手段和法律手段来激发调动企业投资人力资本的积极性，带动企业创新和采用现代高新技术，鼓励企业投资于科技创新，投资于创新型人力资本和国际型人力资本；另一方面，企业应充分认识到投资人力资本的重要性，增加对企业人力资本的经济投入和投资，为创新型人力资本创造有利的发展环境，积极组织员工进行专业技术培训、技术比赛、观摩学习、赴外交流等活动，创造条件鼓励员工通过继续教育、

"干中学"等不同形式提高人力资本存量，提高员工技能，提高企业竞争力。

（三）重视社会团体，特别是学校在人力资本培养中的重要作用

社会机构在人力资本投资中也占有重要地位。教育是目前人力资本投资的最主要和最重要的方式，学校是人力资本培养和投资的主阵地。政府应特别重视对学校的经费投入与政策支持。在政府支持之外，学校特别是高校应该高度重视人力资本的培养工作，加强对人力资本培养研究，创新教育方法和形式，提高人力资本培养质量；同时，高校处于正规教育的最高阶段，是教授、专家等高质量人力资本的重要聚集区域，它不仅是人力资本教育的主阵地，也是国家科技创新的重要场所。高校应充分利用高科技人力资本聚集优势，提升国家科技创新能力和人力资本整体水平。

（四）人力资本个体应自觉、有目的地增加自身投资

与政府、企业和学校等人力资本投资主体不同，人力资本个体对自身的人力资本投资最具有主动性和积极性。在接受正规教育之外，人力资本个体还可以通过业余培训、"干中学"、课外阅读、体育锻炼、医疗保健和区域迁徙流动等各种形式增加对自身人力资本的投资，全面提高自身存量，以期将来可以创造更多的经济价值，得到更高的经济回报。

四 重视培养与引进国际型人力资本

专业人力资本具有专业的技术知识和能力，人力资本质量较高。增加专业人力资本的数量可以较快地提高一个地区人力资本存量的质量。国际型人力资本是当今世界最具竞争力的人力资本，是高质量的人力资本。它对提高国家的核心竞争力、加快经济建设具有重要作用。世界各国已纷纷出台措施，加强国际型人力资本培养与引进。我国也需要高度重视国际型人力资本培养和引进工作。

（一）国家要高度重视国际型人力资本工作

国家应从建设创新型国家和人力资源强国的战略高度，重视国际型人力资本的培养与引进工作。具体来说，应该做好以下三个方面工作：①重视对国际型人力资本的培养与投入。政府应加强教育特别是国际化教育的经费投入，增派优秀人员到国外学习和培训，引进国外最具竞争

力的国际型人力资本,并为国际型人力资本在国内的发展提供支持。②人力资本的国际流动是国际型人力资本最重要的投资形式。一方面,国家应继续执行积极的出国留学政策,逐步放宽公民出国（境）的政策限制,鼓励公民出国留学与跨国流动,实现公民留学来去自由;另一方面,国家应选拔资助急需或重点专业人员出国学习,学习最前沿的知识技术,吸收最前沿的科技成果,增强科技创新能力。③加快引进利用国外国际型人力资本。世界形势发展与国家战略一方面要求我们大力培养本土国际型人力资本;另一方面要求我们保持国际视野,积极在全球范围内吸引和招收高层次的国际型人力资本。人力资本国际流动有利于培养国际型人力资本,但也极容易造成人力资本的国外流失。为了遏制人力资本的国外流失,引进更多、更优质的国外国际型人力资本,我国应该及时调整出台优惠政策,建立适应经济全球化和建设社会主义市场要求的新的人力资本引进机制,大力提升我们的软硬环境,增强对国外国际型人力资本的吸引力。引进的最终目的是要利用,要为我国经济社会发展服务。在人力资本引进过程中,我们一要有选择。要结合国家发展战略有选择地引进国家急需的或重点领域的国际型人力资本。二要有重点。重点引进在国际上处于领先地位的"领军"式国际型人力资本。由于人力资本聚溢效应,引进"领军"式国际型人力资本可以直接带动一个团队或产业的发展,极大提升国家的核心竞争力。三要注重利用。要构建以企业为主体的引进利用体系,杜绝"引而不用""引而不能用"的现象,加大投资力度,充分发挥其最大价值,从而推动我国经济社会的快速发展。

（二）企业应重视和加强对具有国际竞争力的国际型人力资本投资

目前,国内经济已经与全球经济紧密联系在一起,中国企业越来越多地直接面对国际市场的全球竞争,迫切需要大批熟悉国际业务知识、具有跨文化交流能力和国际竞争力的国际型人力资本,因此,以面向国际竞争为目标的国际型人力资本引进与培养,将是企业投资的又一个核心领域。在国际化进程的不同阶段,中国企业对国际型人力资本的投资与开发对策各不相同。在国际化进程的第一个阶段,中国企业对国际型人力资本的投资应主要采用直接招聘国外国际型人力资本和派员到国外学习的策略,直接获得国外的国际型人力资本;在国际化的第二个阶段，中国企业应该在获取外部国际型人力资本的基础上，在引进人力资本的帮助下，通过培训、非正式交流等方法加强对国际型人力资本的培养，进而重点转为自己培养内部的国际型人力资本；在企业国际化的第三个阶段，在前期引进外部人力资本和开发内部人力资本的基础上，重点进行知识转移，将存在个体的国际化存量转化为整个企业的国际化，把个体知识变为组织知识。这一阶段是整个国际型人力资本投资和开发的重点，企业通过知识转移、共享个体知识，进而直接避免企业后期因人才流失而造成真空或企业巨大损失。

（三）学校应加强对人力资本国际知识和竞争能力的培养

当今高校都肩负着培养面向世界、具有国际型人力资本的责任。学校应该创造国际化环境，设置国际化课程，加强地区性国际研究，增设国情课和国际理论等课程，增开人际交往和世界礼仪知识等课程，推动学习国际交往礼仪和跨文化交流等人际知识；同时，学校还应推动建立学生国际交换项目，提高留学生数量与比例，派遣教师出国工作和国际交流活动，合作召开国际研讨会，提高教师外语教学水平和学生外语交流能力，推动学生增长国际知识，拓宽国际视野，为社会培养国际型人力资本。

五　充分发挥人力资本聚溢效应作用

人力资本聚溢效应有利于人力资本存量增长，促进区域经济快速发展。因此，各级政府应立足于自身优势，根据人力资本聚溢效应的规律和特点，积极采取对策，实现人力资本聚溢效应、人力资本增长与区域经济发展的良性互动，推动区域经济快速发展。具体来说，可以采取以下措施。

（一）创建全国人力资本自由流动市场

人力资本流动是人力资本投资和培养的重要方式，是实现资本最佳配置、充分发挥其市场价值的重要形式。人力资本在区域间的自由流动不仅有利于人力资本输入区域，还会给人力资本输出区域带来巨大的额外经济收益。因此，我国应搭建全国范围的人力资本信息平台，逐步建立合理的人力资本流动机制和交易市场，加强国际交流与合作，培养在国际上最具竞争力的人力资本。同时人力资本有其自身发展规律和特征，为了提高投资效率和各方投资人力资本的积极性，我国应该遵循市场规律，建立适合的人力资本投资利用评价体系，促进人力资本投资快速地、健康地发展。

(二) 促进人力资本在区域内外的自由流动

1. 积极采取措施，鼓励人力资本自由流动

人力资本自由流动包含两个方面的含义：一方面是指区域内人力资本的自由流动。各级政府应首先鼓励区域内企业间加强人员交流与技术合作，这是提高区域人力资本存量的重要途径；另一方面是指本区域间人力资本自由流动。各级政府应鼓励区域内外企业间加强交流与合作，这是提高本地企业对外部人力资本吸收能力的重要途径。当然，对于区域内的高新技术行业，也可以采取逐步开放等适当保护政策，既不堵塞人力资本流动，又可避免因技术外流造成经济损失影响研发的积极性。

2. 制定具有区域竞争优势的政策，促使人力资本更多流入或回流

各级政府应加强对本地发展环境的深入研究，制定出具有竞争优势的人力资本政策，如增强本地向心力、认同感，为人力资本提供适宜的发展环境，满足其精神和利益诉求等政策，促使流出的人力资本最终回流聚集，带动本地经济的快速发展。

3. 积极培养和引进高端人力资本，增加聚集因素，增强区域核心凝集力

一方面，各级政府应普遍提高本地人力资本质量，提升区域对人力资本溢出的吸收能力，促进人力资本的聚集与回流，提高人力资本利用率。另一方面，各级政府应积极着力培养和引进"乔布斯"式领军人物和团队，增加聚集因素，增强区域聚集能力，充分发挥和利用人力资本聚溢效应对本地区经济发展的贡献。需要指出的是，培养和引进高端人力资本既要具有前瞻性，又要切合实际有所选择，它包含两层含义：第一，培养和引进的人力资本要切合实际，要充分考虑本地人力资本整体水平和所能提供的发展环境，防止水土不服，绝不能盲目攀高。第二，对于引进的人力资本要加强甄别，防止鱼目混珠，名不副实。

4. 纠正由于人力资本溢出效应造成的市场失灵

由于人力资本溢出效应的存在，创新型人力资本的投资不可能全部被企业获得，人力资本投资市场存在市场失灵。因此，部分公司企业可能会不愿意冒险投资于创新型人力资本，企业缺乏创新的动力。因此，

政府应该给予投资于创新型人力资本的企业，为其提供政策支持和经济补贴，纠正投资市场失灵。其中包括：①采取社会购买形式，把政府开发建设的重大科技项目承包给创新型企业，为其技术创新提供社会化和市场化的依据。②制定和完善知识产权保护法律法规，创立保护创新的体系和机制。③为风险系数较高的创新项目提供政府担保，提高企业抗风险承担能力，为创新型企业实行减税和财政补贴等。④切实采取措施规避市场垄断，为企业发展营造公平公正的环境。

通过这些措施，企业就会积极投资于创新型人力资本，推动企业进行技术创新，不断采用新技术。

第十一章

研究展望

第一节　研究结论

本书在国内外学者既有研究的基础上,在人力资本的相关领域,特别是人力资本存量微观评价体系和人力资本聚溢效应等方面进行了一些探索和研究,取得了一些有意义的研究进展和研究成果。本书的主要结论如下:

(1) 人力资本存量方面,笔者认为,人力资本、人力资本投资、人力资本存量和人力资本价值是四个密切相连但不相同的概念;后三者分别代表着前者发展的三个阶段,即对人力资本的投资、储备和产出过程。

(2) 人力资本聚溢效应方面,笔者认为,人力资本聚集效应与人力资本溢出效应这两种不同效应间存在特定的密切联系,但二者又具有自身发展规律。因此,二者可以合称为人力资本聚溢效应。

(3) 人力资本聚溢效应有助于科技创新,有利于推动科学技术进步,有利于推动区域经济快速发展。因此,人力资本聚溢效应、科技创新和区域经济增长间存在明确的正相关性。

(4) 在实际工作中往往需要了解人力资本存量个体间差异,需要从微观角度对人力资本存量进行研究,需要构建人力资本存量微观评价体系,实现对人力资本存量的微观评价。

(5) 根据研究需要,本书构建了包含多目标、全面的客观人力资本存量微观评价体系。所构建的体系共分为 4 级 57 项指标,从而可以较为全面、准确地了解人力资本存量个体状况。

（6）基于九标度层次分析法理论，设计了评价体系指标权重调查问卷。在正式问卷之前，首先进行了预调查分析。随后为了尽可能得到客观数据，笔者分别从教授专家、在校大学生、机关企业人员和外国专家留学生中选取 336 份典型代表进行正式问卷调查。

（7）通过对上述四类代表 336 份问卷的整理发现，四类群体对各项指标的打分基本一致，只有外教留学生对知识存量的打分与其他人差异较大。

（8）本书在研究过程中，主要采用了层次分析法、结构熵权法和模糊评价法、德尔菲法和自我评价法等现代综合评价方法。通过运用综合方法体系，从主观、客观以及主客观结合三个方面实施综合性赋权，从而能更准确地进行指标权重设定和评价打分。在前期对四类 336 位代表问卷调查的基础上，分别采用层次分析法和结构熵权法对问卷初步结果进行了分析。结果显示，这两类方法确定的人力资本微观评价体系指标结果走向趋势基本一致，但是部分指标仍存在小幅差异（-2%—4%）。这些小幅差异主要是由这两种方法不同特点造成的：层次分析法属于主观赋权法，侧重于主观定性；结构熵权法属于主客观赋权法，侧重于客观数据。因此，本书采用主客观综合赋权的方法确定人力资本微观评价体系指标权重，从而使权重结果更加合理与可信。

（9）量化验证。笔者选取了样本，采用自我评价、专家会议打分以及模糊综合评价三类方法对 54 位样本的人力资本存量各项评价指标逐一进行了打分评价，最终实现了对人力资本个体的人力资本存量微观量化评价。结果显示，本次研究的结果基本符合常识。量化评价结果在一定程度上验证了本书所建立的人力资本微观评价体系及其量化研究方法的可靠性和可行性。通过这一分析，实现了对个体人力资本存量的微观评价，从而使人力资本个体可以对自身的人力资本存量现状有更清楚的了解，进而可以更加有针对性地采取对策，提高自身人力资本存量。

（10）本书还探索性地论证了国际型人力资本问题。国际型人力资本是高质量的人力资本，它与世界公民和国际型人才的理论密切相关。国际型人力资本指国际化特征比较明显，也即通晓国际规则、具有国际视野、跨文化交际能力和国际竞争力特征明显的自然人所体现出的知识、能力和健康；为适应全球经济一体化和参与国际事务需要。目前，中国国际型人力资本主体由海外留学归国人员和在华外国专家留学生等人员构成，对于这一高层次微观人力资本群众，国家需有针对性地重点投资和重点培养。

（11）为更好地积累和使用微观人力资本，则应充分调动各方对人力资本投资的积极性，充分发挥政府的主体地位，高度重视学校的重要作用，充分调动企业的积极性。对个体人力资本应该更加有针对性地增加投资，从整体上提高国家人力资本存量和水平。

第二节　研究展望

本书通过对已有人力资本相关理论的研究分析，从微观角度建立起了人力资本存量评价体系；然后通过问卷调查、专家打分，并采用层次分析、模糊综合评价等方法，尝试对54名教师学生进行了人力资本的微观评价。本书研究证明，从微观角度对人力资本存量进行评价是可行的，本书建立的该指标评价体系是科学的，方法是可行的。人力资本存量微观评价体系的建立，有助于高校、企业、相关机构和个人了解自身人力资本存量分布现状，进而有针对性地调整投资方式、投资结构和投资方向。今后，需要以本书建立的指标体系以及调查数据展开进一步的理论与实证分析，目前可以从以下几个方面展开进一步深入研究：

（1）完善人力资本存量微观评价指标体系。今后可以通过更为广泛的专家问卷等方法对本书建立的人力资本存量微观评价指标体系中各级指标特别是第四级指标进行优化。

（2）科学确定不同类型的人力资本存量微观评价指标体系中的指标权重。本书采用问卷调查的方法确定人力资本存量指标体系权重，问卷研究仅限于青岛市，调查对象中在华外国专家和留学生样本较少；由于时间和调查对象的自身态度等原因，部分问卷质量较低。今后的问卷调查中可以有针对性地采用更科学的方法、更有效的手段来确定各种类型人力资本存量微观评价指标体系的指标权重。

（3）引入更加科学可行的指标量化方法。本书采用专家打分法容易受主观因素影响，主观随意性强。目前，国内外对人力资本存量的大部分指标已经有了较为成熟的评价方法。本书未能对国内已有评价方法逐项梳理研究，未能制定更为有效的、易操作的标准来量化确定各项指标得分；同时，由于时间和精力有限，最后量化和验证评价对象只选择了 54 名教师和学生，样本较少。今后将加强研究，弥补缺憾与不足。

（4）深估国际型人力资本和人力资本聚溢效应的研究。今后需要加强对国外学者在此领域成果的研究与学习，寻找权威的理论支持和实例数据验证，特别是对国际型人力资本特征和人力资本聚溢效应的实证研究。

（5）今后还需以既有的调查数据为基础，在不断更新与优化的基础上，将微观人力资本指标与数据应用于更为迫切的现实问题研究中，如企业发展能力与微观人力资本的关系研究；微观人力资本投资与劳动力收入、消费的关系研究等。

由于时间和能力的限制，本书研究尚属于初步的分析架构和简单结论总结阶段，本书研究尚有不少不足之处，但这也正是今后研究的方向。

附　录

人力资本存量微观评价指标权重问卷（中文版本）

尊敬的各位专家、老师、同学和朋友：

您好！感谢您在百忙之中抽出时间做本项问卷！本问卷是"人力资本研究"的重要组成部分，您的宝贵意见将成为研究的重要资料。本问卷结果仅用于学术研究，您的权益受相关法律保护。感谢您的帮助与参与！

联系电话：×××××××××××××；E-mail：×××@×××.×××

I 问卷必读信息

1. 本问卷是"人力资本研究"中"微观人力资本存量评价体系"研究的重要内容。"微观人力资本存量评价体系"是在对经济学和社会学已有研究成果整理的基础上建立起来的。本问卷需要对体系中各项评价指标权重做出判断。

2. 填写方法：①先理解体系中各项指标的含义；②理解表1中的标度方法；③根据表1中的标度方法对各问卷表中各指标两两比较，根据您的感受，在方框内填上合适的数字，"—"栏内不需要填写。在做标度前，建议把问卷各表格中的各项指标总体先按重要度排个序。

表 1　　问卷指标重要性比较尺度含义

本调查表采用九标度的层次分析法，请您在表格空白栏内输入重要性比较尺度，比较尺度的含义为：

尺度	含义：纵列中的因素与横行中的因素重要性
1	相同
3	稍强
5	强
7	明显强
9	绝对强

相对应地，反过来比较相对应的尺度含义为：

尺度	含义：纵列中的因素与横行中的因素重要性
1	相同
1/3	稍弱
1/5	弱
1/7	明显弱
1/9	绝对弱

2、4、6、8 及 1/2、1/4、1/6、1/8 表示第 i 个因素相对于第 j 个因素（反过来）的重要性介于上述两个相邻等级之间（下同）。

例如：在"人力资本一级指标相对重要性判断矩阵"调查表中，如果你认为纵列中"能力存量"比横行中"健康存量"的重要性介于"明显强""绝对强"之间，那就可以在对应空白栏内填上数字"8"。

Ⅱ　问卷主体

第一部分　人力资本一级指标相对重要性判断矩阵

1　人力资本分类评价指标

人力资本	知识存量	能力存量	健康存量
知识存量	1		
能力存量	—	1	
健康存量	—	—	1

第二部分 人力资本二级指标相对重要性判断矩阵

2.1 知识分类评价指标

知识存量	显性知识	隐性知识
显性知识	1	
隐性知识	—	1

2.2 能力分类评价指标

能力存量	智能	体能
智能	1	
体能	—	1

2.3 健康分类评价指标

健康存量	生理健康	心理健康	社会健康
生理健康	1		
心理健康	—	1	
社会健康	—	—	1

第三部分 人力资本三级指标相对重要性判断矩阵

3.1 显性知识分类评价指标

显性知识	事实知识	理论知识
事实知识	1	
理论知识	—	1

3.2 隐性知识分类评价指标

隐性知识	技能知识	人际知识
技能知识	1	
人际知识	—	1

3.3 智能分类评价指标

智能	认知能力	社交能力	操作能力
认知能力	1		
社交能力	—	1	
操作能力	—	—	1

3.4 体能分类评价指标

体能	运动素质	身体形态
运动素质	1	
身体形态	—	1

3.5 社会健康分类评价指标

社会健康	社会适应	道德健康
社会适应	1	
道德健康	—	1

第四部分 人力资本四级指标相对重要性判断矩阵

4.1 事实知识分类评价指标

事实知识	专业事实知识	一般事实知识
专业事实知识	1	
一般事实知识	—	1

4.2 理论知识分类评价指标

理论知识	专业理论知识	一般理论知识
专业理论知识	1	
一般理论知识	—	1

4.3 技能知识分类评价指标

技能知识	专业技能知识	一般技能知识
专业技能知识	1	
一般技能知识	—	1

4.4 人际知识分类评价指标

人际知识	专业人际知识	一般人际知识
专业人际知识	1	
一般人际知识	—	1

4.5 认知能力分类评价指标

认知能力	观察能力	记忆能力	想象能力	创造能力
观察能力	1			
记忆能力	—	1		
想象能力	—	—	1	
创造能力	—	—	—	1

4.6 社交能力分类评价指标

社交能力	组织能力	表达能力	决策能力	管理能力	社会资源运用能力
组织能力	1				
表达能力	—	1			
决策能力	—	—	1		
管理能力	—	—	—	1	
社会资源运用能力	—	—	—	—	1

4.7 操作能力分类评价指标

操作能力	模仿能力	艺术表演能力	实验操作能力
模仿能力	1		
艺术表演能力	—	1	
实验操作能力	—	—	1

4.8 运动素质分类评价指标

运动素质	力量	速度	耐力	柔韧性	灵活性
力量	1				
速度	—	1			
耐力	—	—	1		
柔韧性	—	—	—	1	
灵活性	—	—	—	—	1

4.9 身体形态分类评价指标

身体形态	高度	宽度	围度	长度	充实度
高度	1				
宽度	—	1			
围度	—	—	1		
长度	—	—	—	1	
充实度	—	—	—	—	1

权重问卷调查个人背景信息

您的个人信息受相关法律法规保护，仅会用于学术研究，不会被外泄。

性别：男□ 女□		出生年份：19____年	国籍：	常住地：
文化程度	专科□ 本科□ 硕士□ 博士□ ____在读____年级			
学科类型	文史□ 理工□	职称：初级□ 中级□ 高级□		参加工作年限
所属单位名称：				岗位职责
行业性质：	政府机构□ 涉外企业□ 外资企业□ 教育机构□ 其他□			
累计海外经历时间：_____月		累计出国次数：_____次		
海外经历性质：访学□ 学历教育□ 观光□ 培训□				

外教、留学生请继续填写

学科门类：社会科学□ 自然科学□	从事学科：
去过几个国家：	在华时间：_____年（精确到半年）
常住地：	在哪几个国家工作过：

中国学生请继续填写

有无出国意向：有□ 无□	二外：

以下由调查员填写：

问卷编号：_____ 调查员：_____

调查地点：_____ 调查时间：_____

专家调整权重问卷表

各位专家：

  根据前期问卷调查所获取四类调查对象的权重趋势图和构成分布，经试验初步对四种类型进行拟合（见图1和表2），初步选取的拟合权重为教授专家50%，机关企业人员20%，在校大学生10%，外国专家留学生20%构成（见表1）。

  请各位专家根据拟合趋势图对四类权重进行讨论调整。经讨论后，请给出您认为最合理的四种类型权重结果填入表1中。

  谢谢！

| 附 录 |

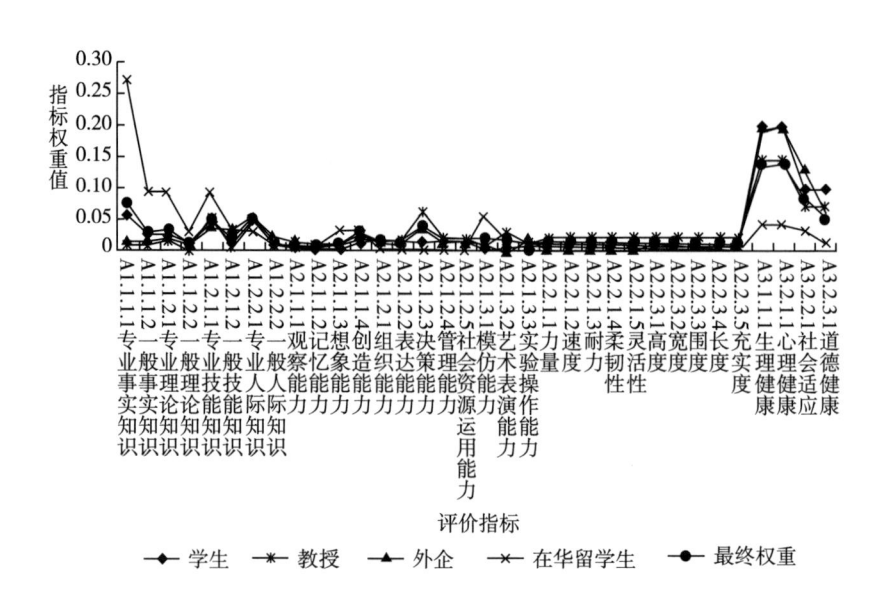

图1 四类调查对象的权重趋势和构成分布拟合

表1　　　　　四大类别预设权重和你建议的最终权重

所占总体比重	教授专家	机关企业人员	在校大学生	外国专家留学生
初步权重	50%	20%	50%	20%
您建议的调整权重				

表2　　　　　　评价体系问卷对象分布（336份）

类型	构成分布
教授专家（52份）	在教授专家中，81%都具有高级职称（教授、副教授）；19%虽然只具有中级职称，但是相关领域专家。在所有人中有17%获得海外学位，67%具有海外留学教育经历
机关企业人员（60份）	在代表性政府机关选取调查对象19人；跨国公司和外商独资企业调查对象16人；海尔、海信等大型企业调查对象25人
在校大学生（187份）	主要在国际学院和商学院选取了较高素质的本科生和研究生，选取学生对象时适当考虑了年级、专业和性别分布
外国专家留学生（37份）	在华工作的外国专家调查对象10人；现正在华学习的外国留学生调查对象27人

各类调查对象各级指标相对重要性判断矩阵（不含教授专家）

一 机关企业人员

机关企业人员给出的人力资本一级指标相对重要性判断矩阵如表 1 所示。

表 1　　　　　机关企业人员人力资本一级指标
相对重要性判断矩阵

1 人力资本	知识存量	能力存量	健康存量
知识存量	1	1	1/3
能力存量	1	1	1/3
健康存量	3	3	1

机关企业人员人力资本二级指标相对重要性判断矩阵如表 2 至表 4 所示。

表 2　　　　　机关企业人员人力资本知识分类
相对重要性判断矩阵

2.1 知识分类评价指标	显性知识	隐性知识
显性知识	1	3
隐性知识	1/3	1

表 3　　　　　机关企业人员人力资本能力分类
相对重要性判断矩阵

2.2 能力分类评价指标	智能	体能
智能	1	3
体能	1/3	1

表4　　　　机关企业人员人力资本健康分类
相对重要性判断矩阵

2.3健康分类评价指标	生理健康	心理健康	社会健康
生理健康	1	1	1
心理健康	1	1	1
社会健康	1	1	1

机关企业人员给出的人力资本三级指标相对重要性判断矩阵如表5至表9所示。

表5　　　　机关企业人员人力资本显性知识
分类相对重要性判断矩阵

3.1显性知识分类评价指标	事实知识	理论知识
事实知识	1	3
理论知识	1/3	1

表6　　　　机关企业人员人力资本隐性知识
分类相对重要性判断矩阵

3.2隐性知识分类评价指标	技能知识	人际知识
技能知识	1	3
人际知识	1/3	1

表7　　　　机关企业人员人力资本智能分类
相对重要性判断矩阵

3.3智能分类评价指标	认知能力	社交能力	操作能力
认知能力	1	3	1
社交能力	1/3	1	1/3
操作能力	1	3	1

表 8　　　　机关企业人员人力资本体能分类
相对重要性判断矩阵

3.4 体能分类评价指标	运动素质	身体形态
运动素质	1	3
身体形态	1/3	1

表 9　　　　机关企业人员人力资本社会健康
分类相对重要性判断矩阵

3.5 社会健康分类评价指标	社会适应	道德健康
社会适应	1	3
道德健康	1/3	1

机关企业人员给出的人力资本四级指标相对重要性判断矩阵如表 10 至表 18 所示。

表 10　　　　机关企业人员人力资本事实知识
分类相对重要性判断矩阵

4.1 事实知识分类评价指标	专业事实知识	一般事实知识
专业事实知识	1	3
一般事实知识	1/3	1

表 11　　　　机关企业人员人力资本理论知识
分类相对重要性判断矩阵

4.2 理论知识分类评价指标	专业理论知识	一般理论知识
专业理论知识	1	3
一般理论知识	1/3	1

表12　　　　　机关企业人员人力资本技能知识
　　　　　　　分类相对重要性判断矩阵

4.3 技能知识分类评价指标	专业技能知识	一般技能知识
专业技能知识	1	3
一般技能知识	1/3	1

表13　　　　　机关企业人员人力资本人际知识
　　　　　　　分类相对重要性判断矩阵

4.4 人际知识分类评价指标	专业人际知识	一般人际知识
专业人际知识	1	5
一般人际知识	1/5	1

表14　　　　　机关企业人员人力资本认知能力
　　　　　　　分类相对重要性判断矩阵

4.5 认知能力分类评价指标	观察能力	记忆能力	想象能力	创造能力
观察能力	1	3	1/3	1/3
记忆能力	1/3	1	1/6	1/6
想象能力	3	6	1	1
创造能力	3	6	1	1

表15　　　　　机关企业人员人力资本社交能力
　　　　　　　分类相对重要性判断矩阵

4.6 社交能力分类评价指标	组织能力	表达能力	决策能力	管理能力	社会资源运用能力
组织能力	1	3	1	1	1
表达能力	1/3	1	1/3	1/3	1/3
决策能力	1	3	1	1	1
管理能力	1	3	1	1	1
社会资源运用能力	1	3	1	1	1

表16　　　　　　　机关企业人员人力资本操作能力
　　　　　　　　　分类相对重要性判断矩阵

4.7 操作能力分类评价指标	模仿能力	艺术表演能力	实验操作能力
模仿能力	1	3	5
艺术表演能力	1/3	1	2
实验操作能力	1/5	1/2	1

表17　　　　　　　机关企业人员人力资本运动素质
　　　　　　　　　分类相对重要性判断矩阵

4.8 运动素质分类评价指标	力量	速度	耐力	柔韧性	灵活性
力量	1	1	1	1	1
速度	1	1	1	1	1
耐力	1	1	1	1	1
柔韧性	1	1	1	1	1
灵活性	1	1	1	1	1

表18　　　　　　　机关企业人员人力资本身体形态
　　　　　　　　　分类相对重要性判断矩阵

4.9 身体形态分类评价指标	高度	宽度	围度	长度	充实度
高度	1	1	1	1	1
宽度	1	1	1	1	1
围度	1	1	1	1	1
长度	1	1	1	1	1
充实度	1	1	1	1	1

二　在校大学生

在校大学生给出的人力资本一级指标相对重要性判断矩阵如表19所示。

表19　　中国学生人力资本一级指标相对重要性判断矩阵

1 人力资本	知识存量	能力存量	健康存量
知识存量	1	1	1/3
能力存量	1	1	1/3
健康存量	3	3	1

在校大学生给出的人力资本二级指标相对重要性判断矩阵如表20至表22所示。

表20　　在校大学生人力资本知识分类相对重要性判断矩阵

2.1 知识分类评价指标	显性知识	隐性知识
显性知识	1	1
隐性知识	1	1

表21　　在校大学生人力资本能力分类相对重要性判断矩阵

2.2 能力分类评价指标	智能	体能
智能	1	1
体能	1	1

表22　　在校大学生人力资本健康分类相对重要性判断矩阵

2.3 健康分类评价指标	生理健康	心理健康	社会健康
生理健康	1	1	1
心理健康	1	1	1
社会健康	1	1	1

在校大学生给出的人力资本三级指标相对重要性判断矩阵如表23至表27所示。

表23　　　　在校大学生人力资本显性知识分类相对重要性判断矩阵

3.1 显性知识分类评价指标	事实知识	理论知识
事实知识	1	3
理论知识	1/3	1

表24　　　　在校大学生人力资本隐性知识分类相对重要性判断矩阵

3.2 隐性知识分类评价指标	技能知识	人际知识
技能知识	1	1
人际知识	1	1

表25　　　　在校大学生人力资本智能分类相对重要性判断矩阵

3.3 智能分类评价指标	认知能力	社交能力	操作能力
认知能力	1	1/3	1
社交能力	3	1	3
操作能力	1	1/3	1

表26　　　　在校大学生人力资本体能分类相对重要性判断矩阵

3.4 体能分类评价指标	运动素质	身体形态
运动素质	1	1
身体形态	1	1

表27　　　　在校大学生人力资本社会健康分类相对重要性判断矩阵

3.5 社会健康分类评价指标	社会适应	道德健康
社会适应	1	1
道德健康	1	1

在校大学生给出的人力资本四级指标相对重要性判断矩阵如表 28 至表 36 所示。

表 28　　　　　在校大学生人力资本事实知识
　　　　　　　分类相对重要性判断矩阵

4.1 事实知识分类评价指标	专业事实知识	一般事实知识
专业事实知识	1	3
一般事实知识	1/3	1

表 29　　　　　在校大学生人力资本理论知识
　　　　　　　分类相对重要性判断矩阵

4.2 理论知识分类评价指标	专业理论知识	一般理论知识
专业理论知识	1	3
一般理论知识	1/3	1

表 30　　　　　在校大学生人力资本技能知识
　　　　　　　分类相对重要性判断矩阵

4.3 技能知识分类评价指标	专业技能知识	一般技能知识
专业技能知识	1	3
一般技能知识	1/3	1

表 31　　　　　在校大学生人力资本人际知识
　　　　　　　分类相对重要性判断矩阵

4.4 人际知识分类评价指标	专业人际知识	一般人际知识
专业人际知识	1	3
一般人际知识	1/3	1

表 32　　　　　在校大学生人力资本认知能力
　　　　　　　分类相对重要性判断矩阵

4.5 认知能力分类评价指标	观察能力	记忆能力	想象能力	创造能力
观察能力	1	3	1	1/3

续表

4.5 认知能力分类评价指标	观察能力	记忆能力	想象能力	创造能力
记忆能力	1/3	1	1/3	1/6
想象能力	1	3	1	1
创造能力	3	6	1	1

表33　　　　在校大学生人力资本社交能力
分类相对重要性判断矩阵

4.6 社交能力分类评价指标	组织能力	表达能力	决策能力	管理能力	社会资源运用能力
组织能力	1	1	1	1	1
表达能力	1	1	1	1	1
决策能力	1	1	1	1	1
管理能力	1	1	1	1	1
社会资源运用能力	1	1	1	1	1

表34　　　　在校大学生人力资本操作能力
分类相对重要性判断矩阵

4.7 操作能力分类评价指标	模仿能力	艺术表演能力	实验操作能力
模仿能力	1	1/3	1
艺术表演能力	3	1	3
实验操作能力	1	1/3	1

表35　　　　在校大学生人力资本运动素质
分类相对重要性判断矩阵

4.8 运动素质分类评价指标	力量	速度	耐力	柔韧性	灵活性
力量	1	1	1	1	1
速度	1	1	1	1	1
耐力	1	1	1	1	1
柔韧性	1	1	1	1	1
灵活性	1	1	1	1	1

表36　　　　　　在校大学生人力资本身体形态
分类相对重要性判断矩阵

4.9身体形态分类评价指标	高度	宽度	围度	长度	充实度
高度	1	1	1	1	1
宽度	1	1	1	1	1
围度	1	1	1	1	1
长度	1	1	1	1	1
充实度	1	1	1	1	1

三　机关企业人员

机关企业人员给出的人力资本一级指标相对重要性判断矩阵如表37所示。

表37　　　　　　机关企业人员人力资本一级指标
相对重要性判断矩阵

1人力资本	知识存量	能力存量	健康存量
知识存量	1	1	1/3
能力存量	1	1	1/3
健康存量	3	3	1

机关企业人员人力资本二级指标相对重要性判断矩阵如表38至表40所示。

表38　　　　　　机关企业人员人力资本知识
分类相对重要性判断矩阵

2.1知识分类评价指标	显性知识	隐性知识
显性知识	1	3
隐性知识	1/3	1

表39　　　　　　机关企业人员人力资本能力
分类相对重要性判断矩阵

2.2能力分类评价指标	智能	体能
智能	1	3
体能	1/3	1

表40　　　　　机关企业人员人力资本健康
　　　　　　　分类相对重要性判断矩阵

2.3 健康分类评价指标	生理健康	心理健康	社会健康
生理健康	1	1	1
心理健康	1	1	1
社会健康	1	1	1

机关企业人员给出的人力资本三级指标相对重要性判断矩阵如表41至表45所示。

表41　　　　　机关企业人员人力资本显性知识
　　　　　　　分类相对重要性判断矩阵

3.1 显性知识分类评价指标	事实知识	理论知识
事实知识	1	3
理论知识	1/3	1

表42　　　　　机关企业人员人力资本隐性知识
　　　　　　　分类相对重要性判断矩阵

3.2 隐性知识分类评价指标	技能知识	人际知识
技能知识	1	3
人际知识	1/3	1

表43　　　　　机关企业人员人力资本智能分类
　　　　　　　相对重要性判断矩阵

3.3 智能分类评价指标	认知能力	社交能力	操作能力
认知能力	1	3	1
社交能力	1/3	1	1/3
操作能力	1	3	1

表44　　　　　机关企业人员人力资本体能分类
　　　　　　　相对重要性判断矩阵

3.4 体能分类评价指标	运动素质	身体形态
运动素质	1	3
身体形态	1/3	1

表 45　　　机关企业人员人力资本社会健康
分类相对重要性判断矩阵

3.5 社会健康分类评价指标	社会适应	道德健康
社会适应	1	3
道德健康	1/3	1

机关企业人员给出的人力资本四级指标相对重要性判断矩阵如表 46 至表 54 所示。

表 46　　　机关企业人员人力资本事实知识
分类相对重要性判断矩阵

4.1 事实知识分类评价指标	专业事实知识	一般事实知识
专业事实知识	1	3
一般事实知识	1/3	1

表 47　　　机关企业人员人力资本理论知识
分类相对重要性判断矩阵

4.2 理论知识分类评价指标	专业理论知识	一般理论知识
专业理论知识	1	3
一般理论知识	1/3	1

表 48　　　机关企业人员人力资本技能知识
分类相对重要性判断矩阵

4.3 技能知识分类评价指标	专业技能知识	一般技能知识
专业技能知识	1	3
一般技能知识	1/3	1

表 49　　　机关企业人员人力资本人际知识
分类相对重要性判断矩阵

4.4 人际知识分类评价指标	专业人际知识	一般人际知识
专业人际知识	1	5
一般人际知识	1/5	1

表50　　　　　机关企业人员人力资本认知能力
　　　　　　　　分类相对重要性判断矩阵

4.5认知能力分类评价指标	观察能力	记忆能力	想象能力	创造能力
观察能力	1	3	1/3	1/3
记忆能力	1/3	1	1/6	1/6
想象能力	3	6	1	1
创造能力	3	6	1	1

表51　　　　　机关企业人员人力资本社交能力
　　　　　　　　分类相对重要性判断矩阵

4.6社交能力分类评价指标	组织能力	表达能力	决策能力	管理能力	社会资源运用能力
组织能力	1	3	1	1	1
表达能力	1/3	1	1/3	1/3	1/3
决策能力	1	3	1	1	1
管理能力	1	3	1	1	1
社会资源运用能力	1	3	1	1	1

表52　　　　　机关企业人员人力资本操作能力
　　　　　　　　分类相对重要性判断矩阵

4.7操作能力分类评价指标	模仿能力	艺术表演能力	实验操作能力
模仿能力	1	3	5
艺术表演能力	1/3	1	2
实验操作能力	1/5	1/2	1

表53　　　　　机关企业人员人力资本运动素质
　　　　　　　　分类相对重要性判断矩阵

4.8运动素质分类评价指标	力量	速度	耐力	柔韧性	灵活性
力量	1	1	1	1	1
速度	1	1	1	1	1
耐力	1	1	1	1	1
柔韧性	1	1	1	1	1
灵活性	1	1	1	1	1

表54　　　　　机关企业人员人力资本身体形态
分类相对重要性判断矩阵

4.9身体形态分类评价指标	高度	宽度	围度	长度	充实度
高度	1	1	1	1	1
宽度	1	1	1	1	1
围度	1	1	1	1	1
长度	1	1	1	1	1
充实度	1	1	1	1	1

四　外国专家留学生

外国专家留学生给出的人力资本一级指标相对重要性判断矩阵如表55所示。

表55　　　　　外国专家留学生人力资本一级指标
相对重要性判断矩阵

1 人力资本	知识存量	能力存量	健康存量
知识存量	1	3	5
能力存量	1/3	1	2
健康存量	1/5	1/2	1

外国专家留学生给出的人力资本二级指标相对重要性判断矩阵如表56至表58所示。

表56　　　　　外国专家留学生人力资本知识
分类相对重要性判断矩阵

2.1 知识分类评价指标	显性知识	隐性知识
显性知识	1	3
隐性知识	1/3	1

表57	外国专家留学生人力资本能力分类相对重要性判断矩阵		

2.2 能力分类评价指标	智能	体能
智能	1	3
体能	1/3	1

表58	外国专家留学生人力资本健康分类相对重要性判断矩阵		

2.3 健康分类评价指标	生理健康	心理健康	社会健康
生理健康	1	1	1
心理健康	1	1	1
社会健康	1	1	1

外国专家留学生给出的人力资本三级指标相对重要性判断矩阵如表59至表63所示。

表59	外国专家留学生人力资本显性知识分类相对重要性判断矩阵		

3.1 显性知识分类评价指标	事实知识	理论知识
事实知识	1	3
理论知识	1/3	1

表60	外国专家留学生人力资本隐性知识分类相对重要性判断矩阵		

3.2 隐性知识分类评价指标	技能知识	人际知识
技能知识	1	3
人际知识	1/3	1

表61	外国专家留学生人力资本智能分类相对重要性判断矩阵		

3.3 智能分类评价指标	认知能力	社交能力	操作能力
认知能力	1	3	1

续表

3.3 智能分类评价指标	认知能力	社交能力	操作能力
社交能力	1/3	1	1/3
操作能力	1	3	1

表 62　　外国专家留学生人力资本体能分类相对重要性判断矩阵

3.4 体能分类评价指标	运动素质	身体形态
运动素质	1	3
身体形态	1/3	1

表 63　　外国专家留学生人力资本社会健康分类相对重要性判断矩阵

3.5 社会健康分类评价指标	社会适应	道德健康
社会适应	1	3
道德健康	1/3	1

外国专家留学生给出的人力资本四级指标相对重要性判断矩阵如表 64 至表 72 所示。

表 64　　外国专家留学生人力资本事实知识分类相对重要性判断矩阵

4.1 事实知识分类评价指标	专业事实知识	一般事实知识
专业事实知识	1	3
一般事实知识	1/3	1

表 65　　外国专家留学生人力资本理论知识分类相对重要性判断矩阵

4.2 理论知识分类评价指标	专业理论知识	一般理论知识
专业理论知识	1	3
一般理论知识	1/3	1

表 66	外国专家留学生人力资本技能知识分类相对重要性判断矩阵	
4.3 技能知识分类评价指标	专业技能知识	一般技能知识
专业技能知识	1	3
一般技能知识	1/3	1

表 67	外国专家留学生人力资本人际知识分类相对重要性判断矩阵	
4.4 人际知识分类评价指标	专业人际知识	一般人际知识
专业人际知识	1	5
一般人际知识	1/5	1

表 68	外国专家留学生人力资本认知能力分类相对重要性判断矩阵			
4.5 认知能力分类评价指标	观察能力	记忆能力	想象能力	创造能力
观察能力	1	3	1/3	1/3
记忆能力	1/3	1	1/6	1/6
想象能力	3	6	1	1
创造能力	3	6	1	1

表 69	外国专家留学生人力资本社交能力分类相对重要性判断矩阵				
4.6 社交能力分类评价指标	组织能力	表达能力	决策能力	管理能力	社会资源运用能力
组织能力	1	3	1	1	1
表达能力	1/3	1	1/3	1/3	1/3
决策能力	1	3	1	1	1
管理能力	1	3	1	1	1
社会资源运用能力	1	3	1	1	1

表 70　　　　　外国专家留学生人力资本操作能力
　　　　　　　分类相对重要性判断矩阵

4.7 操作能力分类评价指标	模仿能力	艺术表演能力	实验操作能力
模仿能力	1	3	5
艺术表演能力	1/3	1	2
实验操作能力	1/5	1/2	1

表 71　　　　　外国专家留学生人力资本运动素质
　　　　　　　分类相对重要性判断矩阵

4.8 运动素质分类评价指标	力量	速度	耐力	柔韧性	灵活性
力量	1	1	1	1	1
速度	1	1	1	1	1
耐力	1	1	1	1	1
柔韧性	1	1	1	1	1
灵活性	1	1	1	1	1

表 72　　　　　外国专家留学生人力资本身体形态
　　　　　　　分类相对重要性判断矩阵

4.9 身体形态分类评价指标	高度	宽度	围度	长度	充实度
高度	1	1	1	1	1
宽度	1	1	1	1	1
围度	1	1	1	1	1
长度	1	1	1	1	1
充实度	1	1	1	1	1

指标量化个人前期自评信息问卷样表

姓名_____

一　教育、培训信息

1. 学历：□本科生；□硕士生；□博士生

2. 年级：□一年级；□二年级；□三年级；□四年级

3. 专业：_____

4. 学习阶段学习成绩总体排名：

□前 10%；□11%—30%；□31%—50%；□51%—80%；□后 20%

5. 在课堂外，您最喜欢的学习、获取知识的最主要方式（可多选）：

□读书（报纸、杂志）；□网络媒体；□电视、广播；□人员相互交流；□其他_____

6. 通过以上方式，平均每天学习、研究和获取知识花费时间大约：

□10 小时以上；□7—10 小时；□4—7 小时；□1—4 小时；□2 小时以下

7. 感觉在国际知识方面的知识储备：

□非常丰富；□比较丰富；□一般；□不够丰富；□非常缺乏

8. 列举出您曾经参加过的 3 项最重要的培训名称和时间（从小学开始，依重要性排序）

_____

_____

_____

9. 列举出 1—3 项您曾经参加过的社会实践活动名称、时间及地点

_____

_____

_____

二 社会实践、活动、竞赛信息

1. 列举您上学以来曾经担任班级、学生会等社团组织 3 项最重要的职务及其阶段

_____

_____

_____

2. 列举一下您组织的 2—3 项重要、较为成功的活动（名称、时间及地点）
_____
_____
_____

3. 选出您感觉自己较强的几种能力（可多选）：
□观察能力　□记忆能力　□想象能力　□创造能力　□组织能力　□表达能力　□决策能力　□管理能力　□社会资源运用能力　□模仿能力　□艺术表演能力　□实验操作能力

4. 选出您感觉较差或不足的几种能力（可多选）：
□观察能力　□记忆能力　□想象能力　□创造能力　□组织能力　□表达能力　□决策能力　□管理能力　□社会资源运用能力　□模仿能力　□艺术表演能力　□实验操作能力

5. 列出您曾经参加的比赛或竞赛奖项的名称、等级及时间
_____
_____
_____

6. 列出您所获得的其他荣誉称号
_____
_____
_____

7. 您的体育专长和爱好（可多选）
□篮球；□足球；□乒乓球；□排球；□羽毛球；□其他球类运动；□爬山；□游泳；□舞蹈；□武术；□其他

8. 您的体育成绩在班级同性别学生中
□高于同学平均水平；□大概相当于平均水平；□低于同学平均水平

9. 在下面体能中，您认为您的哪几项能力要高于一般同学（可多选）
□力量　□速度　□耐力　□柔韧性　□灵活性　□都不如

10. 在下面体能中，您认为您的哪几项能力要低于一般同学（可多选）

□力量　□速度　□耐力　□柔韧性　□灵活性　□都强

11. 您认为您的体态：□很标准、结实　□较为标准　□还可以　□有一些欠缺

12. 您身体基本信息

年龄：＿＿＿岁　　体重＿＿＿斤　　身高＿＿＿米

三　健康

请根据下表中的各项标准对自己的健康状态在合适的栏内打"√"做以自我评价

自测自评健康

参考标准		具体标准	非常好	较好	一般	较差	非常差
世界卫生组织健康新标准	身体健康	①吃得快（吃饭不挑食、不偏食，主餐吃时感觉津津有味）					
		②走得快（行动自如、协调，迈步轻松、有力，转体敏捷，反应快速，动作流畅）					
		③睡得快（上床后能较快入睡，睡眠舒畅，醒后头脑清醒，精神饱满，睡眠质量好）					
		④说得快（说话流利，头脑清楚，思维敏捷，没有词不达意现象，且中气充足，心肺功能正常）					
		⑤便得快（能快速畅快地排泄大小便，且感觉轻松自如）					
	心理健康（狭义）	⑥个性好（目标坚定，意志持衡，感情丰富，热爱生活和人生，乐观豁达，胸襟坦荡；能够很好地适应不同环境，没有经常性的压抑感和冲动感；不孤芳自赏寂寞独处，看问题，办事情都能以现实为基础）					

续表

参考标准		具体标准	非常好	较好	一般	较差	非常差
世界卫生组织健康新标准	社会适应	⑦处世能力好（自控能力，适应变化；与人交往能被大多数人所接受。不管人际风云如何变幻，都能始终保持稳定、永久的适应性；具有交际广、知心朋友多的特点。众人都乐于向他倾诉心中的喜与乐）					
	道德健康	⑧人际关系好（心地善良，性格柔和；言行举止得到公众认可，恰到好处，与人相处自然融洽，助人为乐）					
	心理健康	环境适应力、心理耐受力、心理自控力、心理自信力、心理恢复力、注意集中度、反应力、心理创造力					
	社会适应	交往能力、合作能力、竞争意识、决策能力、沟通能力					
	道德健康	社会评价、单位评价、同事评价、朋友评价、家庭成员评价等					

参考文献

中文论文

巴茑乔、张同延:《中医院校大学生社交行为分析》,《健康心理学杂志》2001 年第 3 期。

卞亚琴:《高校教师的科研人力资本探析》,《教育财会研究》2021 年第 2 期。

蔡昉、都阳:《中国地区经济中增长的趋同与差异——对西部开发战略的启示》,《经济研究》2000 年第 10 期。

蔡昉、王德文:《中国经济增长的可持续性与劳动贡献》,《经济研究》1999 年第 10 期。

曹银贵等:《基于主成分分析与层次分析的三峡库区耕地集约利用对比》,《农业工程学报》2010 年第 4 期。

陈方明:《浅议企业人力资本的开发与经营》,《科技情报开发与经济》2004 年第 10 期。

陈浩:《人力资本对经济增长影响的结构分析》,《数量经济技术经济研究》2007 年第 4 期。

陈劲等:《企业智力资本评价模型和实证研究》,《中国地质大学学报》(社会科学版) 2004 年第 4 期。

陈明生等:《矿井通风优化评价指标体系权重确定》,《中国安全生产科学技术》2011 年第 3 期。

陈伟、夏建华:《综合主、客观权重信息的最优组合赋权方法》,《数学的实践与认识》2007 年第 1 期。

陈小荣:《舒尔茨人力资本理论视域下的精准扶贫路径探析》,《市场周刊（理论研究）》2018年第1期。

陈艳：《高职英语学习者多元智能与语言能力的性别差异研究》，《河北民族师范学院学报》2012年第4期。

陈以藏：《全球公民教育思潮的兴起与发展》，《外国教育研究》2010年第3期。

程平、刘伟：《多属性群决策中一种基于主观偏好确定属性权重的方法》，《控制与决策》2010年第11期。

邓赐平等：《认知发展理论的沿革与新发展》，《华东师范大学学报》（教育科学版）2001年第4期。

丁锋、孟欣：《人力资本的特征》，《商业研究》2004年第15期。

樊富珉、王建忠：《北京大学生心理素质及心理健康研究》，《清华大学教育研究》2001年第4期。

黄忠敬：《从"智力"到"能力"——社会与情感概念史考察》，《教育研究》2022年第10期。

房宏君、刘凤霞：《国际人力资本研究的图谱可视化分析》，《科技管理研究》2010年第18期。

冯宏鹏等：《关于我国健康评价指标体系建设的几点建议》，《成都体育学院学报》2010年第10期。

符宁：《人力资本、研发强度与进口贸易技术溢出——基于我国吸收能力的实证研究》，《世界经济研究》2007年第11期。

高培峰、彭绍春：《基于SMART原则的高校实验技术人员绩效考核体系的建设与实践》，《实验室研究与探索》2020年第12期。

高耀、刘志民：《人力资本、家庭资本与大学生就业政策绩效——基于江苏省20所高校的经验研究》，《高等教育研究》2010年第8期。

葛晓巍等：《应用型高校大学生人力资本的特征及提升》，《浙江科技学院学报》2015年第4期。

郭东杰：《论人力资本、社会资本对农村剩余劳动力转移的影响》，《江西社会科学》2009年第5期。

郭玉林：《隐性人力资本价值的度量》，《中国工业经济》2002年第7期。

郭志仪、曹建云：《人力资本对中国区域经济增长的影响——岭估计法在多重共线性数据模型中的应用研究》,《中国人口科学》2007 年第 4 期。

郭志仪、杨骁:《人力资本结构对西北地区经济增长的影响——基于西北五省面板数据》,《人口学刊》2010 年第 6 期。

韩庆祥、雷鸣:《能力建设与当代中国发展》,《中国社会科学》2005 年第 1 期。

韩胜娟:《国内学者人力资本存量测算方法的比较与展望》,《华东交通大学学报》2012 年第 2 期。

洪盈盈:《新时期研究生心理健康现状分析及对策探析》,《科技资讯》2013 年第 14 期。

候亚非:《"托管"——国有企业富余职工流动模式探索》,《中国人口科学》1998 年第 3 期。

胡鞍钢:《从国际比较看中国发展态势:五大资本及总资本视角》,《世界经济与政治》2006 年第 12 期。

胡鞍钢:《从人口大国到人力资本大国:1980—2000 年》,《中国人口科学》2002 年第 5 期。

胡磊、马慧:《基于微观经济学视角的企业 IT 投资评价方法评析》,《工业技术经济》2013 年第 2 期。

胡永远:《人力资本与经济增长:一个实证分析》,《经济科学》2003 年第 1 期。

黄太洋:《我国城镇化水平与人力资本积累效应的非线性动态分析》,《企业经济》2013 年第 10 期。

健人:《健康新标准》,《大众科技》2001 年第 2 期.

姜英敏、王雪颖:《20 世纪 80—90 年代美国国际理解教育论争刍议》,《比较教育研究》2010 年第 1 期。

金国华等:《主成分分析法在武器装备管理中的应用》,《装备指挥技术学院学报》2006 年第 2 期。

赖明勇等:《外商直接投资的吸收能力:理论与中国的实证研究》,《上海经济研究》2002 年第 6 期。

李海峥等:《中国人力资本测度与指数构建》,《经济研究》2010 年第 8 期。

李军：《中国人力资本效应的产业差异比较研究》，中山大学出版社 2014 年版。

李楠、录堂：《企业信息技术型人力资本累积效应研究——以隐性知识传递为例》，《河北大学学报》（哲学社会科学版）2013 年第 3 期。

李平、张庆昌：《国际间技术溢出对我国技术创新的动态效应分析——兼论人力资本的消化吸收》，《世界经济研究》2008 年第 4 期。

李文群：《中国大学教师人力资本属性及其薪酬激励制度改革》，《经济研究导刊》2019 年第 25 期。

李晓曼、曾湘泉：《新人力资本理论——基于能力的人力资本理论研究动态》，《经济学动态》2012 年第 11 期。

李秀芬、张平：《人力资本价值的测评研究——以高技术企业个体人力资本为例》，《统计与决策》2010 年第 3 期。

梁林等：《基于内容分析法的区域人才聚集效应研究》，《技术经济与管理研究》2011 年第 11 期。

刘安容、林玲：《人力资本教育经济效益理论的比较研究》，《电子科技大学学报》2000 年第 1 期。

刘海龙：《高校教师人力资本完善的逻辑路径》，《产业与科技论坛》2020 年第 14 期。

刘红：《从进化论的角度看男女心理差异》，《文科爱好者》2013 年第 1 期。

陆根尧：《经济增长中的人力资本效应——对中国高速增长区域的统计分析》，《统计研究》2002 年第 10 期。

逯进：《青岛市人口综合素质的量化及其对经济增长的影响》，《城市》2008 年第 10 期。

逯进：《人力本差异与内生经济增长机制——给予新古典经济增长理论解释》，《青岛大学学报》（自然科学版）2008 年第 2 期。

逯进、周惠民：《人力资本理论：回顾、争议与评述》，《西北人口》2012 年第 5 期。

马新建、时巨涛：《人本管理功能与人力资本属性》，《东南大学学报》（哲学社会科学版）2002 年第 2 期。

马永红等：《基于离差最大化的决策者权重的确定方法》，《北京化工大学学报》2007 年第 2 期。

聂鹏:《全球公民教育的理念解读与实施比较》,《继续教育研究》2011 年第 6 期。

牛冲槐等:《人才聚集效应研究》,《山西高等学校社会科学学报》2006 年第 2 期。

牛冲槐、张敏:《人才聚集现象与人才聚集效应分析及对策》,《山东科技大学学报》(社会科学版) 2006 年第 3 期。

潘聪等:《国际型人才素质特征及其评价体系研究》,《上海管理科学》2009 年第 4 期。

钱雪亚:《人力资本存量计量的合理视角》,《浙江社会科学》2005 年第 5 期。

钱雪亚:《人力资本水平统计估算》,《统计研究》2012 年第 8 期。

钱雪亚、邓娜:《人力资本水平计量体系研究》2004 年第 6 期。

钱雪亚、李雪艳:《人力资本投资的社会收益估算》,《统计研究》2013 年第 6 期。

钱雪亚、刘杰:《中国人力资本水平实证研究》,《统计研究》2004 年第 3 期。

钱雪亚、周颖:《人力资本存量水平的计量方法及实证评价》,《商业经济与管理》2005 年第 2 期。

钱雪亚等:《中国人力资本水平再估算:1995—2005》,《统计研究》2008 年第 12 期。

邱冬阳、汤华然:《中国人力资本存量结构的估算》,《基于教育基尼系数法》2010 年第 1 期。

邱均平、朱少强:《宏观与微观学术评价之关系探讨》,《图书馆论坛》2006 年第 6 期。

芮雪琴等:《创新网络中科技人才聚集效应的测度及产生机理》,《科技进步与对策》2011 年第 28 期。

书敬、刘朝明:《人力资本与区域全要素生产率分析》,《经济研究》2006 年第 4 期。

宋光辉:《不同文化程度人口对我国经济增长的贡献——我国经济增长与教育关系的一种实证分析(1980—2000)》,《财经科学》2003

年第 1 期。

宋家乐、李秀敏：《中国经济增长的源泉：人力资本投资》，《中央财经大学学报》2010 年第 12 期。

孙景尉：《基于损耗的人力资本估算》，《中国人口科学》2005 年第 2 期。

孙旭：《人力资本投资、人力资本存量与人力资本投入比较》，《统计与决策》2007 年第 10 期。

田文学、田学礼：《体能与体能训练的系统结构分析》，《安徽体育科技》2009 年第 1 期。

王德劲：《论人力资本实物量与价格——基于教育的人力资本测算》，《价格理论与实践》2008 年第 10 期。

王德劲等：《对中国资本存量估算：基于收入方法》，《统计与信息论坛》2006 年第 9 期。

王建民、周滨：《资本中的人力资本》，《财经问题研究》1999 年第 3 期。

王金营：《中国和印度人力资本投资在经济增长中作用的比较研究》，《教育与经济》2001 年第 2 期。

王金营：《中国经济增长与综合要素生产率和人力资本需求》，《中国人口科学》2002 年第 2 期。

王彦军、李丽静：《人力资本投资中政府的作用——对我国人力资本投资的反思》，《人口学刊》2007 年第 1 期。

王毅敏、封铁英：《人力资本范畴分析及现实思考》，《中国人力资源开发》2003 年第 3 期。

王云多：《教师人力资本和社会资本对学生表现的影响》，《新疆大学学报》2015 年第 4 期。

王振华、张广胜：《人力资本、追赶效应与农业科技进步》，《中国人口·资源与环境》2013 年第 12 期。

吴兵、王铮：《中国各省区人力资本测算研究》，《科研管理》2004 年第 4 期。

吴文华、张盛：《高科技企业家人力资本评价指标体系及其评价方法》，《科技管理研究》2007 年第 3 期。

香赵政等：《基于序关系确定成熟度评价指标权重的简易法》，《广西大学学报》2009年第6期。

晓卉：《体能概念及相关问题思考》，《体育文化导刊》2010年第6期。

肖正斌等：《产学研结合绩效评价研究》，《经济研究导刊》2009年第23期。

谢申祥等：《对外直接投资、人力资本与我国技术水平的提升》，《世界经济研究》2009年第11期。

徐智环：《转型期农村人力资本流动中政府的作用——一种经济学角度的分析》，《齐鲁学刊》2004年第5期。

杨建芳等：《人力资本形成及其经济增长的影响——一个包含教育和健康投入的内生增长模型及其检验》，《管理世界》2006年第5期。

杨明洪：《论西方人力资本理论的研究主线与思路》，《经济评论》2001年第1期。

姚杰等：《渔船安全技术状况综合评价体系的研究》，《大连海洋大学学报》2011年第26期。

姚树、张耀奇：《人力资本含义与特征论析》，《上海经济研究》2001年第2期。

殷德生、唐海燕：《人力资本效应、产业内贸易与经济增长》，《世界经济》2006年第6期。

于涛方：《中国城市人口流动增长的空间类型及影响因素》，《中国人口科学》2012年第4期。

余小芳、毛健玲：《大学生性别角色与心理健康的关系》，《中国学校卫生》2008年第6期。

余泳：《中国少数民族村寨人口流动特征及其影响因素分析》，《云南社会科学》2006年第2期。

袁钦、冯姗姗：《基于性别差异的青少年心理健康研究对策》，《西北医学教育》2010年第6期。

袁运平、王卫：《运动员体能结构与分类体系的研究》，《首都体育学院报》2003年第2期。

岳意定、宋善炎：《人力资本对城乡居民收入差距影响研究》，《湖南大学学报》2013年第2期。

曾建权：《层次分析法在确定企业家评价指标权重中的应用》，《南京理工大学学报》2004年第1期。

曾雪兰等：《基于相容性指标的聚类分析专家赋权法》，《广西大学学报》2005年第4期。

张帆：《中国的物质资本和人力资本估算》，《经济研究》2000年第8期。

张慧等：《人力资本存量计量研究》，《燕山大学学报》2006年第30期。

张建清、张艳华：《中国人力资本总效应被低估了吗?》，《中国人口·资源与环境》2014年第7期。

张军、章元：《对中国资本存量K的再估计》，《经济研究》2003年第7期。

张敏等：《人才聚集效应关键成功要素及影响机理分析》，《科技管理研究》2009年第29期。

张裕鼎：《皮亚杰认知发展阶段论与机制观辨析》，《湖北大学学报》（哲学社会科学版）2008年第1期。

张昭俊、赵宏中：《中国人力资本存量估算》，《统计研究》2012年第6期。

章海山：《人力资本的伦理意义》，《道德与文明》2004年第6期。

章穗等：《基于熵权法的科学技术评价模型及其实证研究》，《管理学报》2010年第4期。

赵德森、姚建文：《人力资本结构效应及其动态优化》，《云南大学学报》（社会科学版）2013年第3期。

赵林海、李绍华：《加强社会医疗保险微观评价的思考》，《卫生经济研究》2006年第3期。

周巴宁等：《基于组合赋权保障性评价指标权重确定》，《现代电子技术》2010年第17期。

周晓卉：《体能概念及相关问题思考》，《体育文化导刊》2010年第6期。

朱宝荣：《应用心理学教程》，清华大学出版社2004年版。

朱斌：《我国人力资本教育投资低收益率探析》，《经济工作导刊》2003

年第 1 期。

朱富强：《人力资本的内涵和特性：政治经济学解读》，《管理学刊》2011 年第 4 期。

朱平芳、徐大丰：《中国城市人力资本的估算》，《经济研究》2007 年第 9 期。

朱翊民、钟庆才：《广东省经济增长中人力资本贡献的实证分析》，《中国工业经济》2002 年第 12 期。

中文学位论文

董博：《中国人才发展治理及其体系构建研究》，博士学位论文，吉林大学，2019 年。

付宇：《人力资本及其结构对我国经济增长贡献的研究》，博士学位论文，吉林大学，2014 年。

纪效珲：《大学生经济资助对人力资本发展的影响研究》，博士学位论文，北京科技大学，2017 年。

邵昱：《宏观人力资源开发与配置研究》，博士学位论文，西南财经大学，2000 年。

苏为华：《多指标综合评价理论与方法问题研究》，博士学位论文，厦门大学，2000 年。

孙淑军：《人力资本与经济增长——以中国人力资本估计为基础的经验研究》，博士学位论文，辽宁大学，2012 年。

王德劲：《我国人力资本测算及其应用研究》，博士学位论文，西南财经大学，2007 年。

尹建海：《企业人力资本教育投资问题研究》，博士学位论文，天津大学，2007 年。

中文著作

［德］阿尔弗雷德·韦伯：《工业区位论》，李刚剑等译，商务印书馆 1997 年版。

［美］巴罗、萨拉-伊-马丁：《经济增长》，夏俊译，中国社会科学出版社 2000 年版。

［美］格斯·麦迪森：《中国经济的长远未来（第一版）》，新华出版社 1999 年版。

参考文献

［美］加里·德斯勒：《人力资源管理》，刘昕译，中国人民大学出版社2017年版。

［美］西奥多·舒尔茨：《论人力资本投资》，北京经济学院出版社1990年版。

［英］阿尔弗雷德·马歇尔：《经济学原理》，朱志泰译，商务印书馆1983版。

［英］波兰尼：《个人知识》，许泽民译，贵州人民出版社2000年版。

［英］马歇尔：《经济学原理》，朱志泰等译，商务印书馆1997年版。

［英］亚当·斯密：《国富论》，商务印书馆1964年版。

《现代汉语词典》，商务印书馆1986年版。

白菊红：《农村人力资本积累与农民收入研究》，中国农业出版社2004年版。

陈剑：《人力资本结构优化与区域经济增长》，《桂海论丛》2006年第4期。

候亚非：《人口质量与经济增长方式（第一版）》，中国经济出版社2000年版。

胡德龙：《人力资本与经济增长：理论与实证（第一版）》，中国财政经济出版社2001年版。

李宝元：《人力资本与经济发展（第一版）》，北京师范大学出版社2000年版。

李继樊、罗仕聪：《人力经济学——兼论经济全球化与中国人才战略》，中国经济出版社2005年版。

李忠民：《人力资本：一个理论框架及其对中国一些问题的解释》，经济科学出版社1999年版。

林斌、刘方棫：《消费资源论》，中国财富出版社2015年版。

马克思：《资本论》，人民出版社2018年版。

彭剑锋：《人才国际化等于人才本土化》，中国人民大学出版社2006年版。

钱雪亚：《人力资本水平：方法与实证》，商务印书馆2011年版。

邵昱：《宏观人力资源开发与配置研究》，巴蜀书社2003年版。

沈利生、朱云法：《人力资本与经济增长分析（第一版）》，社会科学文献出版社 1999 年版。

谭永生：《人力资本与经济增长》，中国财政经济出版社 2012 年版。

王德劲：《我国人力资本测算及其应用研究》，西南财经大学出版社 2009 年版。

王建民：《研究生人力资本研究》，科学出版社 2010 年版。

夏征农等：《辞海》，上海辞书出版社 2010 年版。

叶飞文：《要素投入与中国经济增长（第一版）》，北京大学出版社 2004 年版。

周天勇：《劳动与经济增长（第一版）》，上海三联书店 1994 年版。

朱宝荣：《应用心理学教程》，清华大学出版社 2004 年版。

外文论文

Benhabib Jess, et al, "The Role of Human Capital in Economic Development Evidence form Aggregate Cross-Country Data", *Journal of Monerary Economics*, Vol. 34, No. 2, 1994.

Birdsall and Londonno N. J. L, "Asset Inequality Matters: An Assessment of the World Bank's Approach to Poverty Reduction", *American Economic Review*, Vol. 87, No. 2, 1997.

Bloom D. E., et al, "The Effect of Health on Economic Growth: Aproduction Function Approach", *World Development*, Vol. 32, 2004.

Case R., "The Structure and Process of Intellectual", *International Joural of Psychology*, Vol. 22, No. 5, 1987.

Dagum C., and Slottje D., "A New Method to Estimate the Level and Distribution of House Hold Human Capital with Application", *Structural Change and Economic Dynamics*, Vol. 11, No. 1, 2000.

Dagum C., and Vittadini G., "Human Capital Measurement and Distributions Proceedings of The Business and Economic Statistics Section", *American Statistical Association*, 1996.

Dagum C., "A Systemic Approach to The Generation of Income Distribution Models", *Journal of Income Distributions*, Vol. 6, No. 1, 1996.

Dmurger, SylvieL, "Infrastructure Development and Economic Growth: An Explanation for Regional Disparities in China", *Journal of Comparative*

Economics, Vol. 29, No. 1, 2001.

Dublin L. I. and Lotka A., "The Money Value of Man", *Ronald*, Vol. 30, No. 9, 1930.

Ederer et al, "Innovation at Work: The European Human Capital Index", *The Lisbon Council Policy Brief*, Vol. 2, No. 1, 2006.

Ferrini Mundy J., "Spatial Training for Caculus Students: Sex Differences in Achievement and in Visualization Ability", *Journal for Research in Mathematics Education*, 1987.

Fleisher Belton et al, "Human capital, Economic Growth, and Regional Inequality in China", *Journal of Development Economics*, Vol. 92, 2010.

Fleisher, et al, "The Coast-noncoast Income Gap, Productivity and Regional Economic Policy in China", *Journal of Comparative Economics*, Vol. 25, No. 2, 1997.

Fogel Robert W., "Economic Growth Population Theory and Physiology: The Bearing of Long-term Processes on the Making of Economic Policy", *The American Economic Review*, Vol. 84, No. 3, 1994.

Fogel Robert W., "Health Nutrition and Economic Growth", *Economic Development and Cultural Change*, Vol. 52, 2004.

Fogel Robert W., "The Relevance of Malthus for the Study of Mortality Today Long-run Influences on Health Mortality Labor Force Participation and Population Growth", *The National Bureau of Economic Research*, 1994.

Jaison R., Abel and Todd M. Gabe, "Human Capital and Economic Activity in Urban America", *Federal Reserve Bank of New York Staff Reports*, Vol. 332, 2008.

John Strauss and Duncan Thomas, "Health Nutrition and Economic Development", *Journal of Economic Literature*, Vol. 36, No. 2, 1998.

Jorgenson Dale W., Barbara M., Fraumeni, "Investment in Education and U. S. Economic Growth", *The Scandinavian Journal of Economics*, Vol. 94, 1992.

Jorgenson Dale W. and Barbara M. Fraumeni, "The Accumulation of Human and Nonhuman capital, 1948—1984", *The National Bureau of Economic Research*, 1989.

Knight, "Updated Internationalization Definition", *Internationalizing Higher Education*, 2003.

Krugman Paul. , "Increasing Returns and Economic Geography", *The Journal of Polictcal Economy*, Vol. 99, No. 3, 1991.

Krugman P. , "Trade Accumulation and Uneven Development", *Journal of Development Economics*, Vol. 149, 1991.

Londono and Juan Luis, "Kuznetsian Tales with Attention to Human Capital", *Paper Presented at the Third Inter-American Seminar in Economics*, Rio de Janeiro, Brazil, 1990.

Lopez R. et al, "Addressing the Education Puzzle: the Distribution of Education and Economic Reforms", *World Band Working Papers*, 1998.

Lucas R. E. , "On the Mechanics of Economic Development", *Monetary Econ*, Vol. 22, No. 1, 1988.

Macklem R. T. , "Aggregate Wealth in Canada", *Canadian Journal of Economics*, Vol. 30, No. 1, 1997.

Mankiw N. Gregory, et al, "A Contribution to the Empirics of Economic Growth", *Quarterly Journal of Economics*, Vol. 107, May 1992.

Mulligan Casey B. and Xavier Sala-i-Martin, "A Labor-income-based Measure of the Value of Human Capital: An Application to the States of the United States", *Japan and the World Economy*, Vol. 9, No. 2, 1997.

Ram and Rati, "Educational Expansion and Schooling Inequality: International Edidence and Some Implications", *The Review of Economics and Statistics*, Vol. 72, No. 2, 1990.

Romer P. , "Endogenous Technological Change", *National Bureau of Economic Research*, 1989.

Romer P. M. , "Increasing Returns and Long-Run Growth", *Journal of Political Economy*, Vol. 94, 1986.

Schultz T. Paul and Aysit Tansel, "Wage and Labor Supply Effects of Illness in Cote d'tvoire and Ghana: Instrumental Variable Stimates for Days Disabled", *Journal of Development Economics*, Vol. 53, No. 2, 1997.

Siegler R. S., "Information Processing Appproaches to Cognitive Development", *Handbook of Child Psychology*, Vol. 33, No. 5, 1985.

Siegler R. S., "Mechaism Approaches to Cognitive Development In W. Kessen", *Handbook of Child Psychology*, Vol. 1. New York.

Soukiazis E., Antunes M., "Foreign Trade, Human Capital and Economic Growth: An Empirical Approach for the European Union Countries", *The Journal of International Trade and Economic Development*, Vol. 21, No. 1, 2012.

Sternberg R. J., "Intellectual Development: Psychometric and Information-processing Approaches", *Developmental Psychology*, 1989.

Wang Chunyi, et al, "A combined Weighting Method for Power System Restoration Decision Making, Paper Delivered to Seventh International Conference on Natural Computation (ICNC)", sponsored by the Piscataway, NJ, US, A: IEEE, 2011.

Zhang Tianyun, Chen Kui, "Determination of the Weights of Evaluation Indices with Combined Weighting Model for Engineering Materials", *Advanced Materials Research*, 2011.

外文学位论文

Hoover E. M., *Location Theory and the Shoe and Leather Industries*, Cambridge: Harvard University Press, 1937.

Kendrick J. W., *The Formation and Stocks of Total Capital*, New York: Columbia University Press, 1976.

Nelson R. R., *Technology, Institutions and Economic Growth*, Cambridge: Harvard University Press, 2005.

Robert Eisner, *The Total Incomes System of Accounts*, The University of Chicago Press, Chicago: 1989.

外文著作

April Carter, The Political Theory of Global Citizenship, New York: Routledge, 2001.

Crawford R., In the Era of Human Capital, New York: Harpercollins, 1991.

Hoover E. M., The Location of Economic Activity New York: Mac Graw-Hill Book Company, 1948.

Isard W., Location and Space Economic Cambridge Mass, 1956.

Jorgenson Dale W., Barbara M. Fraumeni, The Output of the Education Sector, The National Bureau of Economic Research 1992, Vol. Output Measurement in the Service Sectors.

网络文献

Heckman. J. "Human Capital Policy", (2003), http://www.Nber.org/papers/w9495. 中央人才工作协调小组办公室、中共中央组织部人才工作局,《国家中长期人才发展规划纲要（2010—2020年）》, 2010年6月6日, http://www.gov.cn/jrzg/2010-06/06/content_1621777.htm, 2014年。

后 记

历经多年努力，本书终于交付出版。此时此刻，感慨万千，既有对自己坚持克服困难完成书稿的欣喜释重，更有对给予自己支持的各位师长、同事和同学们的感谢与感恩！

因本人长期在高校从事国际教育和人才培养，非常希望利用攻读博士学位的契机开展如何培养具有国际化特征人力资本问题的研究，所幸获得导师们的支持如愿在该领域开展研究。研究期间确曾遭遇无数困难和挑战，也曾因遭遇研究"瓶颈"而犹豫彷徨，但最终在老师们的鼓励指导下坚持完成了论文和书稿，形成阶段性研究成果。付出终有收获，所以感到高兴、宽慰和释然。

本书是在博士论文基础上补充修改完成。在博士学习期间，多位老师和同学们给予了大量的帮助、关心和支持，需要逐一表示感谢。首先，衷心感谢我的导师于庆东教授。于老师知识渊博，治学严谨，为人和气，工作一丝不苟，治学为人都是我学习的榜样。经于老师安排，我有幸结识了肖建红教授。肖教授青年英才，才思敏捷，研究有方，成果斐然，多年来对我亦师亦友，经常帮助我拓宽思路，指点迷津，给予了我大量无私的指导和帮助。师恩浩荡，永生难忘！其次，诚挚地感谢李福华教授、周升起教授、姜学民教授和陈东景教授等各位导师给予的热情鼓励和支持，感谢逄进教授在理论部分给予的指正指导，感谢各位评审专家给予的中肯意见建议。再次，感谢牟宗玉、孙大山和任龙等各位同事们的帮助，感谢姜正、孙晓萌、管建世、张志刚等同学在问卷调查和研究初期给予的帮助，感谢张倬赫、朱辰耀、刘洋、李鸿瑞、段秀萍、张文佳、袁宛情、刘蕴、陈子怡和黄如辉等各位研究生在后期帮助文字校正，感谢中国社会科学出版社的刘晓红编辑在本书出版过程中给予的大力支持！感谢学校出版基金的资助支持！还有许多亲人和朋友们的帮助。谨以此书，深表感谢！

　　回首多年研究历程，本人虽付出了很多，但收获了更多！在本书交付之际，也深感自己知识与能力的不足。本书部分内容仍需要进一步深入研究。希望此书出版能够启发学者思考，碰撞出些许火花，引发更多学者加入该领域研究。本人也愿意继续向诸位专家学者请教，共同研究讨论。倘真如此，果真幸哉！